Joseph Ratzinger – Manfred Lütz

KURZE EINFÜHRUNG IN DAS CHRISTENTUM FÜR ALLE

JOSEPH RATZINGER

Kurze EINFÜHRUNG IN DAS CHRISTENTUM für alle

überarbeitet

von
Manfred Lütz

KÖSEL

Die umfangreiche, mit Fußnotenapparat versehene Originalausgabe von Joseph Ratzinger erschien 2000 unter dem Titel *Einführung in das Christentum* bei Kösel.

Aus Gründen der Historizität liegt keine gendergerechte Schreibweise vor. Bei der Verwendung entsprechender geschlechtsspezifischer Begriffe sind im Sinne der Gleichbehandlung jedoch ausdrücklich alle Geschlechter angesprochen.

MIX
Papier | Fördert gute Waldnutzung
FSC® C014496

Penguin Random House Verlagsgruppe FSC® N001967

3. Auflage 2024

in der Penguin Random House Verlagsgruppe GmbH,
Neumarkter Str. 28, 81673 München
Satz: Satzwerk Huber, Germering
Druck und Bindung: GGP Media GmbH, Pößneck
Printed in Germany
ISBN 978-3-466-37290-4

www.koesel.de

Für den, der als Geist das Weltall trägt und umspannt,
ist ein Geist, ist das Herz eines Menschen, das zu lieben vermag,
größer als alle Milchstraßensysteme.

Joseph Ratzinger

INHALTSVERZEICHNIS

VORWORT

Nie wäre ich auf die Idee gekommen, die berühmte »Einführung in das Christentum« von Joseph Ratzinger für ein breites Publikum zu überarbeiten. Im Gegenteil: Ich bewunderte dieses 1968 erstmals erschienene höchst geistreiche Buch als geniales Zeugnis eines mitten im modernen Leben stehenden jungen Mannes für seinen christlichen Glauben. Damals war Joseph Ratzinger noch der Shootingstar der Theologie, die Universitäten rissen sich um den smarten Theologen mit dem angenehmen bayerischen Akzent und vielleicht hatte schon der Vatikan einen begehrlichen Blick auf diesen Deutschen geworfen, der in so gar keine Schubladen passte.

Dann sprach mich im Jahr 2020 Volker Resing, der damalige Chefredakteur der Herder-Korrespondenz, darauf an, ob ich nicht eine Kurzfassung der »Einführung« verfassen wolle, wie ich das vor ein paar Jahren mit dem Werk »Toleranz und Gewalt« von Arnold Angenendt gemacht hatte. Ich hielt den Gedanken für abwegig, denn bei Angenendt ging es damals darum, ein Buch mit 800 Seiten und 3.000 Anmerkungen auf 286 Seiten zu kürzen, aber hier handelte es sich um 300 Seiten mit wenigen Anmerkungen. Außerdem pflegte Papst Benedikt einen Stil, den man nicht für ein breiteres Publikum übersetzen musste. Seine erste Enzyklika »Deus Caritas est« war für jedermann verständlich geschrieben. Andererseits ist aber das Christentum derzeit so fundamental infrage gestellt, dass gerade jetzt eine solche Einführung für alle dringend nötig wäre. Ich hielt mich also wenigstens für verpflichtet, Erzbischof Gänswein bei einem Rom-Aufenthalt Anfang Oktober 2021 auf die Angelegenheit anzusprechen. Der fand das aber gar nicht so abwegig wie ich befürchtet hatte und riet mir, mich schriftlich an Papst Benedikt zu wenden. Mit mulmigem Gefühl schrieb ich daher an den emeritierten Papst von der Idee, vergaß aber nicht hinzuzufügen, dass ich eigentlich sicher sei, dass er das nicht wolle. Und so war ich fast wie vom Donner gerührt, als kurz darauf ein liebenswürdiger Antwortbrief bei mir einging, der amüsiert und amüsant wie so oft – grünes Licht gab.

Erst war ich etwas geschockt, denn ich hatte wirklich nicht damit gerechnet und hatte den Text seit 15 Jahren nicht mehr in der Hand gehabt. Vielleicht funktionierte das ja gar nicht. So machte ich mich zögerlich ans Werk, aber schon nach wenigen Seiten wurde mir klar, dass das ein unglaublich sinnvolles Projekt war. Es ging um das Entscheidende des christlichen Glaubens und Ratzingers Gedankenführung war glänzend und eingängig. Freilich war er damals noch ein junger Professor, der nicht populär, sondern wissenschaftlich veröffentlicht hatte. Außerdem ging ja die »Einführung in das Christentum« auf eine Vorlesung zurück, war also auch sprachlich für ein akademisches Publikum angelegt. Wenn man aber den Gedankengang von etwas sprachlichem »Packpapier« und wissenschaftlichen Debatten befreite, Fachbegriffe übersetzte – oder wegließ, weil er sie selber anschließend übersetzt hatte – und das Ganze straffte, kam ein an manchen Stellen geradezu funkelnder Text zum Vorschein. Und es ging tatsächlich um das Wesentliche und das Wesentliche des christlichen Glaubens ist nicht die Kirche, sie ist allenfalls ein Mittel, nur wenige Seiten von Joseph Ratzingers »Einführung in das Christentum« betreffen die Kirche!

Ich habe mich bei meinen Eingriffen ganz dem Gedankengang Ratzingers verpflichtet gefühlt und nicht – wie beim Angenendt-Projekt – eigene Überlegungen in den Text eingeführt. Damit ist das Buch weder eine Neufassung, noch eine »Kurzfassung« geworden, die eine Auswahl trifft. Es ist vielmehr die gesamte Substanz der »Einführung in das Christentum« erhalten, aber in eine für ein breiteres nichtakademisches Publikum lesbare Fassung gebracht worden. So ist etwa ein Viertel des Originaltextes weggefallen, darüber hinaus der gesamte Anhang. Das betrifft vor allem wissenschaftliche Debatten und theologische Sackgassen, die er beschreibt, damit die »Hauptstraße«, Ratzingers »Einführung« selber, umso deutlicher aufleuchtet. Es wurde im Text nichts umgestellt, nur die Kapitelüberschriften sind ausnahmslos von mir. Natürlich fehlen alle Anmerkungen, die man ja im ursprünglichen Buch leicht finden kann.

Selbstverständlich habe ich den Text Papst Benedikt zur kritischen Lektüre geschickt und war erleichtert, dass, wie er mir schrieb, die Überprüfung durch einen von ihm zugezogenen »kompetenten Gelehrten« ergab, dass tatsächlich, wie oben gesagt, die Gedanken der »Einführung« in dieser Überarbeitung vollständig erhalten geblieben sind.

Um auch diejenigen zu erreichen, für die der kostbare Text trotz der Überarbeitung noch etwas anstrengend ist, habe ich mich entschlossen, eigene Bemerkungen den Abschnitten voranzustellen, die wirklich bloß Appetit auf die Texte machen sollen. Es sind bloß Notbehelfe, auf deren Lektüre man getrost verzichten kann. Schließlich habe ich einige prägnante Schlüsselsätze durch Fettdruck hervorgehoben, die manchmal mit geradezu poetischer Intensität das Wesentliche zum Ausdruck bringen. Tatsächlich kenne ich keinen zeitgenössischen Theologen, von dessen sprachkräftiger Theologie so viele Menschen bezeugen, dass sie dadurch zum Glauben gekommen sind.

So hoffe ich nun, dass diese »Kurze Einführung in das Christentum für alle« den Weg zu vielen Menschen findet, denen der Blick aufs Wesentliche des Christentums verloren gegangen ist: Gebildete und ungebildete Atheisten, die wissen wollen, welche Gedanken am Ursprung der abendländischen Kultur liegen, Christen, die entsetzt über den Missbrauchsskandal der Kirche den Rücken kehren wollen, doch auch solche Christen, die bleiben, aber im Getriebe der tagtäglichen aufgeheizten Kirchendebatten Orientierung suchen.

Bornheim, im Frühjahr 2023,
Manfred Lütz

AUFTAKT: GLAUBE UND ZWEIFEL – DER THEOLOGE ALS CLOWN

Manfred Lütz: Eindrucksvoll, wie Ratzinger hier die radikalsten Zweifel am Glauben ausgerechnet bei jemandem wie der frommen Therese von Lisieux anspricht, aber auch seine eigenen Zweifel. Zum ersten Mal habe ich hier Paul Claudels berühmten »Seidenen Schuh« wirklich verstanden. Was der Glaube in Wahrheit ist, lässt Joseph Ratzinger von einem Juden erklären ...

Ein Reisezirkus in Dänemark war in Brand geraten. Der Direktor schickte daraufhin den Clown, der schon zur Vorstellung gerüstet war, in das benachbarte Dorf, um Hilfe zu holen, zumal die Gefahr bestand, dass über die abgeernteten, ausgetrockneten Felder das Feuer auch auf das Dorf übergreifen würde. Der Clown eilte in das Dorf und bat die Bewohner, sie möchten eiligst zu dem brennenden Zirkus kommen und löschen helfen. Aber die Dörfler hielten das Geschrei des Clowns lediglich für einen ausgezeichneten Werbetrick, um sie möglichst zahlreich in die Vorstellung zu locken; sie applaudierten und lachten bis zu Tränen. Dem Clown war mehr zum Weinen als zum Lachen zumute; er versuchte vergebens, die Menschen zu beschwören, ihnen klarzumachen, dies sei keine Verstellung, kein Trick, es sei bitterer Ernst, es brenne wirklich. Sein Flehen steigerte nur das Gelächter, man fand, er spiele seine Rolle ausgezeichnet –

bis schließlich in der Tat das Feuer auf das Dorf übergegriffen hatte und jede Hilfe zu spät kam, sodass Dorf und Zirkus gleichermaßen verbrannten.

Diese Geschichte hat der dänische Philosoph Søren Kierkegaard erzählt und man hat in dem Clown, der seine Botschaft gar nicht bis zum wirklichen Gehör der Menschen bringen kann, das Bild des Theologen gesehen. Er wird in seinen Clownsgewändern aus dem Mittelalter oder aus welcher Vergangenheit auch immer gar nicht ernst genommen. Er kann sagen, was er will, er ist immer schon etikettiert und eingeordnet durch seine Rolle. Wie er sich auch gebärdet und den Ernstfall darzustellen versucht, man weiß immer im Voraus schon, dass er eben – ein Clown ist. Man weiß schon, worüber er redet, und weiß, dass er nur eine Vorstellung gibt, die mit der Wirklichkeit wenig oder nichts zu tun hat. So kann man ihm getrost zuhören, ohne sich über das, was er sagt, ernstlich beunruhigen zu müssen.

Vielleicht müssen wir sogar sagen, dass dieses Bild noch immer die Dinge vereinfacht. Denn danach sieht es ja so aus, als wäre der Clown, das heißt der Theologe, der völlig Wissende, der mit einer ganz klaren Botschaft kommt. Die Dörfler, zu denen er eilt, das heißt die Menschen außerhalb des Glaubens, wären umgekehrt die völlig Unwissenden, die erst belehrt werden müssen über das ihnen Unbekannte. Der Clown brauchte dann eigentlich nur das Kostüm zu wechseln und sich abzuschminken – dann wäre alles in Ordnung. Aber brauchen wir uns wirklich einfach bloß abzuschminken und in das Zivil einer normalen unaufdringlichen Sprache zu stecken, damit alles in Ordnung sei? Genügt der geistige Kostümwechsel, damit die Menschen freudig herbeilaufen und mithelfen, den Brand zu löschen, von dem der Theologe behauptet, dass es ihn gebe und dass er unser aller Gefahr sei? Zwar stimmt es, dass derjenige, der heute über den Glauben zu reden versucht, sich wie ein Clown vorkommen kann oder wie jemand, der, aus einem antiken Sarkophag aufgestiegen, in Tracht und Denken der Antike mitten in unsere heutige Welt eingetreten ist und weder sie verstehen kann noch von ihr verstanden wird. Wenn indes der, der den Glauben zu verkündigen versucht, selbstkritisch genug ist, wird er bald bemerken, dass es nicht nur um eine Krise der Gewänder geht, in denen die Theologie einherschreitet. Er wird vielmehr auch die bedrängende Macht des Unglaubens inmitten des eigenen Glaubenwollens erfahren. Er wird also zu verstehen haben, dass seine Situation sich gar nicht so vollständig von derjenigen der anderen unterscheidet.

Im Gläubigen gibt es also die Bedrohung der Ungewissheit, die in Augenblicken der Anfechtung mit einem Mal die Brüchigkeit des Ganzen, das ihm gewöhnlich so selbstverständlich scheint, hart und unversehens in Erscheinung treten lässt. Therese von Lisieux, die liebenswerte, scheinbar so naiv-unproblematische Heilige, war in einem Leben völliger religiöser Geborgenheit aufgewachsen. Ihr Dasein war von Anfang bis Ende so bis ins Kleinste vom Glauben der Kirche geprägt, dass die Welt des Unsichtbaren ein Stück ihres Alltags – nein: ihr Alltag selbst geworden und nahezu greifbar zu sein schien. Für sie war »Religion« wirklich eine selbstverständliche Vorgegebenheit ihres täglichen Daseins, sie ging damit um, wie wir mit den fassbaren Gewöhnlichkeiten unseres Lebens umgehen können. Aber gerade sie, die scheinbar in ungefährdeter Sicherheit Geborgene, hat uns aus den letzten Wochen ihres Todeskampfes erschütternde Geständnisse hinterlassen, so etwa, wenn sie sagt: »Die Gedankengänge der schlimmsten Materialisten drängen sich mir auf«. Ihr Verstand wird bedrängt von allen Argumenten, die es gegen den Glauben gibt. Das Gefühl des Glaubens scheint verschwunden, sie erfährt sich »in die Haut der Sünder« versetzt. Das heißt: In einer scheinbar völlig bruchlos verfugten Welt wird hier jählings einem Menschen der Abgrund sichtbar, der unter dem festen Zusammenhang der tragenden Konventionen lauert – auch für ihn. In einer solchen Situation steht dann nicht mehr dies oder jenes zur Frage, um das man sonst vielleicht streitet – Himmelfahrt Marias oder nicht, Beichte so oder anders –, all das wird völlig sekundär. Es geht dann wirklich um alles oder nichts. Das ist die einzige Alternative, die bleibt, und nirgendwo scheint sich ein Grund anzubieten, auf dem man in diesem jähen Absturz sich dennoch festklammern könnte. Nur noch die bodenlose Tiefe des Nichts ist zu sehen, wohin man auch blickt.

Der französische Schriftsteller Paul Claudel hat in der Eröffnungsszene des »Seidenen Schuhs« diese Situation des Glaubenden in eine große und überzeugende Bildvision gebannt. Ein Jesuitenmissionar, Bruder des Helden Rodrigo, des Weltmanns, des irrenden und ungewissen Abenteurers zwischen Gott und Welt, wird als Schiffbrüchiger dargestellt. Sein Schiff wurde von Seeräubern versenkt, er selbst an einen Balken des gesunkenen Schiffes gebunden, und so treibt er nun an diesem Stück Holz im tosenden Wasser des Ozeans. Mit seinen letzten Worten beginnt das Schauspiel: »Herr, ich danke dir, dass du mich so gefesselt hast. Zuweilen geschah mir, dass ich deine Gebote mühsam fand, und meinen Willen im Angesicht deiner Satzung ratlos, versagend. Doch heute kann ich enger nicht mehr an dich angebunden sein, als ich es bin, und mag ich auch meine Glieder eines um das andere durchgehn, keines kann sich auch nur ein wenig von dir entfernen. Und so bin ich wirklich ans Kreuz geheftet, das Kreuz aber, an dem ich hänge, ist an nichts mehr geheftet. Es treibt auf dem Meere«.

Ans Kreuz geheftet – das Kreuz aber an nichts, treibend über dem Abgrund. Die Situation des Glaubenden von heute könnte man kaum eindringlicher und genauer beschreiben, als es hier geschieht. Nur ein über dem Nichts schwankender, loser Balken scheint ihn zu halten, und es sieht aus, als könnte man den Augenblick errechnen, in dem er versinken muss. Nur ein loser Balken knüpft ihn an Gott, aber freilich, er knüpft ihn unausweichlich, und am Ende weiß er, dass dieses Holz stärker ist als das Nichts, das unter ihm brodelt, das aber dennoch die bedrohende, eigentliche Macht seiner Gegenwart bleibt.

Und dieser schiffbrüchige Jesuit ist nicht allein, sondern in seinem Schicksal ist das Geschick des Bruders mit anwesend, der sich für ungläubig hält, der Gott den Rücken gekehrt hat, weil er als seine Sache nicht das Warten ansieht, sondern »das Besitzen des Erreichbaren …, als könnte er anderswo sein, als Du bist«. Am Ende berührt Rodrigos Geschick dasjenige seines Bruders, indem der Welteroberer als Sklave auf einem Schiff endigt und froh sein muss, wenn eine alte Nonne mit rostigen Bratpfannen und Lumpen auch ihn als wertlose Ware mitnimmt. Wie es dem Glaubenden geschieht, dass er vom Salzwasser des Zweifels gewürgt wird, das ihm der Ozean fortwährend in den Mund spült, so gibt es auch den Zweifel des Ungläubigen an seiner Ungläubigkeit. Er wird der Abgeschlossenheit dessen, was er gesehen hat und als das Ganze erklärt, nie restlos gewiss, sondern bleibt von der Frage bedroht, ob nicht der Glaube dennoch das Wirkliche sei. So wie also der Gläubige sich fortwährend durch den Unglauben bedroht weiß, ihn als seine beständige Versuchung empfinden muss, so bleibt dem Ungläubigen der Glaube Bedrohung und Versuchung seiner scheinbar ein für allemal geschlossenen Welt. Mit einem Wort – es gibt keine Flucht aus dem Dilemma des Menschseins. Wer der Ungewissheit des Glaubens entfliehen will, wird die Ungewissheit des Unglaubens erfahren müssen, der seinerseits doch nie endgültig gewiss sagen kann, ob nicht doch der Glaube die Wahrheit sei.

Vielleicht ist es angebracht, an dieser Stelle eine jüdische Geschichte anzuhören, die Martin Buber aufgezeichnet hat. In ihr kommt das eben geschilderte Dilemma des Menschseins deutlich zur Anschauung. »Einer der Aufklärer, ein sehr gelehrter Mann, der vom Berditschewer gehört hatte, suchte ihn auf, um auch mit ihm, wie er's gewohnt war, zu disputieren und seine rückständigen Beweisgründe für die Wahrheit seines Glaubens zuschanden zu machen. Als er die Stube des Zaddiks betrat, sah er ihn mit einem Buch in der Hand in begeistertem Nachdenken auf und ab gehen. Des Ankömmlings achtete er nicht. Schließlich blieb er stehen, sah ihn flüchtig an und sagte: ›Vielleicht ist es aber wahr‹. Der Gelehrte nahm vergebens all sein Selbstgefühl zusammen – ihm schlotterten die Knie, so furchtbar war der Zaddik anzusehen, so furchtbar sein schlichter Spruch zu hören. Rabbi Levi Jizchak aber wandte sich ihm nun völlig zu und sprach ihn gelassen an: ›Mein Sohn, die Großen der Thora, mit denen du gestritten hast, haben ihre Worte an dich verschwendet, du hast, als du gingst, darüber gelacht. Sie haben dir Gott und sein Reich nicht auf den Tisch legen können, und auch ich kann es nicht. Aber, mein Sohn, bedenke, vielleicht ist es wahr‹. Der Aufklärer bot seine innerste Kraft zur Entgegnung auf, aber dieses furchtbare ›Vielleicht‹, das ihm da Mal um Mal entgegenscholl, brach seinen Widerstand«.

Hier ist die Situation des Menschen vor der Gottesfrage sehr präzis beschrieben. Niemand kann dem andern Gott und sein Reich auf den Tisch legen, auch der Glaubende sich selbst nicht. Aber wie sehr sich auch der Unglaube dadurch gerechtfertigt fühlen mag, es bleibt ihm die Unheimlichkeit des »Vielleicht ist es doch wahr«. Das »Vielleicht« ist die unentrinnbare Anfechtung, der er sich nicht entziehen kann. Der Glaubende wie der Ungläubige haben, jeder auf seine Weise, am Zweifel *und* am Glauben Anteil, wenn sie sich nicht vor sich selbst verbergen und vor der Wahrheit ihres Seins. Keiner kann dem Zweifel ganz, keiner dem Glauben ganz entrinnen. Für den einen wird der Glaube *gegen* den Zweifel anwesend, für den andern *durch* den Zweifel und in der *Form* des Zweifels. **Es ist die Grundgestalt menschlichen Geschicks, nur in dieser Rivalität von Zweifel und Glaube, von Anfechtung und Gewissheit die Endgültigkeit seines Daseins finden zu dürfen.** Vielleicht könnte so gerade der Zweifel, der den einen wie den anderen vor der Verschließung im bloß Eigenen bewahrt, zum Ort der Kommunikation werden. Er hindert beide daran, sich völlig in sich selbst zu runden, er bricht den Glaubenden auf den Zweifelnden und den Zweifelnden auf den Glaubenden hin auf.

I. »ICH GLAUBE ... AMEN« – WAS IST DAS BESONDERE DES CHRISTLICHEN GLAUBENS?

M. L.: »All so was kann man doch heute nicht mehr glauben!«, wird wohl mancher Zeitgenosse sagen. »Doch!«, antwortet Ratzinger, und so wird es in diesem Buch nicht um ein »Glaubensmuseum« gehen, sondern darum, ob und wie ein moderner Mensch heute noch glauben kann. Man ist gespannt, ob Joseph Ratzinger das gelingen wird ...

1. CHRISTENTUM ALS GLAUBE – VERWIRKLICHUNGEN

M. L.: Warum Glaube nicht dasselbe wie Religion ist ...

Die Grundfrage einer Einführung ins Christentum kann von uns angesichts unseres Geschichtsbewusstseins nur noch in der Form gestellt werden: Was bedeutet das christliche Bekenntnis »Ich glaube« *heute?*

Das »Apostolische Glaubensbekenntnis«, das von seinem Ursprung her Einführung ins Christentum und Zusammenfassung seiner wesentlichen Inhalte sein will, beginnt mit den Worten »Ich glaube ...«.

Meist setzen wir voraus, dass »Religion« und »Glaube« allemal das Gleiche seien und jede Religion daher ebenso gut als »Glaube« bezeichnet werden könne. Das trifft aber tatsächlich nur in begrenztem Maße zu. Vielfach benennen sich die anderen Religionen anders und setzen damit andere Schwerpunkte. Das Alte Testament hat sich als Ganzes nicht unter dem Begriff »Glaube«, sondern unter dem Begriff »Gesetz« beschrieben. Es ist primär eine Lebensordnung, in der freilich dann der Akt des Glaubens immer mehr an Bedeutung gewinnt. Die römische Religiosität wiederum hat unter *religio* vorwiegend das Einhalten bestimmter ritueller Formen und Gepflogenheiten verstanden. Für sie ist nicht entscheidend, dass ein Glaubensakt an Übernatürliches gesetzt wird. Er kann sogar völlig fehlen, ohne dass man dieser Religion untreu wird. Da sie wesentlich ein System von Riten ist, ist deren sorgfältige Beobachtung für sie das eigentlich Entscheidende. Es versteht sich also nicht von selbst, dass das Christsein sich zentral in dem Wort »Credo«, ich glaube, ausdrückt. Aber welche Einstellung ist eigentlich gemeint mit diesem Wort und wie kommt es, dass es uns immer wieder fast unmöglich erscheint, unser heutiges Ich mit jenem von Generationen vorgeprägten Ich des »Ich glaube« zu identifizieren?

a. Wie macht man das, glauben? – Eine Gebrauchsanweisung

> *M. L.: Man kann noch so gescheit sein, noch so viel wissen, wenn man nur das Sichtbare wahrnimmt, sich nicht vom unsichtbaren Ganzen der Wirklichkeit rühren lässt, wenn man nicht innerlich umkehrt und eine neue Perspektive einnimmt, kann man nicht zum Glauben kommen. Insofern geht glauben natürlich mit und ohne Abitur …*

Machen wir uns nichts vor: Das schematische Ich des Glaubensbekenntnisses in Fleisch und Blut des persönlichen Ich umzuwandeln, das war schon immer eine aufregende und schier unmöglich scheinende Sache. Dabei ist nicht selten, statt das Schema mit Fleisch und Blut zu füllen, das Ich in ein Schema umgewandelt worden. Und wenn wir heute als Glaubende in unserer Zeit vielleicht ein wenig neidisch sagen hören, im Mittelalter sei man in unseren Landen ausnahmslos gläubig gewesen, dann tut es gut, einen Blick hinter die Kulissen zu werfen, wie ihn uns die historische Forschung heute gestattet. Sie kann uns darüber belehren, dass es auch damals schon die große Schar der Mitläufer gab und die verhältnismäßig geringe Zahl der wirklich in die innere Bewegung des Glaubens Eingetretenen. Sie kann uns zeigen, dass für viele der Glaube doch nur ein vorgefundenes System von Lebensformen war, durch das für sie das aufregende Abenteuer, welches das Wort »Credo« eigentlich meint, wenigstens ebenso sehr verdeckt wie eröffnet wurde. Das alles einfach deshalb, weil es zwischen Gott und Mensch eine unendliche Kluft gibt, weil der Mensch so beschaffen ist, dass seine Augen nur das zu sehen vermögen, was Gott nicht ist, und daher Gott der für den Menschen Unsichtbare, außerhalb seines Sehfeldes Liegende ist. Gott ist unsichtbar – diese Grundaussage biblischen Gottesglaubens im Nein zur Sichtbarkeit der Götter ist zuerst eine Aussage über den Menschen: Der Mensch ist das schauende Wesen, dem der Raum seiner Existenz durch den Raum seines Sehens und Greifens abgesteckt scheint. Aber in diesem Raum seines Sehens und Greifens kommt Gott nicht vor und wird er nie vorkommen, wie sehr auch immer dieser Raum ausgeweitet werden mag.

Das Wörtchen »Credo« bedeutet, dass der Mensch den Raum seiner Welt nicht mit dem, was er sehen und greifen kann, abgesteckt ansieht, sondern eine zweite Form von Zugang zum Wirklichen sucht, die er eben Glauben nennt, und darin sogar die entscheidende Eröffnung seiner Weltsicht überhaupt findet. Wenn es aber so ist, dann meint das Wörtchen Credo nicht ein Feststellen von dem und jenem, sondern es drückt aus, wie ich mich zum Sein, zur Existenz, zum Eigenen und zum Ganzen des Wirklichen verhalte. Dieses »ich glaube« bedeutet die Überzeugung, dass das nicht zu Sehende, das auf keine Weise ins Blickfeld rücken kann, nicht das Unwirkliche ist, sondern dass – im Gegenteil – das nicht zu Sehende sogar das eigentlich Wirkliche, das alle übrige Wirklichkeit Tragende und Ermöglichende darstellt. Glauben bedeutet die Entscheidung dafür, dass im Innersten der menschlichen Existenz ein Punkt ist, der nicht aus dem Sichtbaren und Greifbaren gespeist und getragen werden kann, sondern an das nicht zu Sehende stößt, sodass es ihm berührbar wird und sich als eine Notwendigkeit für seine Existenz erweist.

Solche Haltung ist freilich nur zu erreichen durch das, was die Sprache der Bibel »Umkehr«, »Be-kehrung« nennt. Das natürliche Schwergewicht des Menschen treibt ihn zum Sichtbaren, zu dem, was er in die Hand nehmen und greifen kann. Er muss sich innerlich herumwenden, um zu sehen, wie sehr er sein Eigentliches versäumt, indem er sich solchermaßen von seinem natürlichen Schwergewicht ziehen lässt. Er muss sich herumwenden, um zu erkennen, wie blind er ist, wenn er nur dem traut, was seine Augen sehen. Ohne diese Wende der Existenz gibt es keinen Glauben. Der Glaube ist die Be-kehrung, in der der Mensch entdeckt, dass er einer Illusion folgt, wenn er sich dem Greifbaren allein verschreibt. Dies ist zugleich der tiefste Grund, warum Glaube nicht vorzeigbar ist: Er ist eine Wende des Seins, und nur wer sich wendet, empfängt ihn. Und weil unser Schwergewicht nicht aufhört, uns in eine andere Richtung zu weisen, deshalb bleibt er als Wende täglich neu, und nur in einer lebenslangen Bekehrung können wir fühlen, was es heißt, zu sagen: Ich glaube.

Immer schon hat Glaube etwas von einem abenteuerlichen Bruch und Sprung an sich, weil er zu jeder Zeit das Wagnis darstellt, das nicht zu Sehende als das eigentlich Wirkliche anzunehmen. **Nie war Glaube daher einfach die dem menschlichen Dasein von selbst zu-fallende Einstellung, immer schon war er eine die Tiefe der Existenz anfordernde Entscheidung, die ein Sich-**

herumwenden des Menschen forderte, das nur im Entschluss erreichbar ist.

b. Der christliche Skandal – Vom Traum eines Staubkorns

> *M. L.: Sind Christen Traumtänzer, wenn sie glauben, dass auf dieser winzigen Erde im gewaltigen Weltall ein einziger Mensch, der vor 2000 Jahren gelebt hat, der Erlöser der Welt ist – oder sind nicht vielleicht die Menschen beschränkt, für die die Welt nur das ist, was messbar ist?*

Zur Kluft von »Sichtbar« und »Unsichtbar« kommt für uns erschwerend diejenige von »Damals« und »Heute« hinzu. Alle Modernisierungen eines Glaubens, der im Gewand des Damaligen auftritt, ob sie sich nun »Entmythologisierung« oder »Aggiornamento« nennen, ändern das nicht, im Gegenteil: Diese Bemühungen verstärken den Verdacht, hier werde krampfhaft als zeitgemäß ausgegeben, was in Wirklichkeit doch eben »von gestern« ist. Dadurch erscheint der Glaube so gar nicht mehr als der zwar verwegene, aber doch die Großmut des Menschen herausfordernde Sprung aus dem scheinbaren Alles unserer Sichtbarkeitswelt in das scheinbare Nichts des Unsichtbaren und Ungreifbaren. Er erscheint uns viel eher als die Zumutung, sich als heutiger Mensch auf das Gestrige zu verpflichten und es als das immerwährend Gültige zu beschwören. Aber wer will das schon in einer Zeit, in der an die Stelle des Gedankens der »Tradition« die Idee des »Fortschrittes« getreten ist?

Der Begriff »Tradition« umschrieb ein prägendes Programm, sie erschien als das Bergende, worauf der Mensch sich verlassen kann. Er durfte sich *dann* sicher und am rechten Orte glauben, wenn er sich auf Tradition berufen konnte. Heute waltet genau das entgegengesetzte Gefühl: Tradition erscheint als das Abgetane, das bloß Gestrige, der Fortschritt aber als die eigentliche Verheißung des Seins, sodass der Mensch sich nicht am Ort der Tradition, der Vergangenheit, sondern im Raum des Fortschritts und der Zukunft ansiedelt. Auch von da her muss ihm ein Glaube, der ihm unter dem Etikett der ›Tradition‹ begegnet, als etwas Überwundenes erscheinen.

In gewissem Sinne wird hier erst die Eigenart des *christlichen* Skandals greifbar, nämlich das, was man den christlichen Positivismus nennen könnte. Ich meine damit Folgendes: Christlicher Glaube hat es gar nicht bloß, wie man zunächst bei der Rede vom Glauben vermuten möchte, mit dem Ewigen zu tun, das als das ganz Andere völlig außerhalb der menschlichen Welt und der Zeit verbliebe. Er hat es vielmehr mit dem Gott *in* der Geschichte zu tun, mit Gott als Menschen. Indem er so die Kluft von ewig und zeitlich, von sichtbar und unsichtbar zu überbrücken scheint, indem christlicher Glaube uns Gott als einem Menschen begegnen lässt, dem Ewigen als dem Zeitlichen, als einem von uns, weiß er sich als Offenbarung. Der Anspruch des christlichen Glaubens, Offenbarung zu sein, gründet ja darin, dass er sozusagen das Ewige hereingeholt hat in unsere Welt: »Was niemand je gesehen hat – der hat es uns ausgelegt, der an der Brust des Vaters ruht« (Jo 1,18) Jesus hat Gott herausgeführt aus sich selbst, oder, wie es der 1. Johannesbrief noch drastischer sagt, ihn unserem Anschauen und unserem Betasten freigegeben, sodass der, den nie jemand gesehen hat, nun unserem geschichtlichen Berühren offen steht.

Im ersten Augenblick scheint das wirklich das Höchstmaß von Offenbarung, von Offenlegung Gottes zu sein. Der Sprung des Glaubens, der bisher ins Unendliche führte, scheint auf eine menschlich mögliche Größenordnung verkürzt, indem wir nur noch die paar Schritte zu jenem Menschen in Palästina zu gehen brauchen, in dem uns Gott selber entgegentritt. Aber was zunächst die radikalste Offenbarung zu sein scheint und in gewissem Maß in der Tat für immer *die* Offenbarung bleibt, das ist doch im selben Augenblick die äußerste Verdunklung und Verhüllung. Was Gott uns zunächst ganz nahe zu bringen scheint, sodass wir ihn als Mitmenschen anrühren können, seinen Fußspuren zu folgen, sie förmlich nachzumessen vermögen, eben das ist in einem sehr tiefen Sinne zur Voraussetzung für den ›Tod Gottes‹ geworden, der fortan den Gang der Geschichte und das menschliche Gottesverhältnis unwiderruflich prägt. Gott ist uns so nahe geworden, dass wir ihn töten können und dass er darin, wie es scheint, aufhört, Gott für uns zu sein. **So stehen wir heute ein wenig fassungslos vor dieser christlichen »Offenbarung« und fragen uns vor ihr, besonders wenn wir sie mit der Religiosität Asiens konfrontieren, ob es nicht doch viel einfacher gewesen wäre, an das Verborgen-Ewige zu glauben, sich sinnend und sehnend ihm anzuvertrauen.** Ob uns Gott nicht besser in der unendlichen Distanz gelassen hätte. Ob es nicht wirklich einfacher wäre, im Aufstieg aus allem Weltlichen in ruhiger Beschauung das ewig unfassbare Geheimnis zu vernehmen, als sich dem Positivismus des Glaubens an eine einzige Gestalt auszuliefern und auf der Nadelspitze dieses einen Zufallspunktes das Heil des Menschen und der Welt anzusiedeln. Muss dieser auf einen Punkt hin verengte Gott nicht definitiv sterben in einem Weltbild, das den Menschen und seine Geschichte unnachsichtig relativiert zu einem winzigen Staubkorn im All? Einem Staubkorn, das nur in der Naivität seiner Kinderjahre sich als die Mitte des Universums ansehen konnte, aber nun, den Kinderjahren entwachsen, endlich den Mut haben sollte, vom Schlaf aufzuwachen, sich die Augen zu reiben und jenen törichten Traum, wie schön er auch war, abzuschütteln und sich fraglos dem gewaltigen Zusammenhang einzufügen, in den unser winziges Leben hineinverwiesen ist, das gerade im Annehmen seiner Winzigkeit auf neue Weise Sinn finden sollte?

Erst indem wir die Frage so zuspitzen und auf diese Weise in den Blick bekommen, dass hinter dem Skandal von »damals« und »heute« das viel tiefere Ärgernis des christlichen »Positivismus« steht, die »Einengung« Gottes auf einen Punkt der Geschichte hin, erst damit sind wir bei der ganzen Tiefe der christlichen Glaubensfrage angelangt, wie sie heute bestanden werden muss. Können wir überhaupt noch glauben? Nein, wir müssen radikaler fragen: Dürfen wir es noch, oder gibt es nicht eine Pflicht, mit dem Traum zu brechen und sich der Wirklichkeit zu stellen? Wenn wir versuchen, in dieser Weise das Fragen des andern anzunehmen, dann werden wir umgekehrt das Recht haben, festzustellen, dass hier eine Gegenfrage aufsteht. Wir sind heute von vornherein geneigt, einfach das greifbar Vorhandene, das »Nachweisbare«, als das eigentlich Wirkliche zu unterstellen. Aber darf man das eigentlich? Müssen wir nicht doch sorgfältiger fragen, was das in Wahrheit ist, »das Wirkliche«? Ist es nur das Festgestellte und Feststellbare, oder ist vielleicht das Feststellen doch nur eine bestimmte Weise, sich zur Wirklichkeit zu verhalten, die keineswegs das Ganze erfassen kann und die sogar zur Verfälschung der Wahrheit und des Menschseins führt, wenn wir sie als das allein Bestimmende annehmen?

2. WIE DIE WAHRHEIT ABHANDENKAM – EINE KLEINE GESCHICHTE DES GEISTES

> *M. L.: Aber was kann die Wissenschaft eigentlich wirklich erkennen? Die »Wahrheit« wohl nicht …*

Wenn wir den Weg des menschlichen Geistes überblicken, soweit er sich unserem Auge darbietet, werden wir feststellen, dass es in den verschiedenen Perioden der Entfaltung dieses Geistes verschiedene Sichtweisen der Wirklichkeit gibt, etwa die magische Grundorientierung oder die philosophisch-metaphysische oder schließlich heute die wissenschaftliche, insbesondere die naturwissenschaftliche. Jede dieser menschlichen Grundorientierungen hat auf ihre Weise mit dem Glauben zu tun, und jede steht ihm auch auf ihre

Weise im Weg. Keine deckt sich mit ihm, aber auch keine ist einfach neutral zu ihm. Jede kann ihm dienen, und jede kann ihn hindern. Für unsere heutige wissenschaftsbestimmte Grundeinstellung, die unser aller Daseinsgefühl prägt, ist die Beschränkung auf die Phänomene kennzeichnend, auf das Erscheinende und in den Griff zu Nehmende. Wir haben es aufgegeben, das verborgene Ansich der Dinge zu suchen, in das Wesen des Seins selbst hinabzuloten. So etwas zu tun erscheint uns als fruchtloser Versuch, die Tiefe des Seins gilt uns als letztlich unerreichbar. Wir haben uns auf das Sehbare im weitesten Sinn eingestellt, auf das, was unserem messenden Zugriff fassbar ist. Die Methodik der Naturwissenschaft beruht auf dieser Beschränkung auf das Erscheinende. Es genügt uns. Mit ihm können wir hantieren und so uns selbst jene Welt erschaffen, in der wir als Menschen zu leben vermögen. Damit hat sich im neuzeitlichen Denken allmählich ein neuer Begriff von Wahrheit und Wirklichkeit herausgebildet, der meistens unbewusst als die Voraussetzung unseres Denkens waltet, der aber auch seinerseits der Prüfung des Bewusstseins ausgesetzt werden muss.

a. Wie Ciceros Dienstmädchen Karriere machte – Geschichte als neue Wahrheit

> *M. L.: Hier kann man lernen, warum die schönen Stadtteile des 19. Jahrhunderts, die den Bombenkrieg überlebt haben, wie ein Sammelsurium aus historischen Kunststilen aller Zeiten wirken. Denn Geschichte, das, was Menschen gemacht haben, das galt damals als die edelste Erkenntnis. Doch dieser Hype währte nicht lange.*

Wenn wir zu erkennen versuchen, wie es zu der eben geschilderten Einstellung kam, werden wir wohl zwei Stadien des geistigen Umbruchs feststellen können. Das erste, vom französischen Philosophen

René Descartes vorbereitet, erhält seine Gestaltung bei Immanuel Kant und vorher schon bei dem italienischen Philosophen Giambattista Vico (1688–1744). Jener hat wohl als Erster die typische Formel des neuzeitlichen Geistes hinsichtlich der Wahrheits- und Wirklichkeitsfrage geprägt. Der mittelalterlich-scholastischen Gleichung »Verum est ens – das Sein ist die Wahrheit« – stellt er seine Formel entgegen: »Verum quia factum«. Das will sagen: Als wahr erkennbar ist für uns nur das, was wir selbst gemacht haben. Die Revolution des modernen Denkens gegenüber allem Vorangegangenen ist hier mit einer geradezu unnachahmlichen Präzision gegenwärtig. Für Antike und Mittelalter ist das Sein selbst wahr, das heißt erkennbar, weil Gott, der Intellekt schlechthin, es gemacht hat. Er hat es aber gemacht, indem er es gedacht hat. Denken und Machen sind dem schöpferischen Urgeist, dem Creator Spiritus, eins. Sein Denken ist ein Erschaffen. Die Dinge sind, weil sie gedacht sind. Für die antike und mittelalterliche Sicht ist daher alles Sein Gedachtsein, Gedanke des absoluten Geistes. Das bedeutet umgekehrt: Da alles Sein Gedanke ist, ist alles Sein Sinn, »Logos«, Wahrheit. Menschliches Denken ist von da aus Nach-Denken des Seins selbst, Nachdenken des Gedankens, der das Sein selber ist. Der Mensch aber kann dem Sinn des Seins nachdenken, weil seine eigene Vernunft Gedanke des Urgedankens ist, des Schöpfergeistes, der das Sein durchwaltet.

Demgegenüber erscheint für Antike und Mittelalter das Werk des Menschen als das Zufällige und Vorübergehende. Das Sein ist Gedanke, daher denkbar, Gegenstand des Denkens und der Wissenschaft, die nach Weisheit strebt. Das Werk des Menschen hingegen ist das aus Logos und Unlogik Vermischte, das überdies mit der Zeit in die Vergangenheit absinkt. Es lässt keine volle Verstehbarkeit zu, denn es fehlt ihm an Gegenwart, die Voraussetzung des Schauens ist, und es fehlt ihm an Logos, an durchgehender Sinnhaftigkeit. Aus diesem Grunde war der antike und mittelalterliche Wissenschaftsbetrieb der Ansicht, dass das Wissen von den menschlichen Dingen nur »Techne«, handwerkliches Können, aber nie wirkliches Erkennen und daher nie wirkliche Wissenschaft sein könne. Deshalb blieben in der mittelalterlichen Universität die artes, die Künste, nur die Vorstufe der eigentlichen Wissenschaft, die dem Sein selbst nachdenkt. Man kann diesen Standpunkt noch bei Descartes am Anfang der Neuzeit deutlich festgehalten finden, wenn er ausdrücklich den Wissenschaftscharakter der Historie bestreitet. Der Historiker, der die alte römische Geschichte zu kennen vorgebe, wisse schließlich weniger von ihr, als ein Koch in Rom wusste, und Latein zu verstehen bedeute, nicht mehr zu können, als was auch Ciceros Dienstmädchen konnte. Rund 100 Jahre später wird Vico den Wahrheitskanon des Mittelalters, der sich hier noch einmal ausdrückte, regelrecht auf den Kopf stellen und damit die grundlegende Wende des neuzeitlichen Geistes zum Ausdruck bringen. Nun erst beginnt jene Einstellung, die das »wissenschaftliche« Zeitalter heraufführt, in dessen Entfaltung wir noch immer stehen.

Für Descartes erscheint also noch einzig die von den Unsicherheiten des Tatsächlichen gereinigte, rein formale Vernunftgewissheit als wirkliche Gewissheit. Die Wende zur Neuzeit kündigt sich immerhin an, wenn er diese Vernunftgewissheit wesentlich vom Modell der mathematischen Gewissheit her versteht, Mathematik zur Grundform alles vernünftigen Denkens erhebt. Während aber hier die Tatsachen noch ausgeklammert werden müssen, wenn man Sicherheit will, stellt Vico die genau umgekehrte These auf. Formal im Anschluss an Aristoteles erklärt er, dass wirkliches Wissen ein Wissen der Ursachen sei. Ich kenne eine Sache, wenn ich ihre Ursache kenne. Das Begründete verstehe ich, wenn ich den Grund weiß. Aber aus diesem alten Gedanken wird etwas durchaus Neues gefolgert: Wenn zu wirklichem Wissen das Wissen der Ursachen gehört, dann können wir nur *das* wahrhaft wissen, was wir selbst gemacht haben, denn nur uns selbst kennen wir. Das bedeutet dann, dass an die Stelle der alten Gleichsetzung von Wahrheit und Sein die neue von Wahrheit und Tatsächlichkeit tritt, erkennbar ist nur das »Faktum«, das, was wir selbst gemacht haben.

Die Aufgabe des menschlichen Geistes ist demnach nicht, dem Sein nachzudenken, sondern dem Faktum, dem Gemachten, der Eigenwelt des Menschen, denn nur sie vermögen wir wahrhaft zu verstehen. Der Mensch hat den Kosmos nicht hervorgebracht, und er bleibt ihm in seiner letzten Tiefe undurchsichtig. Beweisbares Wissen ist für ihn nur erreichbar innerhalb der Mathematik und bezüglich der Geschichte, die der Bereich des vom Menschen selbst Gewirkten ist. Inmitten des Ozeans des Zweifels, der nach dem Zusammenbruch des alten Denkens am Beginn der Neuzeit die Menschheit bedroht, wird hier im Faktum das feste Land wieder entdeckt, auf dem der Mensch versuchen kann, sich eine neue Existenz zu erbauen. Die Herrschaft des Faktums beginnt, das heißt die radikale Zuwendung des Menschen zu seinem eigenen Werk als dem allein Gewissen.

Damit ist jene Umwertung aller Werte verbunden, die aus der folgenden Geschichte wirklich eine »neue« Zeit gegenüber der alten werden lässt. Was vordem verachtet und unwissenschaftlich gewesen war, die Historie, bleibt nun als einzig wahre Wissenschaft neben der Mathematik übrig. Was vorher allein des freien Geistes würdig schien, dem Sinn des Seins nachzudenken, erscheint jetzt als müßiges Bemühen, dem kein echtes Wissenkönnen entspricht. So werden nun Mathematik und Historie zu den beherrschenden Disziplinen, die Historie verschlingt den ganzen Kosmos der Wissenschaften in sich hinein und verwandelt sie alle grundlegend. Philosophie wird durch G.W. Friedrich Hegel, auf andere Weise durch Auguste Comte zu einer Frage der Geschichte, in der das Sein selbst als geschichtlicher Prozess zu begreifen ist. Theologie wird bei F. Chr. Baur zur Historie, ihr Weg die streng historische Forschung, die nach dem damals Geschehenen fragt und dadurch der Sache auf den Grund zu kommen hofft. Nationalökonomie wird bei Karl Marx geschichtlich umgedacht. Sogar die Naturwissenschaften sind von dieser allgemeinen Tendenz zur Geschichte betroffen: Bei Charles Darwin wird das System des Lebendigen als eine Geschichte des Lebens begriffen. An die Stelle der Konstanz dessen, was bleibt, wie es geschaffen ist, tritt eine Abstammungsreihe, in der alle Dinge voneinander kommen und aufeinander rückführbar sind. So erscheint aber endlich die Welt nicht mehr als das feste Gehäuse des Seins, sondern als ein Prozess, dessen beständige Ausbreitung die Bewegung des Seins selber ist. Das bedeutet: Die Welt ist nur noch als vom Menschen gemachte wissbar. Über sich vermag der Mensch im Letzten nicht mehr hinauszuschauen, es sei denn wieder auf der Ebene des Faktums, wo er sich selber als Zufallsprodukt uralter Entwicklungen erkennen muss. Auf diese Weise entsteht nun eine höchst eigentümliche Situation. In dem Augenblick, in dem der Mensch nur noch sein eigenes Werk erkennen kann, muss er doch zugleich lernen, sich selbst als ein bloß zufällig Gewordenes, auch nur als »Faktum«, hinzunehmen. Auch hier wird ihm sozusagen der Himmel eingerissen, aus dem er zu kommen schien, und nur die Erde der Fakten bleibt in seinen Händen zurück – die Erde, in der er jetzt mit dem Spaten die mühsame Geschichte seines Werdens zu entziffern sucht.

b. Machtwechsel im Wahrheitskampf – Über den Sieg des Experiments

> *M. L.: Weil der Mensch nicht bloß zum »Museumswärter seiner eigenen Vergangenheit« werden will, tritt nun das, was machbar ist, also die Zukunft, in den Vordergrund und das prägt auch heute noch die Weltsicht vieler Menschen. Aber auch damit erfasst man nur einen Teil, beziehungsweise einen bestimmten Aspekt der Wirklichkeit ...*

Dieses Programm, das den Menschen auf die Geschichte als Ort der Wahrheit weist, konnte für sich allein freilich nicht genügen. Zur vollen Wirkung kam es erst, als es sich mit einem zweiten Motiv verband, das, wiederum gut 100 Jahre später, Marx formuliert hat in seinem klassischen Satz: »Die Philosophen haben die Welt nur verschieden interpretiert; es kömmt darauf an sie zu verändern.« Die Aufgabe der Philosophie wird damit nochmal grundlegend neu bestimmt. An die Stelle des »Verum quia factum« – wahr ist, was der Mensch gemacht hat, tritt das »Verum quia faciendum« – die Wahrheit ist die Machbarkeit. Nochmal anders gewendet: Die Wahrheit, mit der der Mensch zu tun hat, ist weder die Wahrheit des Seins noch auch letztlich die seiner vergangenen Taten, sondern es ist die Wahrheit der Weltveränderung – eine auf Zukunft und Aktion bezogene Wahrheit.

Die Herrschaft des Faktum wird also seit der Mitte des 19. Jahrhunderts in zunehmendem Maße abgelöst durch die Herrschaft des Faciendum, des Machbaren. Damit wird die Herrschaft der Historie verdrängt. Denn je mehr der Mensch den neuen Weg beschreitet, sich auf das Faktum zu konzentrieren und darin Gewissheit zu suchen, desto mehr muss er auch erkennen, dass sich selbst das Faktum, sein eigenes Werk, ihm weitgehend entzieht. Die Belegbarkeit, die der Historiker anstrebt und die zunächst im 19. Jahrhundert als der große Triumph der Historie gegenüber der Spekulation erscheint, behält immer etwas Fragwürdiges an sich, ein Moment der Deutung und der Zweideutigkeit, sodass schon zu Beginn des 20. Jahrhunderts die Historie in eine Krise geriet und ihr stolzer Wissensanspruch fragwürdig wurde. Immer deutlicher zeigte sich, dass es das reine Faktum und seine unerschütterliche Sicherheit gar nicht gibt, dass eben auch im Faktum jedes Mal noch das Deuten und seine Zweideutigkeit enthalten sind. Immer weniger konnte man sich verbergen, dass man abermals nicht jene Gewissheit in Händen hielt, die man sich zunächst, in der Abwendung von der Spekulation, von der Tatsachenforschung versprochen hatte.

So musste sich mehr und mehr die Überzeugung durchsetzen, dass wirklich erkennbar dem Menschen zu guter Letzt nur das sei, was wiederholbar ist, was er sich im Experiment jederzeit neu vor Augen stellen kann. Alles Historische bleibt Vergangenheit und ist trotz aller Belege nicht vollends erkennbar. Damit erscheint die naturwissenschaftliche Methode, die sich aus der Verbindung von Mathematik und Experiment ergibt, als der einzig wirkliche Träger zuverlässiger Gewissheit. Aus der Verbindung von mathematischem Denken und Faktendenken resultiert der von der Naturwissenschaft bestimmte geistige Standort des modernen Menschen, der damit Zuwendung zur Wirklichkeit, insofern sie Machbarkeit ist, bedeutet. Das Faktum, das Gemachte, hat das Machbare und Wiederholbare aus sich entlassen und ist nun um seinetwillen da. Es kommt zum Vorrang des Machbaren vor dem Gemachten, denn in der Tat: Was soll der Mensch schon mit dem bloß Gewesenen? Er kann seinen Sinn nicht darin finden, sich zum Museumswärter seiner eigenen Vergangenheit zu machen, wenn er seine Gegenwart bewältigen will.

Damit hört, wie vorher die Historie, nun das Machbarkeitsdenken auf, eine untergeordnete Vorstufe der geistigen Entfaltung des Menschen zu sein, auch wenn es in einem ausgesprochen geisteswissenschaftlich orientierten Bewusstsein noch immer einen gewissen Ruch von Barbarei behält. Von der geistigen Gesamtsituation her ist die Lage grundlegend geändert: Die Techne, das Machbarkeitsdenken, ist nicht länger ins Unterhaus der Wissenschaften verbannt oder richtiger: das Unterhaus ist auch hier das eigentlich Bestimmende geworden, vor dem das »Oberhaus« nur noch als ein Haus von adligen Pensionären erscheint. Techne wird zum eigentlichen Können des Menschen. War der Mensch zuerst, in Antike und Mittelalter, dem Ewigen zugewandt gewesen, dann in der kurzen Herrschaft des Historismus dem Vergangenen, so verweist ihn nun die Machbarkeit auf die Zukunft dessen, was er selbst erschaffen kann. Wenn er vordem, etwa durch die Ergebnisse der Abstammungslehre, resigniert festgestellt haben mochte, dass er von seiner Vergangenheit her nur Erde, bloßer Zufall der Entwicklung ist, wenn er von solcher Wissenschaft desillusioniert war und sich degradiert erschien, so braucht ihn das jetzt nicht mehr zu stören, denn nun kann er, von wo auch immer er kommt, entschlossen seiner Zukunft entgegensehen, um sich selbst zu dem zu erschaffen, was er will. Es braucht ihm nicht mehr als Unmöglichkeit zu erscheinen, sich selbst zum Gott zu erschaffen, der nun als das Machbare am Ende und nicht mehr als Sinn am Anfang steht. Wichtiger als die Abstammungslehre, die praktisch schon wie etwas Selbstverständliches hinter uns liegt, erscheint daher heute bereits die Kybernetik, die Planbarkeit des neu zu erschaffenden Menschen. Auf diese Weise wird aber auch die Manipulierbarkeit des Menschen durch sein eigenes Planen ein wichtigeres Problem als die Frage der menschlichen Vergangenheit.

3. WISSEN UND GLAUBEN – ÜBER UNTERSCHIEDE, DIE EINEN UNTERSCHIED MACHEN

> *M. L.: Christlicher Glaube ist nicht einfach »eine andere Welt« als die Welt des Wissens, im Gegenteil, er wohnt mitten in dieser Welt. Nur wenn die Wissenswelt die Fenster schließt, wenn sie exklusiv wird, dann erstickt sie den Glauben, der mehr ist als bloßes Wissen. Hamlets Ausruf »There are more things in Heaven and Earth, Horatio, than are dreamt of in your philosophy« (»Es gibt mehr Dinge zwischen Himmel und Erde, Horatio, als Eure Schulweisheit Euch träumen lässt«) ist ein Ruf nach Befreiung des Denkens aus seiner selbstverschuldeten Beschränktheit.*

Christlicher Glaube hat wirklich etwas mit dem »Faktum« zu tun, er wohnt auf der Ebene der Geschichte, aber er hat auch etwas mit Weltveränderung, Weltgestaltung zu tun, mit dem Einspruch gegen die Trägheit menschlicher Institutionen und derer, die daraus ihren Nutzen ziehen. Wo aber die beiden genannten Versuche exklusiv werden und den Glauben ganz auf die Ebene des Faktums oder der

Machbarkeit verlegen, da wird letztlich doch verdeckt, was es eigentlich heißt, **wenn ein Mensch sagt: »Credo – ich glaube«. Dann entwirft er nämlich fürs Erste weder ein Programm aktiver Weltveränderung noch schließt er sich damit einfach einer Kette historischer Ereignisse an. Der Vorgang des Glaubens gehört nicht dem Verhältnis Wissen – Machen zu, die das Machbarkeitsdenken kennzeichnet, er lässt sich viel eher ausdrücken als Stehen und Verstehen.**

a. Glaube als Stehen – Glaube als Verstehen

> *M. L.: Viele Menschen denken, glauben müsse man irgendetwas nur so lange bis man es am Ende sicher weiß. Dass das ein komplettes Missverständnis ist, kann man im Folgenden verstehen. Glauben hat im Deutschen nämlich zwei ganz unterschiedliche Bedeutungen: Wenn ich mit einem Fallschirm losspringen möchte und jemand mir sagt, er »glaube«, dass der sicher gepackt sei, würde mir das nicht reichen, wenn aber ein Freund mir versichert, er habe das persönlich überwacht, der sei sicher, ich könne ihm vertrauen, dann würde ich antworten: Das glaube ich Dir – und dieses Glauben ist sogar mehr als Wissen, das ist eine Gewissheit, die ein Leben tragen kann ...*

»Gläubt ihr nicht, so bleibt ihr nicht« übersetzt Martin Luther ein tiefsinniges Wortspiel beim Propheten Jesaja. Wörtlicher könnte man übersetzen: »Wenn ihr nicht glaubt, wenn ihr euch nicht an Jahwe fest*haltet*, dann werdet ihr keinen *Halt* haben« (Jes 7,9). Die *eine* Wortwurzel beider Verben, das Hebräische »amen«, umfasst eine Vielfalt von Bedeutungen, deren Ineinandergreifen die Großartigkeit dieses Satzes ausmacht. Sie schließt die Bedeutungen Wahrheit, Festigkeit, fester Grund ein, des Weiteren die Bedeutungen Treue, sich anvertrauen, sich auf etwas stellen, an etwas glauben. Das Glauben an

Gott erscheint so als ein Sichhalten bei Gott, durch das der Mensch einen festen Halt für sein Leben gewinnt. Glaube ist damit beschrieben als ein vertrauendes Sichstellen auf den Boden des Wortes Gottes. Die griechische Übersetzung des Alten Testaments hat den vorhin genannten Satz nicht nur sprachlich, sondern auch gedanklich in den griechischen Bereich hineinübersetzt, indem sie formuliert: »Wenn ihr nicht glaubt, dann versteht ihr auch nicht«. Stehen, wie es im Hebräischen als Inhalt des Glaubens angegeben wird, hat durchaus auch mit Verstehen etwas zu tun. Glaube meint jedenfalls eine völlig andere Ebene als jene des Machens und der Machbarkeit. Er ist das Sichanvertrauen an das niemals Machbare, das all unser Machen trägt. Das heißt aber, dass er auf der Ebene des Machbarkeitswissens weder vorkommt noch überhaupt vorkommen kann und dass jeder Versuch, ihn dort »auf den Tisch zu legen«, ihn im Sinn des Machbarkeitswissens beweisen zu wollen, scheitern muss. Wer ihn dennoch dort auf den Tisch legt, der hat etwas Falsches auf den Tisch gelegt.

b. Wissen und Sinn – Der Irrtum des Herrn von Münchhausen

> *M. L.: Bei dem Projekt, heutigen Menschen den Glauben zu erklären, zeigt Ratzinger keine Berührungsängste: Gerade nahm er auf Luther Bezug, jetzt auf den Philosophen Martin Heidegger und nennt den Marxismus immerhin einen »imponierenden Versuch«. Die Erkenntnis, dass nicht alles machbar ist und dass jeder etwas glauben muss, auch der Ungläubige, erscheint höchst aktuell …*

Wir sind mit unseren Überlegungen nun an einer Stelle angelangt, an der sichtbar wird, dass es *zwei* Grundformen menschlichen Verhaltens zur Wirklichkeit gibt, von denen die eine nicht auf die andere zurückgeführt werden kann, weil sich beide jeweils auf einer gänzlich anderen Ebene abspielen.

Man darf hier vielleicht an eine Gegenüberstellung des Philosophen Martin Heidegger erinnern, der von rechnendem Denken und besinnlichem Denken spricht. Beide Denkweisen sind legitim und notwendig, aber eben deshalb kann keine von beiden in die andere hinein aufgelöst werden. Beides also muss es geben: das rechnende Denken, das der Machbarkeit zugeordnet ist, und das besinnliche Denken, das über den Sinn nachdenkt. Man wird dem Freiburger Philosophen wohl auch nicht ganz Unrecht geben können, wenn er die Befürchtung ausdrückt, dass in einer Zeit, in der das rechnende Denken die staunenswertesten Triumphe feiert, der Mensch dennoch, ja vielleicht mehr als zuvor, von der Gedankenlosigkeit bedroht ist, von der Flucht vor dem Denken. Indem er allein dem Machbaren nachdenkt, steht er in Gefahr zu vergessen, sich selbst, den Sinn seines Seins zu bedenken. Freilich gibt es diese Versuchung zu allen Zeiten. So glaubte im 13. Jahrhundert der große Franziskanertheologe Bonaventura seinen Kollegen von der philosophischen Fakultät in Paris vorwerfen zu müssen, sie hätten die Welt zwar zu messen gelernt, aber verlernt, sich selbst zu messen. **Glauben in dem Sinn, wie ihn das Credo will, ist nicht eine unfertige Form des Wissens, ein Meinen, das man dann in Wissen, in Machbarkeitswissen, umsetzen könnte**. Er ist vielmehr eine ganz andere Form geistigen Verhaltens. Denn der Glaube ist nicht dem Bereich der Machbarkeit und des Gemachten zugeordnet, obwohl er mit beiden zu tun hat, sondern dem Bereich der Grundentscheidungen. Jeder Mensch muss in irgendeiner Form zum Bereich der Grundentscheidungen Stellung beziehen, und kein Mensch kann das anders als in der Weise eines Glaubens tun. Es gibt einen Bezirk, der keine andere Antwort als die eines Glaubens zulässt, und gerade ihn kann kein Mensch ganz umgehen. Jeder Mensch muss auf irgendeine Art »glauben«.

Der bisher imponierendste Versuch, die Verhaltensweise »Glaube« dennoch der Verhaltensweise des Machbarkeitswissens einzuordnen, liegt im Marxismus vor. Denn hier stellt die selbst zu erschaffende Zukunft zugleich den Sinn des Menschen dar. Die Sinngebung, die an sich im Glauben vollzogen wird, erscheint so auf die Ebene des zu Machenden überführt. Damit ist ohne Zweifel die äußerste Konsequenz neuzeitlichen Denkens erreicht. Es scheint geglückt, den Sinn des Menschen gänzlich ins Machbare einzubeziehen. Aber auch der Marxismus kann das Machbare als Sinn nicht wissbar machen, sondern nur verheißen und damit dem Glauben zur Entscheidung anbieten.

Was aber ist das eigentlich, das Glauben? Glauben ist die nicht auf Wissen reduzierbare Form des Standfassens des Menschen im Ganzen der Wirklichkeit. **Glauben ist die Sinngebung, die dem Rechnen und Handeln des Menschen vorausliegt und ohne die er letztlich auch nicht rechnen und handeln könnte.** Denn in der Tat: Der Mensch lebt nicht vom Brot der Machbarkeit allein, er lebt als *Mensch* vom Wort, von der Liebe, vom Sinn. Ohne das Wort, ohne den Sinn, ohne die Liebe kann er letztlich nicht leben, selbst wenn irdischer Komfort im Überfluss vorhanden ist. Wer wüsste nicht, wie sehr diese Situation des »Ich kann nicht mehr« inmitten des äußeren Überflusses auftauchen kann? Sinn aber entsteht nicht aus Wissen. Ihn auf diese Art herstellen zu wollen entspräche dem absurden Versuch Münchhausens, sich selbst an den Haaren aus dem Sumpf zu ziehen. Ich glaube, dass in der Absurdität jener Geschichte die Grundsituation des Menschen sehr genau zum Vorschein kommt. Aus dem Sumpf der Ungewissheit zieht sich niemand selbst empor, ziehen wir uns auch nicht, wie Descartes noch meinen konnte, durch eine Kette von Vernunftschlüssen, heraus. Sinn, der selbst gemacht ist, ist im Letzten kein Sinn. Sinn, das heißt der Boden, worauf unsere Existenz als ganze stehen und leben kann, kann nicht gemacht, sondern nur empfangen werden.

Damit sind wir unmittelbar bei der christlichen Weise des Glaubens angelangt. **Christlich glauben bedeutet ja, sich anvertrauen dem Sinn, der mich und die Welt trägt, ihn als den festen Grund nehmen, auf dem ich furchtlos stehen kann.** Christlich glauben bedeutet das Jasagen dazu, dass der Sinn, den wir nicht machen, sondern nur empfangen können, uns schon geschenkt ist, sodass wir uns ihm nur anzuvertrauen brauchen. Dementsprechend bedeutet christlicher Glaube, dass das Empfangen dem Machen vorangeht. Nur weil wir empfangen haben, können wir auch »machen«. Christlicher Glaube ist das Bekenntnis zum Vorrang des Unsichtbaren als des eigentlich Wirklichen, das uns trägt und uns ermöglicht, mit gelöster Gelassenheit uns dem Sichtbaren zu stellen – in der Verantwortung vor dem Unsichtbaren als dem wahren Grund aller Dinge.

c. Die Vernunft des Glaubens – Wider theologische Geheimnistuerei

M. L.: Dass der christliche Glaube nicht irrational ist, sondern sich vor der Vernunft bewähren muss, wird hier sehr klar. Ich habe mich schon in der Schule geärgert, wenn der Religionslehrer immer dann, wenn es spannend wurde, verkündete: »Das ist ein Geheimnis!« Laut Ratzinger sei es »Unfug«, das Geheimnis »als Ausflucht vor dem Versagen des Verstandes vorzuschützen«. Aber was ist Geheimnis dann wirklich? Das erfährt man hier ...

Wenn man das alles bedenkt, wird man feststellen, wie eng das erste und das letzte Wort des Credo – das »Ich glaube« und das »Amen« – ineinanderklingen und das Gesamt der einzelnen Aussagen, die dazwischen stehen umgreifen. Im Zweiklang von »Credo« und »Amen« wird der Sinn des Ganzen sichtbar, die geistige Bewegung, um die es geht. Wir hatten festgestellt, das Wort Amen gehöre im Hebräischen dem gleichen Wortstamm zu, dem auch das Wort »Glauben«

entnommen ist. »Amen« sagt auf seine Weise nur noch einmal, was Glauben heißt: das vertrauende Sichstellen auf einen Grund, der trägt.

Dennoch ist das aber kein blindes Sichausliefern ins Irrationale hinein. Im Gegenteil, es ist Zugehen auf den »Logos«, auf die »Ratio«, auf den Sinn und so auf die Wahrheit selbst. Denn am Ende kann und darf der Grund, worauf der Mensch sich stellt, kein anderer als die sich eröffnende Wahrheit selber sein. Das zeigt sich auch in der christlichen Glaubenshaltung, die sich in dem Wörtchen »Amen« ausdrückt, in dem sich die Bedeutungen fester Grund, Stehen und Wahrheit gegenseitig durchdringen. Denn das, worauf der Mensch im Letzten stehen und was ihm Sinn sein kann, ist allein die Wahrheit selbst. Nur die Wahrheit ist der dem Menschen gemäße Grund seines Stehens. Sinn, der nicht die Wahrheit wäre, würde Un-Sinn sein. Die Untrennbarkeit von Sinn, Grund, Wahrheit, die sich ebenso im hebräischen Wort »Amen« wie im griechischen »Logos« ausdrückt, bedeutet dann aber auch, dass Glaube von seinem ursprünglichen Wesen her keine blinde Häufung unverstehbarer Dinge ist. Und dass es also Unfug ist, das Mysterium, das Geheimnis – wie es freilich nicht allzu selten geschieht – als Ausflucht für das Versagen des Verstandes vorzuschützen. **Wenn die Theologie zu allerlei Ungereimtheiten kommt und sie mit dem Verweis auf das Mysterium nicht nur entschuldigen, sondern womöglich zu Lehrsätzen erheben will, liegt ein Missbrauch der wahren Idee des »Mysteriums« vor, dessen Sinn nicht die Zerstörung des Verstandes ist, sondern das ganz im Gegenteil Glauben *als* Verstehen ermöglichen will.** Gewiss ist Glaube nicht Wissen im Sinn des Machbarkeitswissens und seiner Form der Berechenbarkeit. Das kann er nie werden, und er kann sich letztlich nur lächerlich machen, wenn er versucht, sich dennoch in dessen Formen zu etablieren. Aber umgekehrt gilt, dass das berechenbare Machbarkeitswissen vom Wesen her auf das Erscheinende und Funktionierende beschränkt ist und nicht den Weg darstellt, die Wahrheit selbst zu finden, auf die es von seiner Methode her Verzicht getan hat. Die Form, wie der Mensch mit der Wahrheit des Seins zu tun erhält, ist nicht *Wissen*, sondern *Verstehen*: Verstehen des Sinnes, dem er sich anvertraut hat. Und freilich werden wir hinzufügen müssen, dass nur im Stehen sich das Verstehen eröffnet, nicht außerhalb davon. Eines geschieht nicht ohne das andere, denn Verstehen bedeutet, den Sinn, den man als *Grund* empfangen hat, als *Sinn* zu begreifen, sodass wir erkennen lernen, dass der *Grund Sinn* darstellt.

Wenn es aber so ist, dann bedeutet Verstehen nicht nur keinen Widerspruch zum Glauben, sondern stellt dessen eigenste Sache dar. Denn das Wissen, wie es uns das heutige technisch-naturwissenschaftliche Denken großartig vermittelt, bringt noch kein Verstehen der Welt und des Seins. Verstehen wächst nur aus Glauben. Deshalb ist Theologie als vernünftig-verstehende Rede von Gott eine Uraufgabe christlichen Glaubens. In diesem Sachverhalt gründet auch das Recht des Griechischen im Christlichen. Ich bin der Überzeugung, dass es kein bloßer Zufall war, dass die christliche Botschaft bei ihrer Gestaltwerdung zuerst in die griechische Welt eintrat und sich hier mit der Frage nach dem Verstehen, nach der Wahrheit verschmolzen hat. Glauben und Verstehen gehören nicht weniger zusammen als Glauben und Stehen, einfach weil Stehen und Verstehen untrennbar sind.

Allerdings ist es dem Verstehen eigen, dass es unser *Begreifen* immer wieder überschreitet und hinführt zu der Erkenntnis unseres Umgriffenseins. Wenn aber Verstehen Begreifen unseres Umgriffenseins ist, dann heißt dies, dass wir es nicht noch einmal umgreifen können. Es gewährt uns Sinn eben dadurch, dass es *uns* umgreift. Aber gerade im Umgriffensein von dem nicht noch einmal Begriffenen vollzieht sich die Verantwortung des Verstehens, ohne die der Glaube würdelos würde und sich selbst zerstören müsste.

d. Der Sinn als Person – Über die Anwesenheit des Ewigen

M. L.: Die Antwort Jesu auf die berühmte Frage des Pilatus: Was ist Wahrheit? ist eindrucksvoll: Er schweigt. Ich habe vor 40 Jahren mal eine Karfreitagspredigt von Joseph Ratzinger über dieses Schweigen Christi gehört, die ich nie vergessen werde. Christliche Wahrheit kann man nicht wie der lächerliche Famulus in Goethes Faust »schwarz auf weiß nach Hause tragen«. Für Christen ist die Wahrheit vielmehr eine Person: Jesus Christus. »Ich bin der Weg, die Wahrheit und das Leben« sagt Jesus. Deswegen heißt Christentum nicht, irgendwelche Lehren auswendig lernen, sondern diesem Weg zu den Armen, Schwachen und Bedürftigen folgen ...

Mit allem Gesagten ist freilich der tiefste Grundzug christlichen Glaubens noch immer nicht ausgesprochen: sein personaler Charakter. Der christliche Glaube ist mehr als die Überzeugung von einem geistigen Grund der Welt, seine zentrale Formel lautet nicht: »Ich glaube etwas«, sondern »Ich glaube an dich«. Er ist Begegnung mit dem Menschen Jesus und erfährt in dieser Begegnung den Sinn der Welt als Person. In Jesu Leben aus dem Vater, in der Unmittelbarkeit und Dichte seines betenden, ja, sehenden Umgangs mit ihm ist er der Zeuge Gottes, durch den hindurch der Unberührbare berührbar, der Ferne nahe geworden ist. Und mehr: Er ist nicht bloß der Zeuge, dem wir glauben, was er geschaut hat in einer Existenz, die wahrhaft die Wende vollzogen hatte von einem falschen Zufriedensein mit dem Vordergründigen in die Tiefe der ganzen Wahrheit hinein; nein, er ist die Anwesenheit des Ewigen selbst in dieser Welt. In seinem Leben, in der Vorbehaltlosigkeit seines Seins für die Menschen, ist der Sinn der Welt Gegenwart. Er gewährt sich uns als Liebe, die auch mich liebt und das ist ein solch unfassliches Geschenk! Es ist eine von keiner Vergänglichkeit, keiner egoistischen Trübung bedrohte Liebe, die das Leben lebenswert macht. Der Sinn der Welt ist das Du, freilich nur jenes, das nicht selbst offene Frage, sondern der keines anderen Grundes bedürfende Grund des Ganzen ist, Jesus Christus.

So ist der Glaube das Finden eines Du, das mich trägt und in aller Unerfülltheit und letzten Unerfüllbarkeit menschlichen Begegnens die Verheißung unzerstörbarer Liebe schenkt, die Ewigkeit nicht nur begehrt, sondern gewährt. Christlicher Glaube lebt davon, dass es nicht bloß objektiven Sinn gibt, sondern dass dieser Sinn mich kennt und liebt, dass ich ihm mich anvertrauen kann mit der Gebärde des Kindes, das im Du der Mutter all sein Fragen geborgen weiß. **So ist Glaube, Vertrauen und Lieben letztlich eins, und alle Inhalte, um die der Glaube kreist, sind nur Konkretisierungen der alles tragenden Wende, des »Ich glaube an dich« – der Entdeckung Gottes im Antlitz des Menschen Jesus von Nazareth.**

Freilich hebt dies nicht das Nachdenken auf. Bist du es wirklich? Das hat schon Johannes der Täufer angstvoll in einer dunklen Stunde gefragt, der Prophet also, der selbst seine Jünger zum Rabbi aus Nazareth gewiesen und ihn als den Größeren bekannt hatte, für den er nur Vorbereitungsdienste leisten konnte. Bist du es wirklich? Der Glaubende wird immer wieder jenes Dunkel erleben, in dem der Widerspruch des Unglaubens ihn wie ein düsteres Gefängnis umgibt und die Gleichmütigkeit der Welt, die unverändert weitergeht, als ob nichts geschehen wäre, nur Hohn auf seine Hoffnung zu sein scheint. Bist du es wirklich? Diese Frage müssen wir nicht nur stellen aus der Redlichkeit des Denkens heraus und wegen der Verantwortung der Vernunft, sondern auch aus dem inneren Gesetz der Liebe, die den mehr und mehr erkennen möchte, dem sie ihr Ja gegeben, um ihn mehr lieben zu können. Bist du es wirklich? Alle Überlegungen dieses Buches sind letztlich dieser Frage zugeordnet und kreisen so um die Grundform des Bekenntnisses: Ich glaube an dich, Jesus von Nazareth, als den Sinn (»Logos«) der Welt und meines Lebens.

4. DAS APOSTOLISCHE GLAUBENSBEKENNTNIS – WAS LEHRT DIE KIRCHE?

M. L.: Ein großer Irrtum über das Christentum ist, dass es eine Lehre sei, die aus vielen Dogmen besteht, die man halt irgendwie glauben muss, um Christ zu sein. Ratzinger macht klar, dass das nicht stimmt und dass Christentum in Wahrheit Umkehr bedeutet, »eine Wende der Existenz«, ein Weg in Gemeinschaft, ein »Freiwerden durch Indienstnahme für das Ganze«.

Ich glaube an Gott, den Vater, den Allmächtigen, den Schöpfer des Himmels und der Erde, / und an Jesus Christus, seinen eingeborenen Sohn, unsern Herrn, /
empfangen durch den Heiligen Geist, geboren von der Jungfrau Maria, /
gelitten unter Pontius Pilatus, gekreuzigt, gestorben und begraben, /
hinabgestiegen in das Reich des Todes, am dritten Tage auferstanden von den Toten, /
aufgefahren in den Himmel; er sitzt zur Rechten Gottes, des allmächtigen Vaters; /
von dort wird er kommen, zu richten die Lebenden und die Toten. /
Ich glaube an den Heiligen Geist, /
die heilige katholische Kirche, Gemeinschaft der Heiligen, /
Vergebung der Sünden, /
Auferstehung der Toten /
und das ewige Leben. /
Amen.

Die Grundform des sogenannten Apostolischen Glaubensbekenntnisses hat sich im Lauf des 2. und 3. Jahrhunderts gebildet. Was seine lokale Herkunft angeht, so handelt es sich um einen stadtrömischen Text, sein innerer Ursprungsort aber liegt in der Taufspendung. Diese wiederum orientierte sich an dem Wort des Auferstandenen, das im Matthäusevangelium überliefert wird: »Gehet hin, macht zu Jüngern alle Völker und tauft sie im Namen des Vaters und des Sohnes und des Heiligen Geistes« (Mt 28,19). Demgemäß werden an den Täufling drei Fragen gerichtet: »Glaubst du an Gott, den Vater, den Allherrscher? Glaubst du an Christus Jesus, den Sohn Gottes …? Glaubst du an den Heiligen Geist … «? Der Täufling antwortet auf jede dieser drei Fragen mit »Credo« – Ich glaube – und wird daraufhin jeweils ins Wasser eingetaucht.

a. Fakten und Legenden – Wie das Glaubensbekenntnis entstand

M. L.: Wie die Geschichte erstaunliche Unterschiede zwischen westlichen und östlichen Christen hervorbrachte …

Wahrscheinlich schon im Laufe des 2. und noch mehr im 3. Jahrhundert ist die zunächst ganz einfache dreigliedrige Formel, die lediglich den Schrifttext von Mt 28 aufnimmt, im Mittelstück, das heißt da, wo Jesus Christus zur Sprache kommt, weiter aufgefüllt worden. Hier ging es ja um das unterscheidend Christliche, sodass man sich veranlasst fühlte, im Rahmen dieser Frage genauer zu sagen, was für den Christen Christus bedeutet. Ebenso wurde die dritte Frage, das Bekenntnis zum Heiligen Geist, als Bekenntnis zu Gegenwart und Zukunft des Christlichen weiter verdeutlicht. Im 4. Jahrhundert treffen wir dann auf einen vom Frage-Antwort-Schema gelösten, durchlaufenden Text. Dass er noch immer in griechischer Sprache abgefasst ist, macht es wahrscheinlich, dass er schon dem 3. Jahrhundert entstammt, da man im 4. Jahrhundert in Rom in der Liturgie endgültig zum Lateinischen übergegangen war. Alsbald taucht denn auch im 4. Jahrhundert eine lateinische Übersetzung auf. Wegen der besonderen Stellung, die der Kirche von Rom für den ganzen Westen zukam, vermochte sich das stadtrömische Taufbekenntnis schnell im gesamten lateinischsprachigen Raum durchzusetzen. Es erlebte dabei freilich noch eine Reihe von kleineren Textveränderungen, bis schließlich Karl der Große für sein ganzes Reich eine Textform zur Anerkennung brachte, die auf der Basis des altrömischen Textes ihre Endgestalt in Gallien erhalten hatte. In der Stadt Rom wurde dieser Einheitstext im 9. Jahrhundert übernommen. Etwa seit dem 5. Jahrhundert taucht übrigens die Legende vom apostolischen Ursprung dieses Textes auf, die sich sehr bald dahin konkretisierte, dass man annahm, jeder der zwölf Artikel, in die man das Ganze nun einteilte, sei von einem der zwölf Apostel beigetragen worden.

Im Osten blieb dieses stadtrömische Glaubensbekenntnis unbekannt. Für die Vertreter Roms bedeutete es keine geringe Überraschung, als sie auf dem Unionskonzil von Florenz im 15. Jahrhundert von den Griechen erfahren mussten, dass das vermeintlich von den Aposteln stammende Glaubensbekenntnis bei ihnen nicht gebetet werde. Der Osten hat nie ein derart einheitliches Glaubensbekenntnis ausgebildet, weil dort keine Einzelkirche je eine Stellung einnahm, die derjenigen vergleichbar gewesen wäre, die Rom im Westen zukam – als einzigem »Apostelsitz« im westlichen Bereich. Für den Osten blieb immer die Vielgestalt der Glaubensbekenntnisse charakteristisch. Das römische, und damit überhaupt das abendländische »Credo«, wie man das Glaubensbekenntnis auch kurz nennt, verweilt mehr im Innern der christlichen Geschichte. Es nimmt einfach die Tatsache hin, dass Gott zu unserem Heil Mensch geworden ist, und versucht nicht, hinter diese Geschichte auf ihre Gründe und auf ihren Zusammenhang mit dem Ganzen des Seins selbst zurückzufragen. Der Osten dagegen hat den christlichen Glauben immer in einer kosmischen Perspektive zu verstehen versucht, die ihren Niederschlag in den Glaubensbekenntnissen vor allem darin findet, dass der Glaube an Christus und der Schöpfungsglaube miteinander in Beziehung gesetzt werden und so das Einmalige jener Geschichte und das Immerwährende, Umfassende der Schöpfung in engen Zusammenhang treten.

b. Schicksal eines Textes – Glanz und Elend der Kirchengeschichte

M. L.: Wie ausgerechnet Karl der Große die Römer zwang ihren eigenen römischen Text verbindlich anzunehmen und warum es ohne Vergebung nicht geht …

Der kurze Blick auf das Werden des Textes zeigt, dass sich in diesem Vorgang die ganze Spannung der Kirchengeschichte des ersten Jahrtausends, Glanz und Elend dieser Geschichte, spiegeln. Mir will scheinen, auch dies sei eine Aussage, die mit der Sache des christlichen Glaubens selbst zu tun hat und seine geistige Eigenart erkennbar werden lässt. Das Glaubensbekenntnis drückt zunächst gewiss quer über alle Spaltungen hinweg den gemeinsamen Grund des Glaubens an den dreieinigen Gott aus. Es ist Antwort auf den Anruf, der von Jesus von Nazareth ausging: »Macht zu Jüngern alle Völker und taufet sie«. Es ist Bekenntnis zu ihm als zu der Nähe Gottes, zu ihm als zu der wahren Zukunft des Menschen. Aber es drückt auch schon das beginnende Schicksal der Spaltung zwischen Ost und West aus. Die besondere Stellung, die Rom im Westen als dem Vorort apostolischer Überlieferung zukam, und die Spannung, die dadurch für die Gesamtkirche erwuchs, werden in seiner Geschichte sichtbar. Und endlich drückt dieser Text in seiner heutigen Gestalt auch die vom Politischen ausgehende Uniformierung der Kirche im Westen und so das Schicksal der politischen Verfremdung des Glaubens, seine Benutzung als Mittel der Reichseinheit aus. Indem wir diesen Text verwenden, der als das »Römische« durchgesetzt und dabei in dieser Gestalt Rom von außen aufgedrängt worden ist, finden wir in ihm anwesend die Not des Glaubens, sich durch das Gitter der politischen Zwecke hindurch behaupten zu müssen. So wird im Spiegel der Schicksale dieses Textes sichtbar, wie die Antwort auf den Ruf aus Galiläa in dem Augenblick, in dem sie in die Geschichte eintritt, sich mit allen Menschlichkeiten des Menschen vermengt: mit den Sonderinteressen einer Region, mit der Entfremdung der zur Einheit untereinander Berufenen, mit den Schlichen der Mächte dieser Welt. Auch dies gehört zur Wirklichkeit des Glaubens in der Welt, dass der kühne Sprung aufs Unendliche zu, den er bedeutet, nur in den Verkleinerungen des Menschlichen stattfindet, dass auch hier, wo der Mensch sein Größtes, den Sprung über seinen Schatten hinweg auf den ihn tragenden Sinn, wagt, sein Tun nicht reine, adlige Größe ist, sondern ihn als das zwiespältige Wesen spiegelt, das in seiner Größe erbärmlich und in seiner Erbärmlichkeit doch immer noch groß ist. Dabei wird etwas sehr Zentrales sichtbar, dass nämlich Glaube mit Vergebung zu tun hat, dass er den Menschen darauf hinorientieren will, zu erkennen, dass er das Wesen ist, das nur im Empfangen und im Weitertragen von Vergebung sich selbst finden kann. Noch in seinem Besten und Reinsten bedarf der Mensch der Vergebung.

Trotz aller Wirrungen seiner Geschichte stellt das Glaubensbekenntnis aber im Entscheidenden das genaue Echo des Glaubens der Alten Kirche dar, der seinerseits in seinem Kern das treue Echo der Botschaft des Neuen Testaments ist. Die Unterschiede zwischen Ost und West, von denen vorhin die Rede war, sind eben doch Unterschiede der theologischen Akzentuierung, nicht solche des Bekenntnisses.

c. Die »Kehre« der Existenz – Vom persönlichen Bekenntnis zum kirchlichen Dogma

> *M. L.: Geradezu leidenschaftlich betont Ratzinger hier, dass Glaube nicht das Aufsagen von irgendwelchen merkwürdigen Formeln ist, sondern ein existentielles Ereignis, eine »Kehre« der ganzen Existenz, wie Martin Heidegger das nennt …*

Wenn wir uns hier mit einem Text befassen, der ursprünglich im Zusammenhang der Taufspendung beheimatet ist, begegnen wir zugleich dem anfänglichen Sinn von »Lehre« und von »Bekenntnis« im Christentum und damit auch dem Sinn dessen, was man später »Dogma« nennen wird. Wir hatten vorhin gesehen, dass das Credo im Rahmen des Taufgeschehens als die dreimalige Antwort auf die dreimalige Frage »Glaubst du an Gott – an Christus – an den Heiligen Geist« gesprochen wird. Fügen wir nun hinzu, dass es dabei das positive Gegenüber zu der dreifachen Absage darstellt, die vorausgeht: »Ich sage ab dem Teufel, seinem Dienst und seinen Werken«. Das bedeutet: Der Glaube hat seinen Sitz im Akt der Bekehrung, der Wende des Seins, das sich von der Anbetung des Sichtbaren und Machbaren herumwendet zum Vertrauen auf den Unsichtbaren. Das Wort »Ich glaube« könnte man hier förmlich übersetzen mit »Ich übergebe mich an …, ich sage zu«. **Glaube ist gerade im Sinn des Glaubensbekenntnisses und von seinem Ursprung her nicht ein Aufsagen von Lehren, nicht ein Annehmen von Theorien über Dinge, über die man an sich nichts weiß und dafür umso lauter etwas behauptet. Der Glaube bedeutet vielmehr eine Bewegung der ganzen menschlichen Existenz.** In der Sprache des Philosophen Martin Heidegger könnte man sagen, er bedeute eine »Kehre« des ganzen Menschen, die das Dasein fortan ständig prägt. In dem Vorgang der dreifachen Absage und der dreifachen Zusage und im dreimaligen Untertauchen des Täuflings verbunden mit dem dreimaligen Todessymbol des Ertrinkens und der dreimaligen Symbolisierung des Auferstehens zu neuem Leben, wird Glaube sinnfällig verdeutlicht als das, was er ist: Bekehrung, Kehre der Existenz, Wende des Seins.

In diesem Vorgang der Kehre, als welchen wir den Glauben zu verstehen haben, spielen das Ich und das Wir, das Ich und das Du in einer Weise ineinander, die ein ganzes Menschenbild ausdrückt. Es handelt sich auf der einen Seite um einen höchstpersönlichen Vorgang, was in dem dreimaligen »*Ich* glaube« wie in dem vorherigen »*Ich*, sage ab« deutlich zum Ausdruck kommt: Es ist *meine* Existenz, die sich hier wenden muss, die sich ver-wandeln soll. Aber zugleich mit dem Element des Höchstpersönlichen finden wir hier, dass sich die Entscheidung des Ich als Antwort auf eine Frage, im Wechselspiel von »Glaubst du?« und »Ich glaube!« abspielt. Diese Urform des Glaubensbekenntnisses scheint mir ein sehr viel genauerer Ausdruck der Eigenart des Glaubens zu sein als die spätere Vereinfachung auf die Ich-Form. Wenn man sich auf das Grundwesen des christlichen Glaubens vortasten will, wird es richtig sein, hinter den späteren reinen Lehrtexten diese seine dialogische Erstgestalt als die zutreffendste Form zu bedenken, die sich sein Wesen geschaffen hat. Sie ist auch sachgemäßer als der Typ der Wir-Bekenntnisse, der zum Unterschied von unserem Ich-Bekenntnis im frühchristlichen Afrika und dann auf den großen Konzilien des Ostens geformt worden ist. In den Letzteren wird zugleich schon ein neuer Typ von Bekenntnis eröffnet, das nicht mehr im sakramentalen Zusammenhang des kirchlich vollzogenen Bekehrungsgeschehens, im Vollzug der Kehre des Seins und so im eigentlichen Ursprungsort des Glaubens verwurzelt ist, sondern aus dem Ringen der zum Konzil versammelten Bischöfe um die rechte Lehre stammt und damit deutlich zur Vorstufe der künftigen Form des Dogmas wird. Immerhin ist wichtig, dass man auf diesen Konzilien noch nicht Lehrsätze formuliert hat, sondern dass ihr Ringen um die rechte Lehre sich immer noch als Ringen um die Vollgestalt des kirchlichen Bekenntnisses abspielt und so als Ringen um die wahre Weise jener Bekehrung, jener Kehre der Existenz, die Christsein meint.

Das ließe sich etwa deutlich zeigen bei dem dramatischen Kampf um die Frage »Wer ist, wer war Christus?«, von dem die Kirche im 4. und 5. Jahrhundert erschüttert wurde. In diesem Ringen ging es nicht um irgendwelche Spekulationen, die hätten nicht jene zwei Jahrhunderte so bis in den Grund hinein und bis zu den einfachsten Menschen hin erschüttern können. Es ging vielmehr um die Frage: Was geschieht, wenn ich selbst Christ werde, wenn ich mich dem Namen dieses Christus unterstelle und damit ihn als den maßgebenden Menschen, als das Maß des Menschlichen bejahe? Welche Form von Wende des Seins, welche Stellung zum Menschsein vollziehe ich damit? Welche Tiefe hat dieser Vorgang? Welche Einschätzung des Wirklichen insgesamt vollzieht sich dabei?

d. Hörer des Wortes – Warum Glauben nur gemeinsam geht

M. L.: Den christlichen Glauben kann sich niemand alleine ausdenken …

Das Credo ist eine Restformel aus dem ursprünglichen Dialog »Glaubst du? – Ich glaube«. Dieser Dialog verweist seinerseits auf das »Wir glauben«, in dem das »Ich glaube« nicht aufgesaugt ist, aber seinen Ort erhält. Es wird sichtbar, dass Glaube nicht Ergebnis einsamer Grübelei ist, in der das Ich sich etwas ausdenkt und losgelöst von allen Bindungen allein der Wahrheit nachsinnt. Er ist vielmehr das Ergebnis eines Dialogs, Ausdruck von Hören, Empfangen und Antworten, das den Menschen durch das Zueinander von Ich und Du in das Wir der gleichermaßen Glaubenden einweist.

Abenteuer der Wahrheit – Glaube und Philosophie

M. L.: In der Theologie ist immer so viel vom »Wort« die Rede. In Goethes Faust ist Mephisto voll des Spottes darüber: »... denn eben wo Begriffe fehlen, da stellt ein Wort zur rechten Zeit sich ein ...«. Doch im folgenden Text kann man die soziale, die mitmenschliche Bedeutung des Wortes gegenüber dem rein gedanklichen Begriff verstehen ...

»Der Glaube kommt vom Hören«, sagt Paulus (Röm 10,17). Das könnte als eine sehr zeitgebundene Sache erscheinen, die sich ändern kann, sodass es eines Tages stattdessen heißen könnte: »Der Glaube kommt vom Lesen« oder »vom Nachdenken«. In Wirklichkeit wird in der Formel »Der Glaube kommt vom Hören« der grundlegende Unterschied zwischen Glaube und bloßer Philosophie deutlich. Zugespitzt könnte man sagen: In der Tat, der Glaube kommt vom »Hören«, nicht – wie die Philosophie – vom »Nachdenken«. Er ist nicht das Ausdenken des Ausdenkbaren, das mir dann am Schluss als mein Denkergebnis zur Verfügung steht. Für den Glauben ist es vielmehr kennzeichnend, dass er aus dem Hören kommt, Empfangen dessen ist, was ich nicht ausgedacht habe, sodass das Denken im Glauben letztlich immer Nach-denken des vorher Gehörten und Empfangenen ist.

Daher gibt es im Glauben einen Vorrang des Wortes vor dem Gedanken. In der Philosophie geht der Gedanke dem Wort voraus, ist sie doch Produkt des Nachdenkens, das man *dann* in Worte zu bringen versucht, die grundsätzlich immer ersetzbar durch andere Wörter sind. Glaube tritt hingegen von außen an den Menschen heran. Er ist nicht das selbst Erdachte, sondern das mir Gesagte, das mich trifft, ruft, in Verpflichtung nimmt. Für den Glauben ist diese Doppelstruktur des »Glaubst du? – Ich glaube!«, die Gestalt des Angerufenseins von außen und des Antwortens darauf, wesentlich. Es ist daher gar nicht abnorm, wenn wir sagen müssen: Ich bin nicht durch private Wahrheitssuche zum Glauben gekommen, sondern durch ein Empfangen – freilich verantwortetes Empfangen, in dem das Vernommene zwar nie gänzlich mein Eigentum wird, aber doch das Ziel sein muss, das Empfangene immer mehr mir zuzueignen, indem ich mich ihm als dem Größeren übereigne. Weil also der Glaube das nicht von mir Erdachte, sondern das von außen auf mich Zutretende ist, darum ist sein Wort nicht beliebig austauschbar, sondern meinem Denken allzeit voraus. Der Glaube erschließt mir, was ich mir selbst nicht geben kann. Deshalb gibt es hier einen Vorrang des vorgegebenen Wortes vor dem Gedanken, sodass nicht der Gedanke sich seine Wörter schafft, sondern das gegebene Wort dem verstehenden Denken den Weg weist.

Damit hängt auch der soziale Charakter des Glaubens zusammen, der einen zweiten Unterschied zur individualistischen Struktur philosophischen Denkens bedeutet. Philosophie ist das Werk des Einzelnen, der die Wahrheit bedenkt. Der Gedanke, das Ausgedachte, ist das wenigstens scheinbar mir selbst Gehörende, weil von mir Kommende, wiewohl niemandes Denken nur aus dem Eigenen lebt. Der Vollzugsraum des Gedankens ist der Innenraum des Geistes. So bleibt er zunächst auf mich beschränkt und hat eine individualistische Struktur. Erst sekundär wird er mitteilbar, wenn er sich in Worten ausdrückt, was ihn freilich meist nur annähernd dem anderen erfassbar macht. Im Gegensatz dazu ist für den Glauben das Primäre das verkündigte Wort. Während der Gedanke innerlich, bloß geistig ist, stellt das Wort das Verbindende dar. Es ist die Weise, wie im Geistigen Kommunikation entsteht, die Form, wie der Geist menschlich ist, das heißt leibhaftig und sozial. Dieser Vorrang des Wortes besagt damit, dass Glaube in einer ganz anderen Weise als philosophisches Denken auf Gemeinschaft des Geistes hin geordnet ist. In der Philosophie steht am Anfang das private Wahrheitssuchen, das dann später Weggenossen sucht und findet. Glaube hingegen ist zuerst durch das Wort ein Ruf in eine Gemeinsamkeit, in die Einheit des Geistes. Sein Sinn ist von vorneherein ein sozialer. Erst später wird er dann dem Einzelnen den Weg in sein persönliches Abenteuer der Wahrheit eröffnen.

In der dialogischen Struktur des Glaubens zeichnet sich ein Menschenbild ab, in dem auch ein Gottesbild zum Vorschein kommt. Der Mensch bekommt mit Gott zu tun, indem er mit dem Mitmenschen zu tun bekommt. Der Glaube ist auf das Du und auf das Wir hingeordnet, nur auf dem Weg über diese doppelte Verklammerung verbindet er den Menschen mit Gott. **Gottesverhältnis und Mitmenschlichkeit sind nicht voneinander trennbar**, das Verhältnis zu Gott, zum Du, zum Wir greifen ineinander und stehen nicht nebeneinander. Gott will zum Menschen nur durch Menschen kommen, er sucht den Menschen nicht anders als in seiner Mitmenschlichkeit.

Religiöse Begabung – Der Irrtum des heiligen Augustinus

> *M. L.: Ist es nicht schrecklich ungerecht, dass einige Menschen »religiös unmusikalisch« sind und andere mystisch hochbegabt? Wo bleibt da die »Chancengleichheit«? Hier kommt Ratzinger, der sich als Theologe so sehr dem heiligen Augustinus verpflichtet fühlt, auf eine theologische Jugendsünde des Heiligen zu sprechen ...*

Vielleicht kann man von hier aus einen Sachverhalt verständlich machen, der verwunderlich erscheinen muss. Bekanntlich gibt es in der Religion, mindestens scheinbar, wie in allen anderen Bereichen des menschlichen Geistes eine Stufung der Begabungen. Wie wir etwa im Bereich der Musik die Schöpferischen, die bloß Empfangenden und endlich die ganz Unmusikalischen kennen, so scheint es auch in der Religion zu stehen. Auch hier trifft man religiös »Begabte« und »Unbegabte«, auch hier sind diejenigen, denen unmittelbare religiöse Erfahrung und damit so etwas wie religiöses Schöpfertum aufgrund lebendigen Innewerdens der religiösen Welt möglich ist, nur ganz wenige. Der »Mittler« oder der »Stifter«, der Zeuge, der Prophet oder wie immer die Religionsgeschichte solche Menschen nennen mag, die direkter Berührung des Göttlichen fähig sind, bleibt auch hier die Ausnahme. Diesen wenigen, denen so das Göttliche zu offener Gewissheit wird, stehen die vielen gegenüber, die religiös nur rezeptiv begabt sind, denen die unvermittelte Erfahrung des Heiligen versagt ist und die doch nicht so taub dafür sind, dass sie nicht durch den Menschen hindurch, dem solche Erfahrung gegeben wurde, auch ihrerseits Begegnung damit zu empfangen vermöchten.

Müsste es aber nicht so sein, dass jeder Mensch unmittelbaren Zutritt zu Gott hat, wenn »Religion« eine Wirklichkeit sein soll, die jeden angeht, und wenn jeder von Gott gleichermaßen beansprucht ist? Müsste es dann nicht volle »Chancengleichheit« geben und jedem gleiche Gewissheit offenstehen? Doch der Dialog Gottes mit den Menschen spielt sich nur durch den Dialog der Menschen miteinander ab. Die Unterschiedlichkeit der religiösen Begabungen, die die Menschen in »Propheten« und in Hörende teilt, zwingt sie ins Zueinander und ins Füreinander hinein. Das Programm des frühen Augustin »Gott und die Seele – nichts sonst« ist unrealisierbar, es ist auch unchristlich. **Religion gibt es letztlich nicht im Alleingang des Mystikers, sondern nur in der Gemeinsamkeit von Verkündigen und Hören**. Gespräch des Menschen mit Gott und Gespräch der Menschen miteinander fordern und bedingen sich gegenseitig. Ja, vielleicht ist das Geheimnis Gott von Anbeginn die zwingendste Herausforderung der Menschen zum Dia-log, der den »Logos«, das eigentliche Wort, durchtönen lässt, von dem alle Wörter kommen und das auszusagen alle Wörter in einem immerwährenden Anlauf versuchen.

Wirklicher Dia-log findet ja da noch nicht statt, wo Menschen nur über *etwas* reden, sondern da, wo sie sich selbst auszusagen versuchen, wo Dialog zur Kommunikation wird. Wo aber das geschieht, wo der Mensch sich selbst zur Sprache bringt, da ist in irgendeiner Form auch von Gott die Rede, der das eigentliche Thema des Streitgesprächs der Menschen untereinander seit Anfang ihrer Geschichte ist. Aber auch nur, wo der Mensch sich selbst zur Sprache bringt, kommt zugleich der Logos, das Wort, der Sinn allen Seins zur Sprache. Deshalb verstummt das Zeugnis von Gott da, wo Sprache nur noch Mitteilung von »etwas« ist. Vielleicht rührt unsere Schwierigkeit, heute von Gott zu reden, gerade davon her, dass unsere Sprache immer mehr technische Mitteilung wird und immer weniger Berührung des gemeinsamen Seins, in der so der Grund aller Dinge ahnend oder bewusst mitberührt wird.

Glaube als »Symbol« – Wie ein Philosoph sich bekehrte

> *M. L.: Hier erzählt Ratzinger von einem wichtigen Erlebnis, das Augustinus dann doch auf dem Weg zum wirklichen christlichen Glauben weiterbrachte und man erfährt, warum christlicher Glaube nur in Gemeinschaft funktioniert …*

Unsere Besinnung auf die Geschichte des Apostolischen Glaubensbekenntnisses hat uns zu der Erkenntnis geführt, dass hier, in der Taufzusage, die ursprüngliche Gestalt der christlichen Lehre vor uns steht und so auch die Urform dessen, was wir heute »Dogma« nennen. Es gibt ursprünglich nicht eine Reihe von Lehrsätzen, die man nebeneinander aufzählen und als eine bestimmte Menge von Dogmen verbuchen könnte. Eine derartige Vorstellung müsste man als eine Verkennung des Wesens der christlichen Zusage zu dem in Christus offenbaren Gott bezeichnen. Der Inhalt des christlichen Glaubens hat seinen unaufgebbaren Ort im Bekenntnis, das als Zusage und Absage, Be-kehrung, Kehre des menschlichen Seins in eine neue Richtung des Lebens hinein ist. Christliche Lehre existiert also nicht in Form von atomisierbaren Lehrsätzen, sondern in der Einheit des Symbolums, wie die Alte Kirche das Taufbekenntnis nannte. »Symbolum« kommt von »symballein«, zu Deutsch: zusammenfallen, zusammenwerfen. Den Hintergrund bildet ein antiker Brauch: Zwei zusammenfügbare Teile eines Ringes, eines Stabes oder Täfelchens galten als Erkennungszeichen für Gastfreunde, Boten, Vertragspartner. Das entsprechende Stück zu besitzen berechtigte zum Empfang einer Sache oder einfach der Gastfreundschaft. Symbolum ist das Stück, das auf die Ergänzung im andern weist und damit gegenseitiges Erkennen und Einheit schafft. Es ist Ausdruck und Ermöglichung von Einheit.

In der Bezeichnung des Glaubensbekenntnisses als Symbolum liegt so zugleich eine tiefe Deutung seines wahren Wesens vor. Denn in der Tat ist gerade dies der ursprüngliche Sinn dogmatischer Formulierungen in der Kirche gewesen: gemeinsames Bekenntnis Gottes, gemeinsame Anbetung zu ermöglichen. Als Sym-bolum verweist es auf den anderen, auf die Einheit des Geistes im einen Wort. Es ist nicht in sich isoliert stehende Lehre, sondern Form unseres Gottesdienstes, Form unserer Bekehrung, die nicht nur Kehre zu Gott, sondern zueinander in die gemeinsame Verherrlichung Gottes hinein ist. Nur in diesem inneren Zusammenhang hat christliche Lehre ihren rechten Ort.

Das bedeutet aber auch, dass jeder Mensch den Glauben nur als »Symbolon«, als unvollkommenes und gebrochenes Stück, in Händen hat, das seine Einheit und Ganzheit nur finden kann im Zusammenlegen mit den andern: Nur im »symballein«, im Ineinanderfallen mit ihnen, kann sich auch das »symballein«, das Ineinanderfallen mit Gott, ereignen. Christlicher Glaube verlangt Einheit, ruft nach dem Mitglaubenden – er ist von seinem Wesen her auf Kirche bezogen. Kirche ist nicht eine sekundäre Organisierung von Ideen, die bestenfalls ein notwendiges Übel wäre, sie gehört vielmehr in einen Glauben notwendig hinein, dessen Sinn das Ineinander gemeinsamen Bekennens und Anbetens ist.

Aber auch die Kirche als ganze hat den Glauben immer nur als »Symbolon«, als gebrochene Hälfte, in Händen, die allein in ihrem unendlichen Verweisen über sich selbst hinaus, auf das ganz Andere hin, Wahrheit sagt. Nur durch die unendliche Gebrochenheit des Symbols hindurch dringt der Glaube als die immerwährende Selbstüberschreitung des Menschen zu seinem Gott vor.

Augustin erzählt in seiner Autobiografie, seinen »Confessiones«, wie es für seinen eigenen Weg entscheidend wurde, zu erfahren, dass der bekannte Philosoph Marius Victorinus Christ geworden sei. Der hatte sich lange Zeit geweigert, der Kirche beizutreten, weil er der Meinung war, er besitze in seiner Philosophie bereits alles Wesentliche des Christentums, mit dessen geistigen Grundgegebenheiten er völlig übereinstimme. Da er vom philosophischen Denken her die zentralen christlichen Ideen schon sein Eigen nennen dürfe, benötige er die Institutionalisierung seiner Überzeugungen in einer Kirchenzugehörigkeit nicht mehr. In der Kirche sah er – wie viele Gebildete von damals und heute – Platonismus für das Volk, dessen er als Vollplatoniker nicht bedurfte. Als das Entscheidende erschien ihm allein die Idee. Nur wer sie nicht, wie der Philosoph, selbst in ihrer Ursprünglichkeit erfassen konnte, musste durch das Mittel der kirchlichen Organisierung hindurch mit ihr in Berührung gebracht werden. Dass Marius Victorinus eines Tages dennoch der Kirche beitrat und vom Platoniker zum Christen wurde, war Ausdruck der Einsicht in den fundamentalen Irrtum, den diese Meinung bedeutet. Der große Platoniker hatte begriffen, dass Kirche mehr und anderes ist als eine äußere Institutionalisierung und Organisierung von Ideen. **Er hatte begriffen, dass Christentum nicht ein System von Erkenntnissen ist, sondern ein Weg.** Das »Wir« der Glaubenden ist nicht eine Zutat für kleine Geister, es ist in gewissem Sinn die Sache selbst – die mitmenschliche Gemeinschaft ist eine Realität, die auf anderer Ebene liegt als die bloße »Idee«. Wenn Platonismus eine *Idee* von der Wahrheit gibt, so gibt christlicher Glaube die Wahrheit als *Weg*, und erst indem sie zum Weg wird, ist sie des *Menschen* Wahrheit geworden. Wahrheit als bloße Erkenntnis, als bloße Idee bleibt ohne Kraft, des Menschen Wahrheit wird sie erst als Weg, der ihn beansprucht und den er betreten kann.

So gehört zum Glauben das Bekennen, das Wort und die Einheit, die es wirkt. Es gehört zu ihm das Eintreten in den Gottesdienst der Gemeinde und so letztlich jenes Mitsein, das wir Kirche nennen. Christlicher Glaube ist nicht Idee, sondern Leben, ist nicht für sich seiender Geist, sondern Inkarnation, Geist im Leib der Geschichte und ihres Wir. Er ist nicht Mystik der Selbstidentifikation des Geistes mit Gott, sondern Gehorsam und Dienst: Selbstüberschreitung, Befreiung des Selbst gerade durch die Indienstnahme durch das von mir nicht Gemachte und nicht Erdachte, Freiwerden durch Indienstnahme für das Ganze.

II. »ICH GLAUBE AN GOTT, DEN VATER, DEN ALLMÄCHTIGEN, DEN SCHÖPFER DES HIMMELS UND DER ERDE« – GIBT ES EINEN SINN DER WELT UND IST GOTT IHR SCHÖPFER?

M. L.: Die Antwort eines jungen modernen Theologen auf die Frage nach Gott. Nicht Thomas von Aquin oder die Kirchenväter werden hier zitiert, sondern die Physiker Einstein – ohne ihn zu vereinnahmen – und Schrödinger, die Philosophen Hegel und Heidegger, der Mathematiker Blaise Pascal und später der von der Kirche kritisierte Evolutionstheoretiker Teilhard de Chardin ...

1. WAS IST DAS EIGENTLICH, »GOTT«? – ÜBER DIE ERFAHRUNG DES ABSOLUTEN

Was ist das eigentlich, »Gott«? Was kann dieses Wort »Gott« überhaupt sagen? Welche Wirklichkeit drückt es aus? Woher kommt dieser Gedanke »Gott« in der Menschheit, aus welchen Wurzeln steigt er auf? Wie ist es zu begreifen, dass das scheinbar überflüssigste und irdisch nutzloseste Thema zugleich das bedrängendste Thema der Geschichte geblieben ist? Und warum tritt dieses Thema in so grundverschiedenen Formen in Erscheinung?

a. Geschwister im Geiste – Monotheismus, Polytheismus, Atheismus

M. L.: Höchst aktuelle Bemerkungen zum Thema »Einsamkeit« …

Durch den verwirrenden Anschein der äußersten Vielfalt hindurch kann man allerdings zunächst feststellen, dass das Thema »Gott« im Grunde nur in drei Formen existiert: in der Gestalt des Monotheismus, des Polytheismus und des Atheismus. So kann man die drei großen Wege der Menschheitsgeschichte in der Gottesfrage schlagwortartig bezeichnen. Überdies sind wir vorhin schon darauf aufmerksam geworden, dass auch der Atheismus nur scheinbar die Beendigung des Themas Gott darstellt, in Wirklichkeit jedoch eine Form der Befassung des Menschen mit der Gottesfrage bedeutet, die sogar nicht selten eine besondere Leidenschaft in dieser Frage ausdrückt. Es müssten dann die zwei Wurzeln der religiösen Erfahrung dargestellt werden, auf die man die Vielheit der Erfahrungsformen wohl zurückführen kann und da müsste man sagen, dass Gott der Heilbringer, der Erlöser, früher sei als Gott der Schöpfer, was man allerdings nicht im Sinn einer zeitlichen Abfolge auffassen darf, für die es keinerlei Beweise gibt. Soweit wir in der Religionsgeschichte zurückblicken können, tritt das Gottesthema immer in beiden Gestalten auf. Das Wörtchen »vor« kann also lediglich besagen, dass für die konkrete Religiosität, für das lebendige Existenz-Interesse der Heilbringer gegenüber dem Schöpfer im Vordergrund steht.

Hinter dieser doppelten Gestalt, in der die Menschheit ihren Gott gesehen hat, stehen die zwei Ausgangspunkte der religiösen Erfahrung, von denen eben die Rede war. Der eine ist die Erfahrung der eigenen Existenz, die immer wieder sich selbst überschreitet und in irgendeiner Form auf das ganz Andere verweist. Der evangelische Theologe Dietrich Bonhoeffer hat bekanntlich gemeint, es sei Zeit, aufzuhören mit einem Gott, den wir als Lückenbüßer an den Grenzen unseres Könnens einsetzen und den wir da herbeirufen, wo wir selbst am Ende sind. Wir müssten Gott nicht an der Stelle unserer Not und unseres Versagens, sondern inmitten der Fülle des Irdischen und des Lebendigen finden. Nur so zeige sich, dass Gott nicht eine von der Not gezimmerte Ausflucht ist, die überflüssig wird in dem Maß, in dem sich die Grenzen unseres Könnens erweitern. In der Geschichte des menschlichen Ringens um Gott gibt es beide Wege, und beide scheinen mir gleichermaßen legitim zu sein. Sowohl die Bedürftigkeit der menschlichen Existenz wie ihre Fülle verweist auf Gott. Wo die Menschen das Dasein in seiner Fülle, in seinem Reichtum, seiner Schönheit und Größe erfahren haben, da ist ihnen immer wieder bewusst geworden, dass dies Dasein verdanktes Dasein ist, dass es gerade in seinem Hellen und Großen das nicht selbst Gegebene, sondern das Geschenkte ist, das mir zuvorkommt, mit seiner Güte mich schon vor all meinem Tun empfängt und so von mir verlangt, dass ich solchem Reichtum Sinn *gebe* und dadurch Sinn *empfange*. Umgekehrt ist freilich auch die Bedürftigkeit dem Menschen immer wieder zum Verweis auf das ganz Andere geworden. Die Frage, die das Menschsein ist, die Unabgeschlossenheit, die in ihm liegt, die Grenze, an die es stößt und die doch nach dem Unbegrenzten verlangt – etwa im Sinn von Nietzsches Wort, dass alle Lust Ewigkeit verlangt und sich doch als Augenblick erfährt –, dieses Zugleich von Abgeschlossenheit und Verlangen nach dem Unbegrenzten und Offenen hat dem Menschen das Ruhen in sich selbst allezeit verwehrt. Es hat ihn spüren lassen, dass er sich selber nicht genügt, sondern nur zu sich kommt, indem er über sich hinauskommt und sich zubewegt auf das ganz Andere und unendlich Größere hin.

Das Gleiche ließe sich zeigen an der Thematik von Einsamkeit und Geborgenheit. Die Einsamkeit ist ohne Zweifel eine der wesentlichen Wurzeln, aus denen die Begegnung des Menschen mit Gott aufgestiegen ist. Wo der Mensch sein Alleinsein erfährt, erfährt er zugleich, wie sehr seine ganze Existenz ein Schrei nach dem Du ist und wie wenig er dazu gemacht ist, nur ein Ich in sich selbst zu sein. Dabei kann die Einsamkeit sich dem Menschen in verschiedenen Tiefen zeigen. Fürs Erste kann sie gestillt werden durch das Finden eines menschlichen Du. Aber jedes Du, das der Mensch findet, erweist sich zuletzt als eine unerfüllte Verheißung, weil es einen Punkt gibt, wo keine Begegnung die letzte Einsamkeit übersteigen kann: Gerade das Gefundenhaben wird so wieder zum Rückverweis in die Einsamkeit, zu einem Ruf nach dem wirklich in die Tiefe des eigenen Ich hinabsteigenden, absoluten Du.

Aber auch hier gilt, dass nicht bloß die Not der Einsamkeit, die Erfahrung, dass keine Gemeinschaft das Ganze unseres Verlangens erfüllt, zur Erfahrung Gottes führt – sie kann ebenso aus der Freude der Geborgenheit kommen. Gerade die Erfülltheit der Liebe, des Sichgefundenhabens kann dem Menschen das Geschenk dessen, was er nicht rufen noch erschaffen konnte, erfahren lassen und ihn erkennen machen, dass er darin mehr empfängt, als beide zu geben vermöchten. In der Helligkeit und Freude des Sichfindens kann die Nähe der absoluten Freude und des schlechthinnigen Gefundenseins aufsteigen, das hinter allem menschlichen Sichfinden steht. Auf solche Weise kann menschliche Existenz der Ausgangspunkt der Erfahrung des Absoluten werden, das als »Gott Sohn«, als Heilbringer, als existenzbezogener Gott erfasst wird.

Die andere Quelle religiösen Erkennens ist die Konfrontation des Menschen mit der Welt, mit den Mächten und Unheimlichkeiten, denen er da begegnet. Wiederum gilt, dass der Kosmos in seiner Schönheit und Fülle wie in seinem Ungenügen, seiner Furchtbarkeit und Abgründigkeit dem Menschen zur Erfahrung der alles übersteigenden, ihn selbst bedrohenden und zugleich tragenden Macht geworden ist, wobei sich hier das etwas unbestimmtere und fernere Bild ergibt, das sich in dem Bild Gottes des Schöpfers, des Vaters, niederschlägt.

Würde man den damit angedeuteten Fragen weiter nachgehen, so stieße man von selbst auf das vorhin angeschnittene Problem der drei Formen des Gottesthemas in der Geschichte – Monotheismus, Polytheismus, Atheismus. Dann würde sich die unterschwellige Einheit dieser drei Wege zeigen, eine Einheit, die freilich nicht Identität bedeuten und nicht besagen kann, dass, wenn man nur tief genug gräbt, schließlich alles eins wird und die vordergründigen Formen ihre Bedeutung verlieren. Solche Identitätsnachweise, zu denen sich vielleicht philosophisches Denken versucht fühlen könnte, in denen aber der Ernst menschlicher Entscheidungen missachtet wäre, könnten der Wirklichkeit gewiss nicht gerecht werden. Wenn also von Identität nicht die Rede sein kann, so würde ein tieferer Zublick doch erkennen können, dass die Unterschiedlichkeit der drei großen Wege anders liegt, als es die drei vordergründigen Formeln vermuten lassen, in denen sie sich aussagen: »Es gibt einen Gott«, »Es gibt viele Götter«, »Es gibt keinen Gott«. Zwischen diesen drei Formeln und dem in ihnen gemeinten Bekenntnis besteht ein nicht zu beseitigender Gegensatz, aber auch eine Beziehung, die ihr bloßer Wortlaut nicht ahnen lässt. Denn alle drei sind im Letzten von der Einheit und Einzigkeit des Absoluten überzeugt. Nicht nur der Monotheismus glaubt an diese Einheit und Einzigkeit, auch für den Polytheismus sind die vielen Götter, auf die er seine Andacht und seine Hoffnung richtet, nie das Absolute selbst gewesen. Auch für ihn war klar, dass hinter den vielen Mächten letztlich irgendwo das eine Sein steht bzw. dass das Sein zuletzt nur eins oder allenfalls der ewige Widerstreit eines Urgegensatzes ist. Andererseits ist für den Atheismus damit, dass er die Kennzeichnung der Einheit alles Seins durch den Gedanken Gott bestreitet, keineswegs die Einheit des Seins selbst aufgehoben. Ja, die wirkkräftigste Form des Atheismus, der Marxismus, behauptet diese Einheit des Seins in allem Seienden in strengster Form, indem er alles Sein als Materie deklariert. Dabei wird zwar das eine, das das Sein selbst ist, als Materie gänzlich abgehoben von der früheren Vorstellung des Absoluten, die mit dem Gottesgedanken verknüpft ist, erhält aber zugleich Züge, die seine Absolutheit deutlich machen und so erneut an den Gottesgedanken erinnern.

Alle drei Wege sind also von der Einheit und Einzigkeit des Absoluten überzeugt. Verschieden ist nur die Vorstellung von der Art und Weise, wie der Mensch mit ihm zu tun erhält bzw. wie das Absolute sich zu ihm verhält. Wenn der Monotheismus davon ausgeht, dass das Absolute Bewusstsein ist, das den Menschen kennt und ihn ansprechen kann, so ist für den Materialismus das Absolute als Materie aller personalen Prädikate entkleidet und auf keine Weise mit den Begriffen Ruf und Antwort in Beziehung zu bringen. Allenfalls könnte man sagen, der Mensch selbst müsse, was göttlich ist, aus der Materie entbinden, sodass er Gott dann nicht mehr hinter sich hätte als das ihm Vorausgehende, sondern nur noch vor sich als das von ihm schöpferisch zu Wirkende, als seine eigene bessere Zukunft. Der Polytheismus endlich kann sowohl mit dem Monotheismus wie auch mit dem Atheismus in ein enges Verhältnis treten, weil die Mächte, von denen er spricht, die Einzigkeit einer tragenden Macht unterstellen, die sowohl auf die eine wie auf die andere Weise gedacht werden kann. So ließe sich unschwer zeigen, wie im Altertum der Polytheismus durchaus mit einem metaphysischen Atheismus zusammenging, aber auch mit philosophischem Monotheismus sich verband.

b. Der Sturz der Götter – Das Bekenntnis zu dem einen Gott

> *M. L.: Warum man den Glauben an den einen Gott auch heute erfinden müsste, wenn es ihn nicht schon gäbe ...*

Kehren wir also zurück an die Stelle, von der wir herkommen, an das Wort des Glaubensbekenntnisses: »Ich glaube an Gott, den Vater, den Allmächtigen, den Schöpfer ...«. Dieser Satz, mit dem Christen seit fast 2000 Jahren ihren Glauben an Gott bekennen, kommt seinerseits aus einer noch älteren Geschichte hervor: Hinter ihm steht das tägliche Glaubensbekenntnis Israels, dessen christliche Umformung er darstellt: »Höre, Israel, Jahwe, Dein Gott, ist ein Einziger«. Das christliche Credo greift mit seinen ersten Worten das Credo Israels auf und nimmt darin zugleich das Ringen Israels auf, seine Glaubenserfahrung und seinen Kampf um Gott, der so auch den christlichen Glauben von innen heraus prägt, den es ohne dieses Ringen nicht gäbe. Wir treffen damit auf eine wichtige Gesetzlichkeit der Religions- und der Glaubensgeschichte, die immer in Anknüpfungen, nie im Sinn einer völligen Diskontinuität verläuft. Der Glaube Israels ist zwar etwas Neues gegenüber dem Glauben der Völker rundum, dennoch ist er nicht etwas vom Himmel Gefallenes, sondern er ereignet sich in der Auseinandersetzung mit diesem Glauben der anderen, in der kämpferischen Auswahl und Uminterpretation, die Anknüpfung und Verwandlung in einem ist.

»Jahwe, dein Gott, ist ein einziger Gott« – dieses Grundbekenntnis, das im Hintergrund unseres Credo steht, ist von seinem Ursprungssinn her eine Absage an die Götter rundum. Es ist Bekenntnis, nicht bloß die Feststellung einer Meinung neben anderen, sondern eine Entscheidung der Existenz. Als Absage an die Götter bedeutet es Absage an die Vergöttlichung der politischen Mächte wie an die Vergöttlichung des kosmischen »Stirb und werde«. Wenn man behaupten darf, dass Hunger, Liebe und Macht die Kräfte sind, die die Menschheit bewegen, so kann man feststellen, dass die drei Grundgestalten des Polytheismus die Anbetung des Brotes, die Anbetung des Eros und die Vergötzung der Macht sind. Alle diese drei Wege sind Verirrungen, Verabsolutierungen dessen, was nicht selbst das Absolute ist, und damit Verknechtungen des Menschen. Freilich sind es auch Verirrungen, in denen etwas geahnt wird von der Macht, die das Weltall trägt. Das Bekenntnis Israels aber ist eine Kampfansage an diese dreifache Anbetung und damit ein Vorgang von höchstem Gewicht in der Geschichte der Befreiung des Menschen und damit zugleich eine Kampfansage an die Vervielfachung des Göttlichen überhaupt. Es ist der Verzicht auf Eigengötter oder, anders ausgedrückt, auf die Vergöttlichung des Eigenen, die den Polytheismus charakterisiert. Darin ist das Bekenntnis Israels zugleich der Verzicht auf die Sicherung des Eigenen, die Absage an die Angst, die das Unheimliche besänftigen will, indem sie es verehrt, und die Zusage zu dem einen Gott des Himmels als der alles bergenden Macht. Es bedeutet den Mut, ohne das Göttliche in die Hände zu nehmen, sich der waltenden Macht aller Welt anzuvertrauen.

Diese Ausgangssituation, die aus dem Glauben Israels stammt, ist im frühchristlichen Credo nicht grundsätzlich verändert. Auch hier bedeutet das Eintreten in die christliche Gemeinschaft und das Annehmen ihres Glaubensbekenntnisses eine Entscheidung der Existenz mit schwerwiegenden Folgen. Denn wer in dieses Credo eintrat, vollzog damit zugleich eine Absage an die Gesetzlichkeit der Welt, der er zugehörte: eine Absage an die Anbetung der herrschenden politischen Macht, auf der das spätrömische Reich beruhte, eine Absage gegenüber der Anbetung der Lust, gegenüber dem Kult der Angst und des Aberglaubens, der die Welt beherrschte. Es ist kein Zufall, dass der christliche Kampf auf dem damit angegebenen Feld entbrannte und darin zum Kampf um die Grundform des öffentlichen Lebens der Antike überhaupt wurde.

Ich glaube, dass es für das heutige Verständnis des Credo von entscheidender Bedeutung ist, diese Zusammenhänge wieder zu sehen. Allzu leicht erscheint es uns als ein einer Frühzeit angehöriger und durch sie allenfalls zu entschuldigender, aber heute keinesfalls mehr nachvollziehbarer Fanatismus, dass die Christen sich unter Drangabe ihrer Existenz weigerten, in irgendeiner Form in den Kaiserkult einzutreten, dass sie selbst die harmlosesten Formen, wie das Eintragen in eine Opferliste, zurückwiesen und bereit waren, dafür ihr Leben aufs Spiel zu setzen. Heute würde man in einem solchen Fall zwischen der unumgänglichen staatsbürgerlichen Loyalität und dem wirklichen religiösen Akt unterscheiden, um einen vertretbaren Ausweg zu finden und zugleich der Tatsache Rechnung zu tragen, dass Heroismus vom Durchschnittsmenschen nicht erwartet werden kann. Vielleicht ist eine solche Trennung heute sogar in gewissen Fällen wirklich möglich infolge der Entscheidung, die damals durchgetragen worden ist. In jedem Fall ist wichtig, dass jene Weigerung von damals weit entfernt war von engstirnigem Fanatismus und die Welt in einer Weise verändert hat, wie sie nur durch den Einsatz des Leidens verändert werden kann. In jenen Vorgängen zeigte sich, dass Glaube nicht Gedankenspiel, sondern Ernstfall ist: Er sagt Nein und muss Nein sagen zur Absolutheit der politischen Macht, zur Anbetung der Macht der Mächtigen überhaupt – »die Mächtigen hat er vom Throne gestürzt«! (Lk 1,52). Er hat damit den Totalitätsanspruch des politischen Prinzips ein für allemal zerbrochen. Das Bekenntnis »Es gibt nur einen Gott« ist in diesem Sinn, gerade weil es selbst keine politischen Absichten ausdrückt, ein Programm von einschneidender politischer Bedeutung: Durch die Absolutheit, die es dem Einzelnen von seinem Gott her verleiht, und durch die Relativierung, in die es alle politischen Gemeinschaften von der Einheit des sie alle umspannenden Gottes her rückt, ist dieses Bekenntnis der einzige definitive Schutz gegen die Macht des Kollektivs und zugleich die grundsätzliche Aufhebung jedes Ausschließlichkeitsdenkens in der Menschheit überhaupt.

Ähnliches, wie es hier über den Glauben als Kampf gegen die Anbetung der Macht gesagt wurde, ließe sich auch im Bereich des Ringens um die wahre Gestalt menschlicher Liebe gegen die falsche Anbetung von Sex und Eros zeigen, von der keine geringere Versklavung der Menschheit ausging und ausgeht als vom Missbrauch der Macht. Es ist mehr als ein Bild, wenn der Glaubensabfall Israels bei den Propheten immer wieder unter dem »Bild« des Ehebruchs dargestellt wird. Die Fremdkulte waren nicht nur tatsächlich fast immer mit kultischer Prostitution verbunden und so rein von ihrer Erscheinungsform her als Ehebruch zu beschreiben – sie gaben darin auch ihre innere Ausrichtung zu erkennen. Die Einheit, Endgültigkeit und Unteilbarkeit der Liebe zwischen Mann und Frau ist letztlich nur im Glauben an die Einheit und Unteilbarkeit der Liebe Gottes zu verstehen. Wir begreifen heute immer mehr, wie wenig sie eine rein philosophisch abzuleitende Aussage ist, wie sehr sie mit dem Zusammenhang des Glaubens an den einen Gott steht und fällt. Und wir begreifen immer mehr, wie sehr die scheinbare Befreiung der Liebe in die Beliebigkeit des Triebs hinein die Auslieferung des Menschen an die verselbstständigten Mächte von Sex und Eros ist, deren erbarmungsloser Sklaverei er verfällt, wo er sich freizumachen wähnt. Wo er sich Gott entzieht, greifen die Götter nach ihm, und seine Befreiung geschieht nicht anders, als indem er sich befreien lässt und aufhört, sich auf sich selber stellen zu wollen.

Nicht weniger wichtig als die Klärung der Absage, die im Credo liegt, ist das Verständnis der Zusage, des Ja, das es meint, nachdem sich die Absage der ersten christlichen Jahrhunderte in einem Maß als geschichtskräftig erwiesen hat, dass die Götter unwiderruflich verschwunden sind. Gewiss, die *Mächte* sind nicht verschwunden, die in ihnen ausgedrückt waren, und nicht verschwunden ist auch die Versuchung zur Verabsolutierung jener Mächte. Das eine wie das andere gehört zur bleibenden menschlichen Grundsituation und drückt sozusagen die ständige »Wahrheit« des Polytheismus aus: Die Verabsolutierung der Macht, des Brotes, des Eros bedroht uns nicht weniger als die Menschen des Altertums. Aber wenngleich die Götter von damals auch heute noch »Mächte« sind, die sich Absolutheit zuzulegen versuchen, so haben sie doch die Maske des Göttlichen unwiderruflich verloren und müssen sich nun unmaskiert zeigen. Darin gründet ein wesentlicher Unterschied zwischen vorchristlichem und nachchristlichem Heidentum, das von der geschichtsbildenden Kraft der christlichen Absage an die Götter geprägt bleibt. Umso mehr drängt sich in dem Leerraum, in dem wir heute in vieler Hinsicht stehen, die Frage auf: Welches ist der Inhalt der Zusage, die der christliche Glaube meint?

2. WAS SAGT DIE BIBEL VON GOTT? – DIE GESCHICHTE GOTTES MIT DEN MENSCHEN

Wer den Gottesglauben der Bibel verstehen will, muss seiner geschichtlichen Entfaltung nachgehen, von den Ursprüngen bei den Vätern Israels bis herauf zu den letzten Schriften des Neuen Testaments. Das Alte Testament hat seinen Gottesgedanken in zwei Namen formuliert, Elohim und Jahwe.

a. Es brennt – Gott erscheint

M. L.: Woher kommt eigentlich dieser merkwürdige Name Jahwe für den einen Gott?

Als den zentralen Text alttestamentlichen Gottesverständnisses und Gottesbekenntnisses darf man wohl die Erzählung vom brennenden Dornbusch (Ex 3) bezeichnen, in der sich mit der Offenbarung des Gottesnamens an Moses die entscheidende Grundlegung des fortan in Israel waltenden Gottesgedankens vollzieht. Der Text schildert die

Berufung des Moses zum Führer Israels durch den in der Dornbuschflamme verborgen-offenbaren Gott und das Zögern des Moses, der eine klare Kenntnis seines Auftraggebers und einen klaren Ausweis seiner Vollmacht verlangt. In diesem Zusammenhang trägt sich jener Dialog zu, an dem seither immer wieder herumgerätselt worden ist:

»Moses sprach zu Gott: ›Wenn ich nun zu den Kindern Israels komme und zu ihnen spreche: Der Gott eurer Väter hat mich zu euch gesandt, und wenn sie mich dann fragen werden: Wie heißt er? was soll ich ihnen dann antworten?‹ Gott entgegnete dem Moses darauf: ›Ich bin der Ich bin.‹ Er setzte dann fort: ›So sollst du zu den Israeliten sprechen: Der ›Ich-bin‹ hat mich zu euch gesandt.‹ Und weiter sagte Gott zu Moses: ›So sollst du zu den Kindern Israels sprechen: Der Herr, der Gott eurer Väter, der Gott Abrahams, der Gott Isaaks und der Gott Jakobs hat mich zu euch gesandt. Dies soll mein Name für immer sein und dies meine Anrufung von Geschlecht zu Geschlecht.‹« (Ex 3,13–15)

Der Sinn des Textes ist es offensichtlich, den Namen »Jahwe« als den entscheidenden Gottesnamen in Israel zu begründen, einmal, indem er geschichtlich im Ursprung der Volkwerdung Israels und des Bundesgeschehens verankert wird, zum andern, indem eine inhaltliche Sinngebung geboten wird. Dies Letztere geschieht dadurch, dass das unverständliche Wort »Jahwe« auf die Wortwurzel Haja zurückgeführt wird, was »Sein« bedeutet. Dieser Erhellung des Namens »Jahwe« durch das Wörtchen »Sein« – Ich-bin – wird dann noch ein zweiter Erklärungsversuch angefügt, indem gesagt wird, Jahwe sei der Gott der Väter, der Gott Abrahams, Isaaks und Jakobs. Das will sagen: Das Verständnis »Jahwes« soll dadurch vertieft werden, dass der so bezeichnete Gott gleichgesetzt wird mit dem Gott der Väter Israels, der im Wesentlichen wohl unter den Namen El und Elohim angerufen worden war.

Versuchen wir uns klarzumachen, welches Gottesbild auf diese Weise entsteht! Zunächst – was heißt es, dass hier der Gedanke des

Seins als Deutung Gottes ins Spiel gebracht wird? Für die von der griechischen Philosophie herkommenden Kirchenväter erschien das als eine unerwartete und kühne Bestätigung ihrer eigenen denkerischen Vergangenheit, denn die griechische Philosophie sah es als ihre entscheidende Entdeckung an, dass sie hinter all den vielen Einzeldingen, mit denen der Mensch täglich zu tun hat, die umfassende Idee des Seins entdeckt hatte, die sie zugleich als den angemessensten Ausdruck des Göttlichen betrachtete. Genau dasselbe schien nun aber auch die Bibel in ihrem zentralen Text über das Gottesbild zu sagen. Musste das nicht als eine geradezu verblüffende Bestätigung für die Einheit von Glauben und Denken erscheinen? Die Kirchenväter sahen in der Tat hier die tiefste Einheit von Philosophie und Glaube, von Platon und Moses, von griechischem und biblischem Geist aufgedeckt. So vollständig empfanden sie die Identität zwischen dem Suchen des philosophischen Geistes und dem Empfangen, das im Glauben Israels geschehen war, dass sie der Meinung waren, zu solcher Erkenntnis habe Platon nicht aus eigenem vorstoßen können, sondern er habe das Alte Testament gekannt und seinen Gedanken daraus entlehnt, sodass damit indirekt der Kern der platonischen Philosophie auf Offenbarung zurückgeführt wurde – eine Einsicht von solch letzter Tiefe wagte man nicht aus der eigenen Macht des menschlichen Geistes herzuleiten. Tatsächlich konnte der Text des griechischen Alten Testaments, den die Väter in Händen hatten, die Vorstellung einer solchen Identität zwischen Platon und Moses aufkommen lassen, wobei freilich die Abhängigkeit eher umgekehrt liegen dürfte:

Die Übersetzer, die die hebräische Bibel ins Griechische übertrugen, standen unter dem Einfluss griechisch-philosophischen Denkens und haben von ihm her den Text gelesen und verstanden. Der Gedanke, dass hier der Geist der Hellenen und der Glaube der Bibel ineinandergreifen, muss sie bereits beseelt haben. So haben sie schon die Brücke aus dem biblischen Gottesbegriff ins griechische Denken hinübergebaut, wenn sie in Vers 14 das »Ich bin, der Ich bin« übersetzten mit »Ich bin der Seiende«. Der biblische Gottesname wird hier identifiziert mit dem philosophischen Gottesbegriff. Der Skandal des Namens, des Gottes, der sich nennt, wird auf diese Weise aufgelöst. Denn für das Denken ist es eigentlich ein Skandal, dass der biblische Gott einen Namen trägt. Kann das mehr als eine Erinnerung an die polytheistische Welt sein, in der sich biblischer Glaube zuerst zutragen musste? In einer Welt, die von Göttern wimmelte, konnte Moses nicht sagen: Gott schickt mich. Nicht einmal: Der Gott der Väter schickt mich. Er wusste, dass das gar nichts besagte, dass man ihn fragen würde: Welcher Gott? Aber die Frage ist: Hätte man dem platonischen »Seienden« je einen Namen geben und es damit sozusagen als Individuum ausweisen können? Oder ist die Tatsache, dass man diesen Gott nennen kann, nicht Ausdruck einer fundamental anderen Vorstellung? Was also besagt dieser Name Jahwe und was bedeutet seine Erklärung mit dem Wörtchen »Sein«? Können wir noch etwas darüber ausmachen, was der Name Jahwe ursprünglich, von seiner sprachlichen Herkunft aus, bedeutet? Das ist deswegen nahezu unmöglich, weil wir gerade über diese Herkunft durchaus im Dunkeln tappen. Eines kann freilich deutlich gesagt werden: Eine sichere Bezeugung des Namens Jahwe vor Moses bzw. außerhalb Israels fehlt, die volle Ausprägung des Namens Jahwe hat sich erst in Israel zugetragen. Sie scheint ein Werk des Glaubens Israels zu sein, das nicht anknüpfungslos, aber doch schöpferisch umprägend sich hier seinen eigenen Gottesnamen und darin seine eigene Gottesgestalt gebildet hat, was nach gläubiger Überzeugung freilich nur möglich war in der Form eines Empfangens von Offenbarung.

Ja, heute spricht wieder vieles dafür, dass die Formung dieses Namens tatsächlich die Tat des Moses gewesen ist, der mit ihm seinen geknechteten Volksgenossen neue Hoffnung zugetragen hat. Die endgültige Ausbildung eines eigenen Gottesnamens und darin eines eigenen Gottesbildes scheint der Ausgangspunkt für die Volkwerdung Israels gewesen zu sein. **Auch rein historisch kann**

man so sagen, dass Israel von Gott her Volk geworden ist, nur vom Anruf der Hoffnung her, den der Gottesname bedeutete, zu sich selber kam.

b. Das Gottesbild klärt sich – Der Gott der Väter und Propheten

> *M. L.: Hier kann man lesen, wie das Volk Israel Jahrhunderte brauchte, um wirklich zu begreifen, was das heißt: an einen einzigen Gott glauben. Hier bei Ratzinger lese ich sinngemäß einen einfachen, aber tiefen Satz, den mir der Holocaustüberlebende Jehuda Bacon, ein gläubiger Jude, sagte: »Gott ist da, wo ein Mensch ihn hereinlässt.«*

Der Gott der Väter hatte freilich nicht Jahwe geheißen, sondern tritt uns unter den Namen El und Elohim entgegen. Die Väter Israels konnten damit an die El-Religion ihrer Umwelt anknüpfen, die wesentlich durch den sozialen und personalen Charakter der mit »El« umschriebenen Gottheit gekennzeichnet ist. Der Gott, für den sie sich, rein historisch gesprochen, entschieden haben, ist dadurch gekennzeichnet, dass er »Personengott«, nicht »Ortsgott« ist. Die religiöse Erfahrung der Menschheit entzündet sich immer wieder an heiligen Orten, an denen aus irgendeinem Grunde dem Menschen das ganz Andere, das Göttliche, besonders fühlbar wird, eine Quelle etwa, ein mächtiger Baum, ein geheimnisvoller Stein oder auch ein ungewöhnliches Widerfahrnis, das sich irgendwo zutrug. Dann besteht aber alsbald die Gefahr, dass dem Menschen der Ort, an dem er das Göttliche erfuhr, und dieses selbst ineinander fließen, sodass er an eine besondere Anwesenheit des Göttlichen an jenem Orte glaubt, es anderswo nicht ebenso meint treffen zu können – der Ort wird zum heiligen Ort, zur Wohnstätte des Göttlichen. Die örtliche Bindung des Göttlichen, die sich auf diese Weise ergibt, führt aber dann mit einer Art innerer Notwendigkeit auch zu dessen Vervielfachung. Weil nicht nur an *einem* Ort, sondern an vielen sich Erfahrung des Heiligen zuträgt, dieses aber jeweils auf den betreffenden Ort beschränkt gedacht wird, kommt es zu einer Vielzahl von Ortsgottheiten. **Einen gewissen Nachhall solcher Tendenzen kann man selbst noch im Christlichen feststellen, wenn für weniger erleuchtete Gläubige mitunter die Madonnen von Lourdes, Fatima oder Altötting geradezu verschiedene Wesen und keineswegs einfach dieselbe Person zu sein scheinen.** Gegenüber der heidnischen Tendenz zur örtlich bestimmten und begrenzten Gottheit, drückt der Gott der Väter eine gänzlich andere Entscheidung aus. Er ist nicht der Gott eines Ortes, sondern der Gott von Menschen: der Gott Abrahams, Isaaks und Jakobs, der deshalb auch nicht an einen Ort gebunden, sondern überall da anwesend und mächtig ist, wo der Mensch sich findet. Auf diese Weise kommt man zu einer gänzlich anderen Art des Denkens von Gott. Gott wird auf der Ebene von Ich und Du, nicht auf der Ebene des Räumlichen gesehen. Er entrückt so in die Transzendenz des nirgendwo Begrenzbaren und erweist sich gerade damit als der allenthalben Nahe, dessen Macht schrankenlos ist. Er ist nicht irgendwo, sondern **Gott ist da zu treffen, wo der Mensch sich treffen lässt von ihm.** Indem die Väter Israels sich, geleitet von göttlicher Offenbarung, für El entschieden haben, haben sie eine Wahl von größter Bedeutung getroffen: für den personhaften und personbezogenen Gott, der auf der Ebene von Ich und Du zu finden ist, nicht primär an heiligen Orten. Dieser Grundzug von El ist das eine tragende Element nicht nur der Religion Israels, sondern auch des neutestamentlichen Glaubens geblieben: das Ausgehen vom Personsein Gottes, das Verstehen Gottes auf jener Ebene, die durch die Beziehung von Ich und Du bezeichnet ist.

El wird aber nicht nur als Träger eigener Personalität, als Vater, als Schöpfer der Geschöpfe, als der Weise und der König angesehen, er gilt vor allen Dingen auch als der allerhöchste Gott, als die allerhöchste Macht, als der, der über allem anderen steht. Man braucht wohl nicht eigens zu sagen, dass auch dies zweite Element prägend geblieben ist für die ganze biblische Gotteserfahrung. Nicht irgendeine irgendwo wirkende Macht wird, rein historisch gesprochen, gewählt, sondern allein jene Macht, die alle Macht in sich fasst und über allen Einzelmächten steht.

Endlich muss noch auf ein drittes Element verwiesen werden, das gleichfalls sich im ganzen biblischen Denken durchhält: Dieser Gott ist der Gott der Verheißung. Er ist nicht eine Naturmacht, in deren Erscheinen sich die ewige Mächtigkeit der Natur, das ewige »Stirb und Werde« zeigt. Er ist nicht ein Gott, der den Menschen auf das ewig Gleiche des kosmischen Kreislaufs hinorientiert, sondern er verweist ihn auf das Kommende, auf das seine Geschichte zuschreitet, auf Sinn und Ziel, die endgültig sind – er gilt als Gott der Hoffnung auf das Künftige, eine Richtung, die unumkehrbar ist.

Schließlich mag eigentümlich berühren, dass man die Einzahl El durch ein Wort ersetzte, das eigentlich eine Mehrzahl bedeutet: Elohim. Doch gerade so vermochte Israel immer mehr die Einzigartigkeit Gottes auszusagen: Er ist einer, aber als der Übergroße, ganz andere, überschreitet er selbst die Grenzen von Singular und Plural, liegt jenseits von ihnen. Obwohl es im Alten Testament und zumal auf seinen Frühstufen sicher keinerlei Dreifaltigkeitsoffenbarung gibt, liegt doch in diesem Vorgang eine Erfahrung verborgen, die sich auf die christliche Rede vom dreieinigen Gott hin öffnen lässt. Man weiß darum, dass einerseits Gott der radikal Eine ist und dass er doch nicht in unsere Kategorien von Einzahl und Mehrzahl gepresst werden kann, sondern oberhalb von ihnen liegt, sodass er schließlich auch nicht durch die Kategorie »eins«, sosehr er wahrhaft nur ein Gott ist, ganz zutreffend benannt werden kann. Dies bedeutet, dass so zugleich die legitime Frage, die im Polytheismus steckt, aufgenommen ist. Der Plural, auf den einen Gott bezogen, sagt: Alles Göttliche ist Er.

Ausgeschieden sind damit die Gottesvorstellungen, die sich in der Umwelt Israels unter den Namen Baal = der Herr und Melech/ Moloch = der König darboten. Abgewiesen ist auch die Fruchtbarkeitsverehrung und die lokale Bindung des Göttlichen, die sie mit sich bringt. Verneint ist aber mit dem Nein zum Königsgott Melech ebenso ein bestimmtes soziales Modell. **Der Gott Israels wird nicht in die aristokratische Ferne eines Königs entrückt, er kennt nicht die schrankenlose Despotie, die sich damals mit dem Bild des Königs verband – er ist der nahe Gott, der grundsätzlich eines jeden Menschen Gott sein kann.**

Indem Jahwe als der Gott der Väter ausgelegt wird, treten in den Jahwe-Glauben alle Inhalte ein, die im Väterglauben gemeint waren. Was aber ist das Spezifische, das Neue, das mit »Jahwe« ausgedrückt wird? Hören wir einmal genau zu! Moses fragt: Die Kinder Israels, zu denen du mich schickst, werden sagen: Wer ist der Gott, der dich sendet? Wie heißt er? Was soll ich ihnen dann antworten? Darauf wird berichtet, Gott habe dem Moses entgegnet: »Ich bin der Ich bin«, wir könnten auch übersetzen: »Ich bin, was ich bin«. Das erscheint doch eigentlich wie eine Abweisung. Es sieht viel eher nach einer Namensverweigerung denn nach einer Namenskundgabe aus. In der ganzen Szene liegt etwas von Unmut ob solcher Zudringlichkeit: Ich bin eben, der ich bin. Der Gedanke, dass hier eigentlich kein Name gegeben, sondern die Frage zurückgewiesen werde, erhält zusätzliche Wahrscheinlichkeit durch den Vergleich mit den beiden Texten, die man am ehesten als Parallelen zu unserer Stelle anführen könnte: Richter 13,18 und Genesis 32,30. In Richter 13,18 fragt ein gewisser Manoach den Gott, der ihm begegnet, nach seinem Namen. Ihm wird geantwortet: »Was fragst du nach meinem Namen, wo er doch ein Geheimnis ist.« Ein Name wird nicht gegeben. In Genesis 32,30 ist es Jakob, der nach seinem nächtlichen Ringen mit dem Unbekannten um dessen Namen fragt und nur die abweisende Antwort erhält: »Warum fragst du denn nach meinem Namen?« Der

Gestus der Zurückweisung liegt auch hier vor. Der Gott, mit dem Moses am Dornbusch zu tun bekommt, kann seinen Namen nicht auf gleiche Art bekanntgeben wie die Götter rundum, die Götter-Individuen neben anderen gleichartigen Göttern sind und deshalb eines Namens bedürfen. Der Gott vom Dornbusch stellt sich nicht in eine Reihe mit ihnen.

Im Gestus der Abweisung, auf den wir stießen, scheint etwas auf von dem ganz Anderen Gottes gegenüber den Göttern. Die Auslegung des Namens Jahwe durch das Wörtchen »Sein« hebt den Namen als Namen auf, sie bewirkt die Rückversetzung aus dem allzu Bekannten, das der Name zu sein scheint, ins Unbekannte, ins Verborgene. Sie löst den Namen auf ins Mysterium, ins Geheimnis, hinein, sodass in ihm Bekanntsein und Unbekanntsein Gottes, Verborgenheit und Offenbarung einander gleichzeitig werden. Gegenüber der Meinung, hier Gott sozusagen greifen zu können, wird auf solche Weise das Bleiben der unendlichen Distanz verdeutlicht. Insofern war jene Entwicklung legitim, kraft deren man in Israel immer mehr dazu überging, diesen Namen nicht mehr auszusprechen, ihn zu umschreiben, sodass er in der griechischen Bibel gar nicht mehr auftaucht, sondern dort einfach durch das Wort »Herr« ersetzt wird. In dieser Entwicklung ist das Geheimnis der Dornbuschszene in vieler Hinsicht genauer begriffen worden als in allerlei gelehrten Erklärungen.

Aber immerhin ist Moses ja ermächtigt worden, den Fragenden zu sagen: »Der Ich-bin hat mich zu euch gesandt« (Ex 3,14). Er hat eine Antwort in Händen, auch wenn sie ein Rätsel ist. Und kann man es nicht doch auch ein Stück weit positiv ent-rätseln? Wenn Gott sich hier benennt als der »Ich bin«, so wäre er als der, der »ist«, ausgelegt, als das Sein gegenüber dem Werden, als das, was bleibt und besteht in allem Vergehen. »Alles Fleisch ist wie Gras, all seine Pracht wie die Blume des Feldes … Das Gras verdorrt, die Blume welkt hin, doch unseres Gottes Wort besteht auf ewig« (Jes 40,6–8).

Mit dem Hinweis auf diesen Text wird ein Zusammenhang sichtbar, der bisher wohl allzu wenig bedacht worden ist. Für den Autor war es ein Grundgedanke seiner Verkündigung, dass die Dinge dieser Welt vergehen, dass die Menschen, wie mächtig sie sich auch gebärden, am Schluss wie die Blumen sind, die einen Tag blühen, am nächsten aber abgemäht werden und verdorren, während inmitten dieses gigantischen Schauspiels der Vergänglichkeit der Gott Israels »ist«, nicht »wird«. In allem Werden und Vergehen »ist« er. Freilich wird dieses »Ist« Gottes, der über der Unbeständigkeit des Werdens als der Beständige bleibt, nicht beziehungslos ausgesagt. Vielmehr ist er zugleich der sich Gewährende, er ist für uns da und gibt von seinem Stehen her uns in unserer Unbeständigkeit Stand. Der Gott, der »ist«, ist zugleich der, der mit *uns* ist, er ist nicht nur Gott in sich, sondern unser Gott, der Gott der Väter.

Ist aber der Gott, der sich nennt und einen Namen hat, der Gott, der hilft und da ist, das radikal andere gegenüber dem schlechthinnigen Sein, das in der schweigenden Einsamkeit des philosophischen Denkens gefunden wird? Wir haben bereits gesehen, dass die Dornenbuschgeschichte auf dem Hintergrund einer götterdurchtränkten Welt zu verstehen ist, in der sie den Gottesglauben Israels anknüpfend und unterscheidend sichtbar macht und die Entwicklung zugleich vorwärtsführt, indem sie den in vielen Richtungen schillernden Gedanken des Seins aufnimmt. Der Deutungsvorgang, auf den wir mithin in unserer Erzählung stoßen, ist mit ihr nicht zu Ende, sondern ist im Verlauf des biblischen Ringens um Gott weitergeführt worden. Die Propheten Ezechiel und vor allem den sogenannten zweiten Jesaja könnte man geradezu als die Theologen des Namens Jahwe bezeichnen. Dieser Jesaja spricht bekanntlich am Ende des babylonischen Exils, im Augenblick, da Israel mit neuer Hoffnung in die Zukunft blickt. Die scheinbar unbesiegbare babylonische Macht, die Israel geknechtet hatte, ist zerbrochen, Israel, das tot geglaubte, steht aus den Trümmern auf. So wird es für den Propheten ein zentraler Gedanke, den Göttern, die vergehen, den Gott gegenüberzustellen, der *ist*. »Ich, Jahwe, bin der Erste und noch bei den Letzten bin ich derselbe« (41,4). Das letzte Buch des Neuen Testaments, die Offenbarung des Johannes, wird in ähnlich bedrängter Lage diesen Satz wiederholen: Vor all diesen Mächten steht er schon, und nach ihnen steht er noch immer (Offb 1,4; 1,17; 2,8; 22,13). Aber hören wir noch einmal Jesaja: »Ich bin es; ich bin der Erste, ich werde auch der Letzte sein« (48,12). Der Prophet hat die Dornbuschgeschichte aufgegriffen und mit neuen Akzenten versehen. In der Formel »Ich bin es« steht der Gott Israels den Göttern gegenüber und weist sich als derjenige aus, der *ist*, im Gegensatz zu denen, die gestürzt sind und vorübergehen. Das knappe Rätselwort »Ich bin's« wird so zum Zentrum der Verkündigung des Propheten, in dem sich sein Kampf gegen die Götter, sein Kampf gegen die Verzweiflung Israels, seine Botschaft der Hoffnung und der Gewissheit ausdrücken. Gegenüber dem nichtigen Götterhimmel Babylons und gegenüber seinen gesunkenen Potentaten erhebt sich die Macht Jahwes einfach und kommentarlos in der Aussage »Ich bin es«, die seine totale Überlegenheit gegenüber allen göttlichen und ungöttlichen Mächten dieser Welt bezeichnet. Der Jahwe-Name öffnet sich damit einen Schritt weiter auf die Idee dessen, der »ist« inmitten aller Verfallenheit des Scheins, dem kein Bestand zukommt.

c. Der letzte Schritt – Der Gott Jesu Christi

> *M. L.: Wo und wie geht das Christentum über den jüdischen Glauben hinaus – ohne ihn hinter sich zu lassen? Wie kann man sich das vorstellen, dass der allmächtige Gott wirklich jedem einzelnen von uns nahe sein soll?*

Tun wir einen letzten Schritt, der uns nun ins Neue Testament hinüberführt. Wir finden nämlich die Linie, die immer mehr den Gottesgedanken unter das Licht des Seinsgedankens stellt und Gott mit dem einfachen »Ich bin« auslegt, noch einmal im Johannesevangelium, das für uns Christen der letzte Schritt in der Selbstauslegung der biblischen Bewegung überhaupt ist. Johannes knüpft in seinem Denken an Jesaja an. Er erhebt das jesajanische »Ich bin's« zur Kernformel seines Gottesglaubens und zwar dadurch, dass er es zur Zentralformel seiner Lehre von Jesus Christus macht: ein sowohl für den Gottesgedanken wie für das Christusbild entscheidender Vorgang. Jene Formel, die zunächst aus der Dornbuschszene sich erhebt, die am Ende des Exils zum Ausdruck der Hoffnung und der Gewissheit wird gegenüber den sinkenden Göttern und das Bleibende Jahwes über all diesen Mächten darstellt, findet sich nun auch hier im Zentrum des Gottesglaubens, aber dadurch, dass sie Zeugnis für Jesus von Nazareth wird.

Die Bedeutung dieses Vorgangs wird dadurch vollends sichtbar, dass Johannes in einer geradezu auffälligen Weise das Kernstück der Dornbuscherzählung wieder aufgreift: die Idee des Gottesnamens. Der Gedanke, dass Gott sich benennt, dass Gott durch einen Namen anrufbar wird, rückt mit dem »Ich bin« in die Mitte seines Zeugnisses. Johannes schildert Christus als denjenigen, in dem die Dornbuschgeschichte erst zu ihrem wahren Sinn kommt. Das ganze Kapitel 17 – das sogenannte »Hohepriesterliche Gebet« und vielleicht das Herzstück des Evangeliums überhaupt – kreist um den Gedanken »Jesus der Offenbarer des Gottesnamens« und stellt sich so als das neutestamentliche Gegenstück zur Dornbuscherzählung dar. Leitmotivartig kehrt in den Versen 6, 11, 12, 26 das Motiv des Gottesnamens wieder. Greifen wir nur die beiden Hauptverse heraus: »Ich habe deinen *Namen* den Menschen kundgetan, die du mir aus der Welt gegeben hast« (Vers 6). »Ich habe ihnen deinen *Namen* kundgetan und werde ihn ihnen kundtun, damit die Liebe, mit der du mich geliebt hast, in ihnen sei und ich in ihnen« (Vers 26). Christus erscheint sozusagen selbst als der brennende Dornbusch, von dem aus der Name

Gottes an die Menschen ergeht. Indem aber in der Sicht des vierten Evangeliums Jesus das »Ich bin's« auf sich anwendet, wird zugleich deutlich, dass *er selbst* der Name, das heißt: die Anrufbarkeit Gottes ist. Die Namensidee tritt hier in ein entscheidendes neues Stadium. Name ist nun nicht mehr bloß ein Wort, sondern eine Person: Jesus selbst. Der Glaube an Jesus wird als Ganzes zu einer Auslegung des Gottesnamens erhoben.

Was aber ist eigentlich ein Name? Und welchen Sinn hat es, von einem Namen Gottes zu sprechen? Es besteht ein grundlegender Unterschied zwischen der Absicht, die ein Begriff verfolgt, und derjenigen, die der Name hat. Der Begriff will das Wesen der Sache erkennen. Der Name hingegen fragt nicht nach dem Wesen der Dinge, sondern ihm geht es darum, etwas benennbar, das heißt anrufbar zu machen, eine Beziehung herzustellen. Wenn ich von jemandem weiß, dass er unter den Begriff »Mensch« fällt, reicht das noch nicht, um eine Beziehung zu ihm herzustellen. Erst durch den Namen wird der andere zum Mitmenschen, kann ich ihn rufen. So bedeutet und bewirkt der Name die soziale Einordnung, aus der die Mitexistenz mit dem Benennenden entsteht. Wer nur noch als Nummer betrachtet wird, ist aus dem Gefüge der Mitmenschlichkeit verstoßen. Mit dem, was alttestamentlicher Glaube meint, wenn er von einem Namen Gottes spricht, ist etwas anderes angezielt, als wenn der Philosoph den Begriff des höchsten Seins sucht. Der Begriff ist ein Ergebnis des Denkens, das wissen will, wie es mit jenem höchsten Sein in sich selber stehe. Nicht so der Name. Wenn Gott sich nach dem Selbstverständnis des Glaubens benennt, drückt er nicht so sehr sein inneres Wesen aus, sondern er gibt sich den Menschen so preis, dass er für sie rufbar wird. Und indem er dies tut, tritt er in die Mitexistenz mit ihnen ein, wird für sie erreichbar, ist für sie da.

Damit wird deutlich, was es heißt, wenn Johannes den Herrn Jesus Christus als den wirklichen, lebendigen Gottesnamen vorstellt. In ihm ist das erfüllt, was ein bloßes Wort letztlich doch nicht erfüllen konnte. In ihm ist ans Ziel gekommen, was mit der Idee des Namens immer gemeint und gewollt war. In ihm – das will der Evangelist mit dieser Idee sagen – ist Gott wirklich der Rufbare geworden. In ihm ist Gott für immer in die Mitexistenz mit uns eingetreten: Der Name ist nicht mehr bloß Wort, an das wir uns klammern, er ist nun Fleisch von unserem Fleisch, Gebein von unserem Gebein. Gott ist einer der unsrigen. So erfüllt sich das, was seit der Dornbuschszene mit der Idee des Namens gemeint war, wirklich in dem, der als Gott Mensch und als Mensch Gott ist. Gott ist einer von uns und so der wahrhaft Nennbare, in der Mitexistenz mit uns Stehende geworden.

Auf der einen Seite steht beim biblischen Gottesbegriff das Element des Persönlichen, der Nähe, der Anrufbarkeit, des Sich-Gewährens, das sich in der Namengebung verdichtet, sich im Gedanken »Gott der Väter, Abrahams, Isaaks und Jakobs« vorher schon ansagt und später wiederum in dem Gedanken »Der Gott Jesu Christi« konzentriert. Immer geht es um den Gott von Menschen, den Gott mit Angesicht, den personhaften Gott. Auf ihn richtete sich der Väterglauben, von dem aus ein zwar langer, doch gerader Weg zum Gott Jesu Christi führt.

Auf der anderen Seite steht die Tatsache, dass diese Nähe, diese Zugänglichkeit, freie Gewährung dessen ist, der über Raum und Zeit steht, an nichts gebunden und alles an sich bindend. Das Element der zeitüberlegenen Macht ist kennzeichnend für diesen Gott und es konzentriert sich immer nachdrücklicher im Gedanken des Seins, des ebenso rätselhaften wie tiefen »Ich bin«. Von diesem zweiten Element her hat Israel in der voranschreitenden Zeit zusehends versucht, den Völkern das Besondere, das andere seines Glaubens zu dolmetschen. Es hat das »Ist« Gottes dem Werden und Vergehen der Welt und ihrer Götter – der Götter der Erde, der Fruchtbarkeit, der Nation – gegenübergestellt. Es hat den Gott des Himmels, der über allem steht, dem alles gehört und der niemandem gehört, den einzelnen Göttern entgegengesetzt. Es hat mit Nachdruck darauf bestanden, dass sein Gott nicht ein Nationalgott Israels sei in der Art, wie jedes Volk seine Gottheit besaß, sondern der Gott aller und des Ganzen. Das Volk Israel war überzeugt, dass es gerade so allein den wirklichen Gott anbete. **Gott hat man erst und nur dann, wenn man keinen Eigengott mehr hat, sondern allein dem Gott traut, der genauso der Gott des andern wie mein Gott ist, weil wir beide ihm gehören.**

Das Besondere des biblischen Gottesglaubens besteht in der Verbindung und Einheit der beiden damit bezeichneten Elemente, darin also, dass das Sein als Person und die Person als das Sein selbst geglaubt wird, dass nur *das* Verborgene als *der* ganz Nahe, dass nur *das* Unzugängliche als *der* Zugängliche, dass *das* Eine als *der* Eine, der für alles ist und für den alle sind, geglaubt wird.

3. GÖTTERDÄMMERUNG – DER GOTT DES GLAUBENS UND DER GOTT DER PHILOSOPHEN

> *M. L.: Ein Paukenschlag der Religionsgeschichte: Die epochale Grundentscheidung der Christen ...*

Die frühchristliche Verkündigung und der frühchristliche Glaube standen in einer göttergesättigten Umwelt und so noch einmal vor dem Problem, das Israel in seiner Ursprungssituation und in der Auseinandersetzung mit den Großmächten der exilischen und nachexilischen Zeit zugefallen war. Wieder galt es, auszusagen, welchen Gott der christliche Glaube eigentlich meinte. Die frühchristliche Entscheidung konnte sich freilich dabei an das ganze vorangegangene Ringen, an den Schritt, der in der griechischen Übersetzung des Alten Testaments geschehen war, und schließlich an die Schriften des Neuen Testamentes, besonders an das Johannesevangelium, anschließen.

a. Christlicher Atheismus – Die Entscheidung der frühen Kirche für die Philosophie

M. L.: Eine erstaunliche Erkenntnis: Das Christentum distanzierte sich tatsächlich von den traditionellen Religionen und entschied sich für die »atheistische« Position der damaligen Philosophie, für die Vernunft, gegen die Götterlegenden, für die ungeschminkte Wahrheit, gegen irrationale Frömmelei. Wegen dieses »Atheismus« mussten die christlichen Märtyrer vor die Löwen gehen.

Im Gefolge dieser ganzen Geschichte hat sich die frühe Christenheit entschlossen und kühn *für* den Gott der Philosophen und *gegen* die Götter der Religionen entschieden. Wenn die Frage aufstand, welchem Gott der christliche Gott entspreche – dem Zeus vielleicht oder dem Hermes oder dem Dionysos oder sonst einem –, so lautete die Antwort: Keinem von allen. Keinem von den Göttern, zu denen ihr betet, sondern einzig und allein dem, zu dem ihr nicht betet, jenem Höchsten, von dem eure Philosophen reden. Die frühe Kirche hat den ganzen Kosmos der antiken Religionen entschlossen beiseite geschoben, ihn insgesamt als Blendwerk betrachtet und bekannt: Nichts von alledem meinen wir, wenn wir Gott sagen, sondern allein das Sein selbst, das, was die Philosophen als den Grund alles Seins, als den Gott über allen Mächten herausgestellt haben – nur das ist unser Gott. In diesem Vorgang liegt eine Entscheidung vor, die nicht weniger schicksalhaft ist und prägend für das Kommende, als es seinerzeit die Wahl von El und »jah« gegen Moloch und Baal und die Entwicklung beider zu Elohim und auf Jahwe, auf den Seinsgedanken hin, gewesen war. Die Wahl, die so getroffen wurde, bedeutete die Entscheidung für die philosophische Vernunft, für den Logos gegen jede Art von Mythos, sie bedeutete die definitive Entmythologisierung der Welt und der Religion.

War diese Entscheidung für den Logos und gegen den Mythos der richtige Weg? Die antike Welt kannte das Dilemma zwischen Gott des Glaubens und Gott der Philosophen in sehr ausgeprägter Form. Zwischen den mythischen Göttern der Religionen und der philosophischen Gotteserkenntnis hatte sich im Lauf der Geschichte ein immer stärkeres Spannungsverhältnis entwickelt, das in der Mythenkritik der Philosophen von Xenophanes bis Platon in Erscheinung tritt. Letztgenannter dachte sogar daran, den klassischen homerischen Mythos abzuschaffen und ihn durch einen neuen, logosgemäßen Mythos zu ersetzen. Die heutige Forschung kommt immer mehr zu der Einsicht, dass es eine ganz erstaunliche Parallele zeitlicher und sachlicher Art zwischen der philosophischen Mythenkritik in Griechenland und der prophetischen Götterkritik in Israel gibt. Beide gehen zwar von völlig verschiedenen Voraussetzungen aus und haben völlig verschiedene Ziele. Aber die Bewegung des Logos gegen den Mythos – wie sie sich im griechischen Geist in der philosophischen Aufklärung zugetragen hat, sodass sie schließlich auf den Sturz der Götter zutreiben musste – steht in einer inneren Parallelität zu der Aufklärung, die Propheten- und Weisheitsliteratur betrieben in ihrer Entmythologisierung der göttlichen Mächte zugunsten des alleinigen Gottes. Beide Bewegungen stimmen bei all ihrer Gegensätzlichkeit in dem Hinstreben auf den Logos überein. Die philosophische Aufklärung und ihre Betrachtung des Seins hat den mythischen Schein immer mehr verdrängt, freilich ohne die religiöse Form der Verehrung der Götter zu beseitigen. Dass es nicht gelungen ist, beides in eins zu bringen, sondern **dass in zunehmendem Maße Vernunft und Frömmigkeit auseinandergetreten sind, Gott des Glaubens und Gott der Philosophen sich trennten, das bedeutete den inneren Zusammenbruch der antiken Religion. Die christliche hätte kein anderes Schicksal zu erwarten, wenn sie sich auf eine gleichartige Abschneidung von der Vernunft und auf einen entsprechenden Rückzug ins rein Religiöse einließe.**

Das gegensätzliche Schicksal von Mythos und Evangelium in der antiken Welt, das Ende des Mythos und der Sieg des Evangeliums sind, geistesgeschichtlich betrachtet, wesentlich zu erklären aus dem gegensätzlichen Verhältnis, das beide Male zwischen Religion und Philosophie, zwischen Glaube und Vernunft errichtet worden ist. Die antike Philosophie hat den Mythos denkerisch zerstört, aber gleichzeitig versucht, ihn religiös neu zu legitimieren, sie war religiös nicht revolutionär, sondern höchstens evolutionär, sie behandelte Religion als Sache der Lebensordnung und nicht als Sache der Wahrheit. Paulus hat diesen Vorgang im Römerbrief völlig exakt beschrieben. »Es ist ja, was an Gott erkennbar ist, unter ihnen offenbar; denn Gott hat es ihnen offenbar gemacht … Aber, obwohl sie Gott erkannten, haben sie ihm nicht als Gott Ehre und Dank erwiesen … Sie vertauschten die Herrlichkeit des unvergänglichen Gottes mit der Nachbildung eines vergänglichen Menschen, fliegender, vierfüßiger und kriechender Tiere …« (Röm 1,19–23). Die antike Religion geht nicht den Weg des Logos, sondern verharrt bei dem als wirklichkeitslos durchschauten Mythos. Damit war ihr Untergang unvermeidlich. Er folgte aus der Abtrennung von der Wahrheit, die dazu führte, dass Religion als bloße Lebenseinrichtung und Form der Lebensgestaltung angesehen wurde.

Dieser Situation gegenüber hat Tertullian schon um das Jahr 200 in einem großartig kühnen Wort mit Nachdruck die christliche Position beschrieben, wenn er sagt: »Christus hat sich die Wahrheit genannt, nicht die Gewohnheit«. Ich glaube, dass dies einer der wirklich großen Sätze der Väter-Theologie ist. Der Kampf der frühen Kirche und die bleibende Aufgabe, die dem christlichen Glauben gestellt ist, wenn er er selbst bleiben will, ist darin in einzigartiger Dichte zusammengefasst. Der Vergötzung des »Herkommens« der Stadt Rom, die ihre Gewohnheiten zum selbstgenügsamen Maßstab des Verhaltens machte, tritt der Alleinanspruch der Wahrheit entgegen. **Das Christentum hat sich damit entschlossen auf die**

Seite der Wahrheit gestellt und sich so von einer Vorstellung von Religion abgewandt, die sich damit begnügt, zeremonielle Gestalt zu sein, der man schließlich auf dem Weg der Interpretation auch irgendeinen Sinn beilegen kann.

Die Antike hatte das Auseinandertreten von Mythos und Logos gerechtfertigt mit der Rücksicht auf das Empfinden des Volkes und mit der Rücksicht auf den Nutzen des Staates, insofern mythische Theologie zugleich politische Theologie ermögliche. Anders ausgedrückt: Sie hatte in der Tat Wahrheit gegen Gewohnheit, Nützlichkeit gegen Wahrheit gestellt. Die Vertreter der neuplatonischen Philosophie gingen einen Schritt weiter, indem sie den Mythos als Symbol-Theologie auslegten und ihn damit auf dem Weg der Auslegung zur Wahrheit hin zu vermitteln versuchten. Aber was nur noch durch Interpretation bestehen kann, hat in Wirklichkeit aufgehört zu bestehen. Der menschliche Geist wendet sich mit Recht der Wahrheit selbst zu und nicht dem, was mit der Methode der Interpretation auf Umwegen als mit der Wahrheit noch vereinbar erklärt werden kann, selbst jedoch keine Wahrheit mehr hat.

Beide Vorgänge haben etwas bedrängend Gegenwärtiges an sich. In einer Situation, in der die Wahrheit des Christlichen zu entschwinden scheint, zeichnen sich im Kampf um das Christentum heute gerade die beiden Methoden wieder ab, mit denen einst der antike Polytheismus seinen Todeskampf bestritten und nicht bestanden hat. Auf der einen Seite steht der Rückzug aus der Wahrheit der Vernunft in einen Bereich bloßer Frömmigkeit, bloßen Glaubens, bloßer Offenbarung. Ein Rückzug, der in Wirklichkeit in fataler Weise dem Rückzug der antiken Religion vor dem Logos, der Flucht vor der Wahrheit in die schöne Gewohnheit und in die Politik gleicht. Auf der anderen Seite steht ein Verfahren, das ich als Interpretationschristentum bezeichnen möchte. Hier wird mit der Methode der Interpretation der Skandal des Christlichen aufgelöst und, indem es solchermaßen unanstößig gemacht wird, zugleich auch seine Sache selbst zur verzichtbaren Phrase gemacht, zu einem Umweg, der nicht nötig ist, um das Einfache zu sagen, das hier durch komplizierte Auslegungskünste zu seinem Sinn erklärt wird.

Der christliche Glaube hat sich demgegenüber gegen die Götter der Religionen für den Gott der Philosophen, das heißt gegen den Mythos der Gewohnheit allein für die Wahrheit des Seins selbst entschieden. Von diesem Vorgang her rührte der Vorwurf gegen die frühe Kirche, dass ihre Anhänger Atheisten seien, weil sie in der Tat die ganze Welt der antiken *religio* ablehnte. Nichts davon erklärte die Kirche als annehmbar, sondern sie schob dies Ganze als leere Gewohnheit, die gegen die Wahrheit steht, beiseite. Der Gott der Philosophen, den man übrigließ, galt aber der Antike nicht als religiös belangvoll, sondern als eine akademische, außerreligiöse Wirklichkeit. Nur ihn stehen zu lassen und einzig und allein zu ihm sich zu bekennen erschien als Religionslosigkeit, als Leugnung der *religio* und als Atheismus. In der Atheismus-Verdächtigung, mit der das frühe Christentum zu ringen hatte, wird seine geistige Orientierung einzig an der Wahrheit des Seins deutlich erkennbar.

b. Verwandlungen – Der Gott der Philosophen wird kreativ

> *M. L.: Hier kann man verstehen, wie man sich das vorstellen kann: dass der Schöpfer des Weltalls zugleich der persönlich liebende Gott ist. Und hier findet sich einer der großartigsten und klärendsten Sätze, die ich bei Ratzinger gelesen habe ...*

Freilich darf auch die andere Seite des Vorgangs nicht übersehen werden. Indem der christliche Glaube sich allein für den Gott der Philosophen entschied und diesen Gott folgerichtig als den Gott erklärte, zu dem man beten kann und der zum Menschen spricht, hat er diesem Gott der Philosophen eine völlig neue Bedeutung gegeben, ihn dem bloß Akademischen entrissen und ihn so von Grund auf verwandelt. Dieser Gott, der vorher als ein Neutrum dasteht, als der oberste, abschließende Begriff, als das reine Sein oder als das reine Denken, das ewig geschlossen in sich selber kreist und nicht zum Menschen und seiner kleinen Welt hinüberreicht, dieser Gott der Philosophen, dessen reine Ewigkeit und Unveränderlichkeit jede Beziehung zum Veränderlichen und Werdenden ausschließt, erscheint nun für den Glauben als Gott der Menschen, der nicht nur Denken des Denkens, ewige Mathematik des Weltalls, sondern die Macht schöpferischer Liebe ist. In diesem Sinn gibt es im christlichen Glauben dann doch das, was der große französische Mathematiker und Philosoph Blaise Pascal in jener Nacht erfahren hat, in der er auf einen Zettel, den er fortan eingenäht im Rockfutter seines Anzugs trug, die Worte schrieb: »Feuer. ›Gott Abrahams, Gott Isaaks, Gott Jakobs‹, nicht ›der Philosophen und Gelehrten‹«. Er hatte gegenüber einem wieder ganz ins Mathematische zurücksinkenden Gott die Dornbusch-Erfahrung erlebt und begriffen, dass der Gott, der die ewige Geometrie des Weltalls ist, es nur sein kann, weil er schöpferische Liebe, weil er brennender Dornbusch ist, aus dem ein Name ergeht, durch den er in die Welt des Menschen eintritt. In diesem Sinne also gibt es die Erfahrung davon, dass der Gott der Philosophen ganz anders ist, als die Philosophen ihn gedacht hatten, ohne aufzuhören, das zu sein, was sie gefunden hatten. Es gibt die Erfahrung, dass man ihn erst wirklich erkennt, wenn man begreift, dass der Grund allen Seins zugleich der Gott des Glaubens, der Gott der Menschen ist.

Um die Verwandlung zu sehen, die der philosophische Gottesbegriff durch seine Gleichsetzung mit dem Gott des Glaubens erfährt, braucht man nur irgendeinen biblischen Text heranzuziehen, der von Gott spricht. Wählen wir ganz beiläufig Lukas 15,1–10, das Gleichnis vom verlorenen Schaf und der verlorenen Drachme. Den Ausgangspunkt bildet das Ärgernis, das Schriftgelehrte und Pharisäer an der Tatsache nahmen, dass Jesus mit den Sündern zu Tische saß. Als Antwort darauf erfolgt der Hinweis auf den Menschen, der 100 Schafe besitzt, eins davon verliert und diesem nachgeht, es sucht und findet und sich mehr freut als über die 99, denen er nie nachzugehen brauchte. Die Geschichte von der verlorenen Drachme, die, wieder gefunden, mehr Freude auslöst als das nie Verlorene, tendiert in dieselbe Richtung: »Ebenso wird im Himmel mehr Freude sein über einen einzigen Sünder, der sich bekehrt, als über neunundneunzig Gerechte, die der Umkehr nicht bedürfen« (15,7). Der Gott, der uns hier begegnet, erscheint uns, ähnlich wie in so vielen Texten des Alten Testaments, höchst unphilosophisch. Er hat Leidenschaften wie ein Mensch, er freut sich, er sucht, er wartet, er geht entgegen. Er ist nicht die fühllose Geometrie des Weltalls, nicht die neutrale Gerechtigkeit, die ungetrübt von einem Herzen und seinen Affekten über den Dingen stünde. Im Gegenteil: Er *hat* ein Herz, er steht da als ein Liebender, mit der ganzen Wunderlichkeit des Liebenden. So wird in diesem Text die Verwandlung des bloß philosophischen Denkens deutlich, und es wird sichtbar, wie weit wir im Grunde dann doch immer wieder *vor* dieser Identifikation von Gott des Glaubens und Gott der Philosophen bleiben und sie nicht einzuholen vermögen.

Der Großteil der Menschen von heute gesteht ja noch immer in irgendeiner Form zu, dass es so etwas wie »ein höchstes Wesen« wohl gebe. Aber man findet es absurd, dass dieses Wesen sich mit dem Menschen befassen solle. Wir haben die Empfindung – auch dem, der zu glauben versucht, ergeht es immer wieder so –, dass so etwas Ausdruck einer naiven frühen Weise des menschlichen Denkens sei, verständlich aus einer Situation, in der der Mensch noch in einer kleinen Welt lebte, in der die Erdscheibe der Mittelpunkt aller Dinge war und Gott nichts anderes zu tun hatte, als auf sie herunterzublicken. Aber, so denken wir, in einer Zeit, in der wir wissen, wie unendlich anders sich das verhält, wie bedeutungslos die

Erde im riesigen Weltall ist und wie bedeutungslos folglich auch das Staubkorn Mensch gegenüber den kosmischen Dimensionen dasteht, in einer solchen Zeit erscheint uns der Gedanke absurd, dass dies höchste Wesen sich mit dem Menschen, seiner kleinen, erbärmlichen Welt, seinen Sorgen, seinen Sünden und Nichtsünden befassen sollte. Indem wir aber so meinen, auf diese Weise recht göttlich von Gott zu reden, denken wir in Wirklichkeit gerade sehr klein und allzu menschlich von ihm, als müsste er, um nicht den Überblick zu verlieren, auswählen. Wir stellen ihn uns damit vor als ein Bewusstsein wie das unsere, das Grenzen hat, das irgendwo einen Halt setzen muss und nie das Ganze umfassen kann.

Solchen Verengungen gegenüber mag jener Sinnspruch, den Friedrich Hölderlin seinem Hyperion vorangestellt hat, wieder an das christliche Bild der wahren Größe Gottes erinnern: »Nicht umschlossen werden vom Größten, sich umschließen lassen vom Kleinsten – das ist göttlich«. Jener unbegrenzte Geist, der die Totalität des Seins in sich trägt, reicht über das »Größte« hinaus, sodass es gering ist für ihn, und er reicht in das Geringste hinein, weil nichts zu gering ist für ihn. Gerade diese Überschreitung des Größten und das Hineinreichen ins Kleinste ist das wahre Wesen des absoluten Geistes. Zugleich aber zeigt sich hier eine Umwertung von Maximum und Minimum, von Größtem und Kleinstem, die für das christliche Verständnis des Wirklichen kennzeichnend ist. **Für den, der als Geist das Weltall trägt und umspannt, ist ein Geist, ist das Herz eines Menschen, das zu lieben vermag, größer als alle Milchstraßensysteme.** Die quantitativen Maßstäbe werden überholt, es zeigen sich andere Größenordnungen an, von denen her das unendlich Kleine das wahrhaft Umgreifende und wahrhaft Große ist.

Noch ein weiteres Vorurteil wird von hier aus entlarvt. Uns scheint es immer wieder selbstverständlich, dass das unendlich Große, der absolute Geist, nicht Fühlen und Leidenschaft, sondern nur reine Mathematik des Alls sein könne. Wir unterstellen damit, dass bloßes Denken größer sei als Lieben. Doch die Botschaft des Evangeliums und das christliche Gottesbild korrigiert darin die Philosophie und lässt uns wissen, dass höher als das bloße Denken die Liebe steht. Das absolute Denken ist ein Lieben, ist nicht fühlloser Gedanke, sondern schöpferisch, weil es Liebe ist.

Der philosophische Gott ist also nur selbstbezogen, rein sich selbst beschauendes Denken. Der Gott des Glaubens ist dagegen fundamental durch die Beziehung bestimmt. Er ist schöpferische Weite, die das Ganze umspannt. Damit ist ein völlig neues Weltbild und eine neue Weltordnung gesetzt: Als die höchste Möglichkeit des Seins erscheint nicht mehr die Losgelöstheit dessen, der nur sich selber braucht und in sich steht. Die höchste Weise des Seins schließt vielmehr das Element der Beziehung ein. Man braucht wohl nicht eigens zu sagen, welche Revolution es für die Existenzrichtung des Menschen bedeuten muss, wenn als das Höchste nicht mehr die absolute, in sich geschlossene Selbstzufriedenheit erscheint, sondern wenn das Höchste zugleich Bezogenheit ist, schöpferische Macht, die anderes schafft und trägt und liebt …

Der philosophische Gott ist reines Denken, ihm liegt die Vorstellung zugrunde: Denken und nur Denken ist göttlich. Der Gott des Glaubens ist dagegen als Denken zugleich Lieben. Der Vorstellung von ihm liegt die Überzeugung zugrunde: Lieben ist göttlich.

Der Sinn der Welt, der schöpferische Urgedanke, ist zugleich Liebe und dieser Gedanke ist schöpferisch, weil er als Gedanke Liebe und als Liebe Gedanke ist. Es zeigt sich eine Uridentität von Wahrheit und Liebe, die da, wo sie voll verwirklicht sind, nicht zwei nebeneinander oder gar gegeneinander stehende Wirklichkeiten, sondern eins sind, das einzig Absolute. An dieser Stelle wird bereits der Ansatzpunkt des Bekenntnisses zum drei-einigen Gott sichtbar.

c. Spannungen – Macht und Ohnmacht des Allmächtigen

> *M. L.: Warum göttliche Allmächtigkeit etwas anderes ist als menschliche Allmächtigkeit …*

Im apostolischen Glaubensbekenntnis wird die Einheit von Gott des Glaubens und Gott der Philosophen, auf der das christliche Gottesbild beruht, zum Ausdruck gebracht in dem Nebeneinander der zwei Attribute »Vater« und »Allmächtiger«. Der zweite Titel, den man vielleicht genauer mit »Allherrscher« übersetzen könnte, will Gott als den Herrn des Himmels und der Erde bezeichnen. Vor allen Dingen wollte er Gott wohl in polemischer Wendung gegen die babylonische Gestirnreligion als den Herrn hinstellen, dem auch die Gestirne gehören, neben dem also die Gestirne nicht als selbstständige göttliche Mächte bestehen können. Die Gestirne sind keine Götter, sondern *seine* Werkzeuge, ihm zu Händen wie einem Kriegsherrn seine Heerscharen. Allherrscher hat von da aus zunächst einen kosmischen und später auch einen politischen Sinn, es bezeichnet Gott als den Herrn über allen Herren. Indem das Credo Gott gleichzeitig Vater und Allmächtiger, Allherrscher, nennt, hat es einen Familienbegriff und einen Begriff kosmischer Macht zusammengefügt als die Beschreibung des einen Gottes. Es bringt damit genau das zum Ausdruck, worum es im christlichen Gottesbild geht: die Spannung von absoluter Macht und absoluter Liebe, absoluter Ferne und absoluter Nähe, von Sein schlechthin und von unmittelbarer Zugewandtheit zum Menschlichsten des Menschen, das Ineinander von Maximum und Minimum, von dem vorhin die Rede war.

Das Wort Vater verknüpft zugleich den ersten Glaubensartikel mit dem zweiten, denn es verweist bereits auf Christus, den Sohn Gottes, zumal das, was von Gott zu sagen ist, vollends erst deutlich wird, wenn man zugleich zum Sohn hinüberblickt. Was zum Beispiel »Allmacht«, »Allherrschertum« heißt, wird christlich erst an der Krippe und am Kreuz deutlich. Hier, wo Gott in die letzte Ohnmacht der Ausgeliefertheit an sein geringstes Geschöpf eingetreten ist, kann in Wahrheit erst der christliche Begriff des Allherrentums Gottes formuliert werden. An dieser Stelle wird zugleich ein neuer Begriff von Macht geboren und ein neuer Begriff von Herrschaft und Herrentum. Die höchste Macht erweist sich darin, dass sie gelassen genug sein kann, gänzlich auf alles Machtgehabe zu verzichten, dass sie mächtig ist nicht durch Gewalt, sondern allein durch die Freiheit der Liebe, die noch im Zurückgewiesenwerden stärker ist als die auftrumpfenden Mächte der irdischen Gewalten. Hier erst kommt endgültig jene Korrektur der Maßstäbe zu ihrem Ziel, die vorhin im Gegeneinander von Maximum und Minimum angeklungen ist.

4. VOM SINN DER WELT – DIE CHRISTLICHE ANTWORT

M. L.: Warum Christentum keine Theorie ist …

Was Israel in der Frühe seiner Geschichte und die Kirche wiederum am Anfang ihres Weges zu vollbringen hatten, das muss in jedem Menschenleben neu getan werden. Wie damals die Entscheidung gegen die Möglichkeiten Moloch und Baal gefällt werden musste, gegen die Gewohnheit für die Wahrheit, so ist christliches Sagen »Ich glaube an Gott« immer ein Prozess der Scheidung, der Aufnahme, der Reinigung und der Verwandlung: Nur so kann das christliche Bekenntnis zu dem einen Gott in den vorübergehenden Zeiten durchgehalten werden.

a. Glaube und Naturwissenschaft – Albert Einstein und die Schönheit

> *M. L.: In einem Gespräch, das ich mit Otto Kernberg, dem vielleicht berühmtesten Psychotherapeuten der Welt, führte, kam der überraschend darauf zu sprechen, die Entwicklung der Natur sei »so tief rational, dass es fantastischer klingt, dass solche perfekten Lösungen sozusagen zufällig gefunden wurden, als anzunehmen, dass es da einen Grundplan gibt«.*

Christlicher Glaube an Gott bedeutet zunächst die Entscheidung für den Vorrang des Logos, das heißt des geistigen Sinns, gegenüber der bloßen Materie. Zu sagen: »Ich glaube daran, dass Gott ist« bedeutet eine Entscheidung dafür, dass Gedanke und Sinn nicht nur ein zufälliges Nebenprodukt des Seins bilden, sondern dass alles Sein Produkt des Gedankens, ja selbst in seiner innersten Struktur Gedanke ist. Insofern bedeutet der Glaube Entscheidung zur Wahrheit, da für ihn das Sein selbst Wahrheit, Verstehbarkeit, Sinn ist und dies alles nicht bloß ein nebensächliches Produkt des Seins darstellt, das irgendwo aufstand, aber dann keine strukturierende, maßgebende Bedeutung für das Ganze des Wirklichen haben könnte.

In dieser Entscheidung zur gedanklichen Struktur des Seins, das aus Sinn und aus Verstehen kommt, ist zugleich der Schöpfungsglaube mit gesetzt. Dieser bedeutet ja nichts anderes als die Überzeugung, dass der objektive Geist, der Sinn, den wir in allen Dingen vorfinden und als den wir die Dinge in zunehmendem Maß verstehen lernen, Abdruck und Ausdruck ist von subjektivem Geist. Die gedankliche Struktur, die das Sein hat und die wir *nach*denken können, ist also Ausdruck eines schöpferischen *Vor*denkens, durch das alle Dinge sind.

In dem alten pythagoreischen Wort von dem Gott, der Geometrie treibt, drückt sich die Einsicht in die mathematische Struktur des Seins aus, die das Sein als Gedachtsein, als gedanklich strukturiert begreifen lernt. Es drückt sich die Erkenntnis aus, dass auch die Materie nicht einfach Un-sinn ist, der sich dem Verstehen entzieht, sondern dass auch sie Wahrheit und Verstehbarkeit in sich trägt, die gedankliches Erfassen möglich macht. Diese Einsicht hat in unserer Zeit durch die Erforschung des mathematischen Aufbaus der Materie, ihrer mathematischen Denkbarkeit und Verwertbarkeit, eine unerhörte Dichte gewonnen. Einstein sagt darüber einmal, dass in der Naturgesetzlichkeit »sich eine so überlegene Vernunft offenbart, dass alles Sinnvolle menschlichen Denkens und Anordnens dagegen ein gänzlich nichtiger Abglanz ist«. Das will doch wohl sagen: **All unser Denken ist in der Tat nur ein Nachdenken des in der Wirklichkeit schon Vorgedachten.** Unser Denken kann nur auf eine armselige Art versuchen, jenes Gedachtsein, das die Dinge sind, nachzuvollziehen und darin Wahrheit zu finden. Das mathematische Weltverständnis hat hier durch die Mathematik des Weltalls hindurch den »Gott der Philosophen« gefunden. Aber eben auch nur den Gott der Philosophen, wie sich zeigt, wenn Einstein den persönlichen Gottesbegriff immer wieder zurückweist, ihn der »Furchtreligion« und der »moralischen Religion« zuordnet. Dem stellt er als das allein Angemessene die »kosmische Religiosität« gegenüber, die für ihn »im verzückten Staunen über die Harmonie der Naturgesetzlichkeit«, in einem »tiefen Glauben an die Vernunft des Weltenbaues« sich auswirkt und in der »Sehnsucht nach dem Begreifen, wenn auch nur eines geringen Abglanzes der in dieser Welt geoffenbarten Vernunft«.

Hier steht das ganze Problem des Gottesglaubens vor uns: Einerseits wird zwar die Durchsichtigkeit des Seins, das als Gedachtsein auf ein Denken verweist, gesehen. Zugleich aber finden wir die Unmöglichkeit, das mit dem Menschen in Beziehung zu bringen. Die Sperre wird sichtbar, die ein verengter naiver Personbegriff für die Gleichsetzung von »Gott des Glaubens« und »Gott der Philosophen« bietet.

Der bekannte Naturwissenschaftler James Jeans sagt einmal: »Wir entdecken, dass das Weltall Spuren einer planenden und kontrollierenden Macht zeigt, die etwas Gemeinsames mit unserem eigenen, individuellen Geist hat, nicht, soweit wir bis jetzt entdeckt haben, Gefühl, Moral oder ästhetisches Vermögen, sondern die Tendenz, auf eine Art zu denken, die wir in Ermangelung eines besseren Wortes Geometrie genannt haben.« Der Mathematiker entdeckt also zwar die Mathematik des Kosmos, das Gedachtsein der Dinge. Aber nicht mehr. Er entdeckt nur den Gott der Philosophen.

Aber ist das eigentlich verwunderlich? Kann denn der Mathematiker, der die Welt mathematisch betrachtet, etwas anderes als Mathematik im Weltall finden? Müsste man ihn nicht viel eher fragen, ob er nicht selbst auch schon einmal auf andere als auf mathematische Weise die Welt angesehen hat? Ob er zum Beispiel nie einen blühenden Apfelbaum gesehen und sich nie gewundert hat, dass der Vorgang der Befruchtung im Zusammenspiel von Biene und Baum nicht anders als über den Umweg der Blüte geht und so das höchst überflüssige Wunder des Schönen einschließt, was schon ohne uns schön ist? Wenn Jeans meint, derlei sei bis jetzt nicht entdeckt worden an jenem Geist, so kann man ihm getrost sagen: Es kann auch von der Physik niemals entdeckt werden, weil sie bei ihrer Fragestellung vom ästhetischen Gefühl und von der moralischen Attitüde absieht. Sie befragt die Natur in rein mathematischer Gesinnung und kann folglich auch nur die mathematische Seite der Natur zu Gesicht bekommen. Die Antwort hängt nun einmal von der Frage ab. **Der Mensch aber, der eine Anschauung des Ganzen sucht, wird viel eher sagen müssen: In der Welt finden wir objektivierte Mathematik vor, ohne Zweifel, in der Welt finden wir aber auch das unerhörte und unerklärte Wunder des Schönen vor**. In ihr gibt es Vorgänge, die dem vernehmenden Geist des Menschen in der Gestalt des Schönen erscheinen, sodass er sagen muss, der Mathematiker, der diese Vorgänge konstruiert hat, habe ein unerhörtes Maß an schöpferischer Fantasie entfaltet.

b. Schöpferisches Bewusstsein – Christlicher Glaube als Philosophie der Freiheit

M. L.: Mit Blick auf die Sklavenbefreiung erklärte der Harvard-Soziologe Orlando Patterson: »So wurde das Christentum die erste und einzige Weltreligion, die zum höchsten religiösen Ziel die Freiheit erklärte«. Warum das so war, liest man hier.

Die Welt ist also objektiver Geist und begegnet uns in einer geistigen Struktur, das heißt, sie bietet sich unserm Geist als nachdenkbar und verstehbar an. Von da aus ergibt sich der nächste Schritt. Zu sagen »Credo in Deum – Ich glaube an Gott« drückt die Überzeugung aus, dass objektiver Geist das Ergebnis subjektiven Geistes ist, weil Gedachtsein, wie wir es als Struktur der Welt vorfinden, nicht ohne Denken möglich ist.

Was aber ist in der Vielheit der Einzeldinge sozusagen der gemeinsame Stoff des Seins – was ist das eine Sein, das hinter den vielen seienden Dingen steht, die doch alle »sind«? Grundsätzlich gibt es auf diese Frage zwei mögliche Antworten. Zum einen: Alles, was wir antreffen, ist im Letzten Stoff, Materie, sie stellt folglich das eigentliche Sein des Seienden dar – der materialistische Weg. Die andere Möglichkeit weist in die entgegengesetzte Richtung. Sie sagt: Wer die Materie zu Ende betrachtet, wird entdecken, dass sie Gedachtsein, also objektivierter Gedanke ist. So kann sie nicht das Letzte sein. Vor ihr steht vielmehr das Denken, die Idee. Alles Sein ist letzten Endes Gedachtsein und auf Geist als Urwirklichkeit zurückzuführen – wir stehen vor dem »idealistischen« Weg.

Aber was ist das eigentlich: Materie? Und was ist das: der Geist? Materie nennen wir ein Sein, das zwar »ist«, aber nicht sich selbst versteht. Die Reduktion allen Seins auf Materie als die primäre Form von Wirklichkeit behauptet folglich, dass das Verstehen von Sein nur als ein sekundäres Zufallsprodukt im Lauf der Entwicklung sich einstellt. Damit ist zugleich auch die Definition von »Geist« gewonnen – er ist als das sich selbst verstehende Sein zu beschreiben gemäß der Vorstellung, dass alles Sein Gedachtsein eines einzigen Bewusstseins ist.

Christlicher Gottesglaube fällt weder mit der einen noch mit der anderen Lösung einfach zusammen. Gewiss, auch er wird sagen: Sein ist Gedachtsein. Die Materie verweist selbst über sich hinaus auf das Denken als das Ursprünglichere. Aber entgegen dem Idealismus, der alles Sein zu Momenten eines einzigen umfassenden Bewusstseins werden lässt, wird der christliche Gottesglaube sagen: Das Sein ist Gedachtsein – aber doch nicht so, dass es nur ein einziger allumfassender Gedanke bliebe und alles Selbstständige sich demgegenüber dem näher Zusehenden als bloßer Schein erwiese. Christlicher Glaube an Gott bedeutet vielmehr, dass die Dinge von einem schöpferischen Bewusstsein, von einer schöpferischen Freiheit her sind und dass jenes schöpferische Bewusstsein, das alle Dinge trägt, das Gedachte in die Freiheit eigenen, selbstständigen Seins entlassen hat, sodass es einerseits Gedachtsein eines Bewusstseins und andererseits doch wahres Selbersein ist.

Damit klärt sich zugleich der Kern des Schöpfungsbegriffs: Das Modell, von dem aus Schöpfung verstanden werden muss, ist nicht der Handwerker, sondern der schöpferische Geist, das schöpferische Denken. **Zugleich wird sichtbar, dass die Freiheitsidee das Kennzeichen des christlichen Gottesglaubens ist. An den Anfang allen Seins stellt er nicht irgendein Bewusstsein, sondern eine schöpferische Freiheit, die wiederum Freiheiten schafft. Insofern könnte man christlichen Glauben als eine Philosophie der Freiheit bezeichnen.** Für ihn bedeutet nicht ein allumfassendes Bewusstsein oder eine einzige Materialität die Erklärung des Wirklichen insgesamt, an der Spitze steht vielmehr eine Freiheit, die denkt und denkend Freiheiten schafft und so die Freiheit zur Strukturform allen Seins werden lässt.

c. Der Preis von Freiheit und Liebe – Das Dämonische

M. L.: Wie aus dem Individuum der Antike durch das Christentum die moderne Person wurde …

Der christliche Glaube ist der Glaube daran, dass der Urgedanke nicht ein anonymes, neutrales Bewusstsein, sondern Freiheit, schöpferische Liebe, Person ist. Jenes schöpferische Denken, das wir als Voraussetzung und Grund allen Seins fanden, ist insofern wahrhaft seiner selbst bewusstes Denken und schöpferisch, weil es Liebe ist und deswegen seinen Gedanken ins Selbersein entlassen hat und liebend trägt, den Menschen nämlich als das auf Unendlichkeit bezogene Wesen. Noch einmal Hölderlin: Nicht umschlossen werden vom Größten, sich umschließen lassen vom Kleinsten, das ist göttlich.

Wenn das Oberste der Welt nicht die kosmisch-naturgesetzliche Notwendigkeit, sondern die Freiheit ist, sind die Folgen sehr weit tragend. Denn das führt ja dazu, dass die Freiheit als die notwendige Struktur der Welt erscheint. Das aber heißt, dass mit der Freiheit die Unberechenbarkeit, die ihr innewohnt, wesentlich zur Welt gehört. Deswegen kann die Welt nie vollends auf mathematische Logik zurückgeführt werden. Mit dem Kühnen und Großen einer Welt, die von der Struktur der Freiheit gezeichnet ist, ist so aber auch das dunkle Geheimnis des Dämonischen gegeben, das uns aus ihr entgegentritt. Eine Welt, die unter dem Risiko der Freiheit und der Liebe geschaffen ist, ist nun einmal nicht bloß Mathematik. Sie ist als Raum der Liebe Spielraum der Freiheiten und geht das Risiko des Bösen ein. Sie wagt das Geheimnis des Dunkels um des größeren Lichtes willen, das Freiheit und Liebe sind.

In einer Welt, die letztlich nicht Mathematik, sondern Liebe ist, ist gerade das Minimum ein Maximum, ist jenes Geringste, das lieben kann, ein Größtes, ist das Besondere mehr als das Allgemeine, ist die Person, das Einmalige, Unwiederholbare, zugleich das Endgültige und

Höchste. Die Person ist in einer solchen Weitsicht nicht bloß Individuum, ein durch Zerteilung entstandenes Vervielfältigungsexemplar, sondern eben »Person«. Das griechische Denken hat die vielen Einzelwesen, auch die vielen Einzelmenschen, stets nur als Individuen gedeutet. Sie entstehen infolge der Brechung der Idee durch die Materie. Das Vervielfältigte ist so immer das Sekundäre, das Eigentliche wäre das Eine und das Allgemeine. **Der Christ sieht im Menschen dagegen nicht ein Individuum, sondern eine Person – mir scheint, dass in diesem Überschritt von Individuum zu Person der entscheidende Übergang von Antike zu Christentum, von Platonismus zu Glaube liegt. Dieses bestimmte Wesen als das Einmalige und Unwiederholbare ist ein Höchstes und Eigentliches.**

5. DER DREIEINIGE GOTT – WAS BEDEUTET DIE DREIFALTIGKEIT DES EINEN GOTTES?

> *M. L.: Mit äußerster Behutsamkeit nähert sich Ratzinger der merkwürdigen Vorstellung von einem dreifaltigen Gott. Vielen Menschen erscheint diese Vorstellung kompliziert und nicht nachvollziehbar. Da erscheint der Islam einfacher und klarer, der ausdrücklich vor jeder Dreiheit in dem einen Gott warnt. Sogar viele Prediger meiden das Thema der Dreifaltigkeit Gottes. Dagegen hat der Theologe Karl Rahner betont, dass man eigentlich jedem christlichen Denken und Handeln die Dreifaltigkeit anmerken müsste. Wie es Ratzinger hier gelingt, den Glauben an den einen Gott in drei Personen wirklich verständlich zu machen, das ist zweifellos eine theologische und geistliche Meisterleistung ...*

Wenn nun aber die Person mehr ist als das Individuum, das Viele ein Eigentliches und nicht nur ein Sekundäres, dann ist die Einheit nicht das einzige und letzte, sondern dann hat auch die Vielheit ihr eigenes und definitives Recht. Diese Aussage führt von selbst auch zur Überschreitung der Vorstellung von einem Gott, der bloß Einheit ist. Die innere Logik des christlichen Gottesglaubens zwingt zur Überschreitung eines bloßen Monotheismus und führt zum Glauben an den dreieinigen Gott.

Damit berühren wir einen Bereich, wo christliche Theologie sich ihrer Grenzen mehr bewusst sein muss, als sie es bisher oft gewesen ist, einen Bereich, in dem jede falsche Direktheit allzu genauen Bescheidwissenwollens zur verhängnisvollen Torheit werden muss, einen Bereich, in dem nur das demütige Geständnis des Nichtwissens wahres Wissen und nur das staunende Verbleiben vor dem unfassbaren Geheimnis rechtes Bekenntnis zu Gott sein kann. Liebe ist immer »Mysterium«: mehr als man berechnen und nachrechnend begreifen kann. Die Liebe selbst – der ungeschaffene, ewige Gott – *muss* daher im höchsten Maß Geheimnis: *das* Mysterium selber sein.

Dennoch – trotz der notwendigen Bescheidung der Vernunft, die hier die einzige Weise ist, wie das Denken sich selber treu bleiben kann, muss die Frage gestellt werden, was eigentlich mit dem Bekenntnis zum dreieinigen Gott gemeint sei.

a. Verstehen, was man erfahren hat – Der Kampf um die Gottheit Jesu

M. L.: Warum die wahre Gottheit Jesu für uns Menschen so wichtig ist …

Die Lehre vom dreifaltigen Gott ist nicht aus einem Versuch des philosophischen Denkens entstanden, sich zurechtzulegen, wie der Ursprung allen Seins beschaffen sei, sondern sie hat sich aus dem Mühen um eine Verarbeitung geschichtlicher Erfahrungen ergeben. Der biblische Glaube hatte es zunächst – im Alten Bund – mit Gott zu tun, der ihm als der Vater Israels, als der Vater der Völker, als der Schöpfer der Welt und ihr Herr begegnete. In der Grundlegungszeit des Neuen Testaments kommt ein völlig unerwarteter Vorgang hinzu, durch den sich Gott von einer bislang unbekannten Seite zeigt: In Jesus Christus trifft man auf einen Menschen, der sich zugleich als Sohn Gottes bekennt. Man findet Gott in der Gestalt des Gesandten, der ganz Gott und nicht irgendein Mittelwesen ist und der dennoch mit uns zu Gott »Vater« sagt. Einerseits nennt also dieser Mensch Gott seinen Vater, spricht zu ihm als einem Du, das ihm gegenübersteht. Wenn das nicht leeres Theater sein soll, sondern Wahrheit, wie sie allein Gottes würdig ist, muss er also ein anderer sein als dieser Vater, zu dem *er* spricht. Andererseits aber ist er selbst die wirkliche, uns begegnende Nähe Gottes, die Vermittlung Gottes an uns gerade dadurch, dass er selbst Gott als Mensch, in Menschengestalt der Gott-mit-uns, »Emmanuel«, ist. Seine Vermittlung würde ja im Grunde sich selbst aufheben, wenn er ein anderer als Gott wäre. Dann würde er uns nicht zu Gott hin, sondern von ihm weg vermitteln. So ergibt sich, dass er als der Vermittelnde Gott selber und »Mensch selber« – beides gleich wirklich und total – ist. Das aber bedeutet, dass Gott mir hier nicht als Vater, sondern als Sohn und als mein Bruder begegnet, womit – unbegreiflich und höchst begreiflich in einem – eine Zweiheit in Gott, Gott als Ich und Du in einem, in Erscheinung tritt. Dieser neuen Erfahrung Gottes folgt schließlich als Drittes die Erfahrung des Geistes, der Anwesenheit Gottes in uns, in unserer Innerlichkeit. Und wiederum ergibt sich, dass dieser »Geist« weder mit dem Vater noch mit dem Sohn einfach identisch ist und doch auch nicht ein Drittes zwischen Gott und uns aufrichtet, sondern die Weise ist, wie Gott selbst sich uns gibt, wie er in uns eintritt, sodass er *im* Menschen und mitten im »Insein« doch unendlich *über* ihm ist.

Wir stellen also fest, dass der christliche Glaube im Hergang seiner geschichtlichen Entfaltung es zunächst rein tatsächlich mit Gott in dieser Dreigestalt zu tun bekommt. Es ist klar, dass er alsbald beginnen musste, sich zu überlegen, wie diese verschiedenen Gegebenheiten miteinander zu verbinden seien. Er musste sich fragen, wie sich diese drei Formen geschichtlicher Begegnung mit Gott zur inneren Wirklichkeit Gottes selbst verhalten. Ist die Dreiheit der Erfahrungsformen Gottes vielleicht nur seine geschichtliche Maske, in der er in verschiedenen Rollen dennoch immer nur als der Eine auf den Menschen zugeht? Sagt diese Dreiheit uns nur etwas über den Menschen und seine verschiedenen Weisen der Gottesbeziehung aus, oder bringt sie etwas darüber zum Vorschein, wie Gott in sich selber ist? Wenn wir heute schnell geneigt sein möchten, allein das Erste für denkbar und damit alle Probleme für gelöst zu halten, so sollten wir vor der Zuflucht in einen solchen Ausweg uns die Reichweite der Frage bewusst machen. Hier geht es doch darum, ob der Mensch in seiner Gottesbeziehung nur mit den Spiegelungen seines eigenen Bewusstseins zu tun hat oder ob ihm gegeben ist, wirklich über sich hinauszugreifen und mit Gott selbst zusammenzutreffen. Die Folgen sind in beiden Fällen weitreichend: Wenn das Erstere zutrifft, ist auch das Gebet nur eine Beschäftigung des Menschen mit sich selbst, die Wurzel für eigentliche Anbetung ist ebenso abgeschnitten wie für das Bittgebet. Wenn aber die andere Antwort die richtige ist, sind Anbetung und Bitte nicht nur möglich, sondern geboten, das heißt eine Forderung an das auf Gott hin offene Wesen Mensch.

Wer diesen Tiefgang der Frage einsieht, wird zugleich die Leidenschaft des Ringens verstehen, das in der alten Kirche um sie ausgetragen worden ist. Er wird begreifen, dass alles andere als Begriffsklauberei dabei am Werke war, wie es dem oberflächlichen Betrachter leicht erscheinen kann. Ja, er wird bemerken, dass der Streit von damals heute neu entbrannt und ganz der gleiche ist – das allzeit gleiche Ringen des Menschen um Gott und um sich selber – und dass wir christlich nicht bestehen können, wenn wir meinen, es uns heute leichter machen zu dürfen, als es damals geschah. Nehmen wir die

Antwort vorweg, in der damals die Scheidung zwischen dem Weg des Glaubens und einem Weg, der zum bloßen Glaubensschein führen müsste, gefunden wurde: **Gott *ist* so, wie er sich *zeigt*. Gott zeigt sich nicht auf eine Weise, wie er nicht ist. Auf dieser Aussage gründet die christliche Gottesbeziehung. In ihr ist die Dreifaltigkeitslehre gesetzt, ja, sie *ist* diese Lehre.**

Wie kam es zu dieser Entscheidung? Auf dem Weg zu ihr waren drei Grundeinstellungen maßgebend.

Die erste ließe sich Glaube an die Gottunmittelbarkeit des Menschen nennen. Es geht darum, dass der Mensch, der mit Christus zu tun bekommt, in seinem Mitmenschen Jesus, der ihm als Mitmensch erreichbar und zugänglich ist, auf Gott selbst trifft, nicht auf ein Mischwesen, das sich dazwischenschöbe. Die Sorge um das wahre Gottsein Jesu hat in der frühen Kirche die gleiche Wurzel wie die Sorge um sein wahres Menschsein. Nur wenn er wirklich Mensch war wie wir, kann er *unser* Mittler sein, und nur wenn er wirklich Gott ist wie Gott, erreicht die Vermittlung ihr Ziel. Es ist wohl nicht schwer zu sehen, dass hier einfach die Grundentscheidung des Monotheismus, die vorhin beschriebene Gleichsetzung von Gott des Glaubens und Gott der Philosophen, zur Frage steht und ihre äußerste Schärfe erhält: Nur der Gott, der einerseits der wirkliche Grund der Welt und andererseits ganz der uns Nahe ist, kann Ziel einer der Wahrheit verpflichteten Frömmigkeit sein.

So ist aber auch die zweite Grundeinstellung schon genannt: das unabweichliche Stehen zu einer streng monotheistischen Entscheidung, zu dem Bekenntnis: Es gibt nur *einen* Gott. Es musste auf jeden Fall verhütet werden, auf dem Umweg über den Mittler schließlich wieder eine ganze Region von Mittelwesen und damit eine Region von wahrheitslosen Göttern zu errichten, in der der Mensch anbetet, was nicht Gott ist.

Die dritte Grundeinstellung ließe sich bezeichnen als das Bemühen, der Geschichte Gottes mit dem Menschen ihren Ernst zu lassen. Das bedeutet: Wenn Gott als Sohn auftritt, der zum Vater Du sagt, ist es kein für den Menschen aufgeführtes Theater, kein Maskenball auf der Bühne der menschlichen Geschichte, sondern Ausdruck von Wirklichkeit.

Theater oder Wahrheit – Die Ausweglosigkeit der Auswege

> *M. L.: Was die Fischer vom See Genezareth ganz einfach erfahren haben, nämlich im auferstandenen Jesus dem einen Gott selber wirklich zu begegnen, das war völlig neu, dafür gab es weder Worte noch Begriffe. Daher musste die Bedeutung von bestimmten Worten und Begriffen in einem dramatischen Ringen so verändert werden, dass sie diese einfache Erfahrung zwar nicht einfach sagten, aber wenigstens nicht falsch.*

Der Gedanke eines göttlichen Schauspiels war in der alten Kirche von den Monarchianern geäußert worden. Die drei Personen seien drei »Rollen«, in denen Gott sich uns im Laufe der Geschichte zeigt. Hier muss erwähnt werden, dass das Wort »Persona« und seine griechische Entsprechung »Prosopon« der Sprache des Theaters zugehören. Man benannte damit die Maske, die den Schauspieler zur Verkörperung eines anderen werden ließ. Das Wort wurde zunächst von solchen Erwägungen her in die Sprache des Glaubens eingebracht und erst vom christlichen Glauben selbst in einem schweren Ringen so umgeprägt, dass daraus die der Antike fremde Idee der Person entstand.

Andere – die sogenannten Modalisten – meinten, die drei Gestalten Gottes seien drei »Modi«, drei Weisen also, wie unser Bewusstsein Gott wahrnimmt und sich selbst auslegt. Obwohl es zutrifft, dass wir Gott nur in der Spiegelung des menschlichen Denkens erkennen, hat der christliche Glaube daran festgehalten, dass wir in dieser Spiegelung doch eben *ihn* erkennen. Wenn wir schon nicht aus der

Enge unseres Bewusstseins *aus*zubrechen vermögen, so kann doch Gott in dies Bewusstsein *ein*brechen und in ihm sich selber zeigen. Dabei braucht gar nicht geleugnet zu werden, dass in den Bemühungen der Monarchianer und Modalisten ein bemerkenswerter Anlauf auf das rechte Denken von Gott sich vollzog: Die Sprache des Glaubens hat schließlich die von ihnen vorbereitete Terminologie angenommen, in dem Bekenntnis zu den drei *Personen* in Gott ist sie bis heute wirksam. Dass das Wort Prosopon-Persona nicht sogleich den ganzen Umfang dessen auszusagen vermochte, was hier auszusagen ist, war schließlich nicht ihre Schuld. Die Ausweitung der Grenzen des menschlichen Denkens, die notwendig war, um die christliche Gotteserfahrung geistig zu verarbeiten, stellte sich nicht von selber ein. Sie verlangte einen Kampf, für den auch der Irrtum fruchtbar war. Damit folgte sie dem Grundgesetz, dem der menschliche Geist in seinem Voranschreiten allenthalben unterliegt.

Das ganze viel verästelte Ringen der ersten Jahrhunderte lässt sich auf das Scheitern zweier Wege zurückführen, die mehr und mehr als Nicht-Wege erkannt werden mussten: Subordinatianismus und Monarchianismus. Beide Lösungen *scheinen* logisch, und beide zerstören mit ihrer verführerischen Vereinfachung doch das Ganze. **Die kirchliche Lehre, wie sie uns in dem Wort vom drei-einigen Gott gegeben ist, bedeutet im Grunde den Verzicht auf den Ausweg und das Stehenbleiben im Geheimnis, das dem Menschen nicht errechenbar ist: In Wahrheit ist dieses Bekenntnis der Verzicht auf die Anmaßung des Bescheidwissens, das die glatten Lösungen mit ihrer falschen Bescheidenheit so verführerisch macht.**

Der sogenannte Subordinatianismus entflieht dem Dilemma dadurch, dass er sagt: Gott selbst ist nur ein einziger, Christus ist nicht Gott, sondern nur ein Gott besonders nahes Wesen. Damit ist der Anstoß behoben, aber die Folge ist, dass der Mensch von Gott selbst abgeschnitten und ins Vorläufige versperrt wird. Gott wird sozusagen zum konstitutionellen Monarchen, der Glaube hat nicht mit ihm, sondern nur mit seinen Ministern zu tun. Wer das nicht will, wer wirklich an die Herrschaft Gottes, an das »Größte« im Kleinsten glaubt, wird daran festhalten müssen, dass Gott Mensch *ist*, dass das Sein Gottes und des Menschen in Christus ineinander treten, und wird so mit dem Glauben an Christus den Ausgangspunkt der Dreifaltigkeitslehre annehmen.

Der Monarchianismus löst das Dilemma in der umgekehrten Richtung auf. Auch er hält streng die Einheit Gottes fest, nimmt aber zugleich den begegnenden Gott ernst, der als Schöpfer und Vater zuerst, als Sohn und Erlöser in Christus dann und endlich als Heiliger Geist auf uns zukommt. Doch werden diese drei Gestalten nur als Masken Gottes betrachtet, die etwas über uns, aber nichts über Gott selbst aussagen. So verlockend ein solcher Weg scheint, so führt er am Ende doch wieder dazu, dass der Mensch nur in sich kreist und nicht bis zum Eigenen Gottes vordringt.

Hegel, Schelling, Marx – Irrwege der Politischen Theologie

> *M. L.: Als ich mich im Philosophiestudium an das Hauptwerk von Hegel, die »Phänomenologie des Geistes«, machte, war ich irritiert. Schon das Inhaltsverzeichnis schien nur über die Dreifaltigkeit Gottes zu gehen, dabei wollte ich doch ein philosophisches Buch lesen. Dann war ich neugierig, ob es Hegel vielleicht nicht doch gelingen würde, den christlichen Glauben von einem unabhängigen philosophischen Standpunkt aus plausibel zu machen. Einen »grandiosen Versuch« nennt Ratzinger das, was Hegel, Schelling und Marx versucht haben. Warum das aber dann doch nicht funktioniert, das erfährt man hier ..*

Die Nachgeschichte des Monarchianismus im neuzeitlichen Denken hat das nur noch einmal bestätigt. Die Philosophen Georg Wilhelm Friedrich Hegel und Friedrich Wilhelm Joseph Schelling haben dabei den bisher erregendsten Versuch denkerischer Anverwandlung des christlichen Glaubens unternommen. Sie haben in ihrem Bemühen, Philosophie vom Christlichen her zu denken, an diesen altchristlichen Versuch einer Philosophie des Christentums angeknüpft und gehofft, von hier aus Dreifaltigkeitslehre rational durchschaubar und brauchbar zu machen, sie in ihrem vermeintlich reinen philosophischen Sinn zum wahren Schlüssel alles Verstehens des Seins zu erheben.

Ausgangspunkt des Ganzen bleibt der Gedanke, Dreifaltigkeitslehre sei Ausdruck der geschichtlichen Seite Gottes, dafür also, wie Gott geschichtlich erscheint. Indem Hegel und auch Schelling diesen Gedanken radikal durchführen, kommen sie bis zu der Konsequenz, dass sie diesen Prozess der geschichtlichen Selbstdarstellung Gottes nicht mehr von einem dahinter ruhend in sich bleibenden Gott unterscheiden, sondern nunmehr den Prozess der Geschichte als den Prozess Gottes selbst verstehen. Die geschichtliche Gestalt Gottes ist dann die allmähliche Selbstwerdung des Göttlichen, sodass der Sinn allen Seins erst in der Geschichte sich stufenweise zu sich selber gebiert. Das wiederum heißt, dass Sinn nicht mehr einfach der Schöpfer der Geschichte ist, sondern dass die Geschichte zum Schöpfer des Sinnes und dieser zu ihrem Geschöpf wird. Karl Marx hat an dieser Stelle lediglich entschlossen weitergedacht: Wenn der Sinn nicht dem Menschen vorausgeht, dann liegt er in der Zukunft, die der Mensch kämpferisch selbst herbeizuführen hat.

So zeigt sich aber, dass in der Konsequenz des monarchianischen Gedankens der Weg des Glaubens nicht weniger verloren geht als im Subordinatianismus. Denn in einer solchen Ansicht wird das dem Glauben so wesentliche Gegenüber der Freiheiten aufgehoben. Aufgehoben wird aber auch der Dialog der Liebe und seine Unberechenbarkeit, aufgehoben die personale Struktur des Sinnes mit ihrem Ineinander von Größtem und Geringstem, von weltumgreifendem Sinn und sinnfragendem Geschöpf. Dies alles – das Personale, das Dialogische, die Freiheit und die Liebe – wird hier eingeschmolzen in die Notwendigkeit des einzigen Prozesses der Vernunft. Aber noch ein Weiteres wird hier sichtbar: Es zeigt sich, dass dieser grandiose Versuch des radikalen Durchschauenwollens der Dreifaltigkeitslehre, der mit dem Begreifen Gottes auch die Geschichte Gottes geheimnislos begreifen und in ihrer strengen Logik selbst konstruieren will, zurückführt in eine Geschichtsmythologie, in den Mythos des geschichtlich sich gebärenden Gottes. Der Versuch einer totalen Logik endet in Unlogik, in der Selbstaufhebung der Logik in den Mythos hinein.

Die Geschichte des Monarchianismus weist übrigens noch einen anderen Aspekt auf: Schon in seiner altchristlichen Form und dann von neuem in seiner Wiederaufnahme durch Hegel und Marx enthält er eine ausgesprochen politische Note: Er ist »politische Theologie«. In der alten Kirche dient er dem Versuch, die kaiserliche Monarchie theologisch zu unterbauen. Bei Hegel wird er zum Lobpreis des preußischen Staatswesens, bei Marx zum Aktionsprogramm für eine heile Zukunft der Menschheit. Umgekehrt ließe sich zeigen, wie in der alten Kirche der Sieg des Dreifaltigkeitsglaubens über den Monarchianismus einen Sieg über den politischen Missbrauch der Theologie bedeutete: **Der kirchliche Dreifaltigkeitsglaube hat die politisch brauchbaren Modelle gesprengt und damit den Missbrauch der Verkündigung zur Rechtfertigung einer politischen Situation verneint.**

Erfolgreiches Scheitern – Warum Irrlehren hilfreich sind

M. L.: Da konnte Joseph Ratzinger noch nicht wissen, dass er später mal Präfekt der Glaubenskongregation werden sollte. Für den Professor Ratzinger jedenfalls waren Irrlehren noch brennend interessant und wichtig. Auch später als Glaubenswächter versuchte er – entgegen dem öffentlichen Eindruck – Zensuren nach Möglichkeit zu vermeiden. Nicht aus Feigheit, sondern aus theologischer Überzeugung, wie man hier lesen kann ...

Wenn die mühsame Geschichte des menschlichen und des christlichen Ringens um Gott *etwas* beweist, dann doch dies, dass jeder Versuch, Gott in den Be-griff unseres Be-greifens einzusortieren, ins Absurde hineinführt. Recht können wir von ihm nur reden, wenn wir aufs Begreifenwollen verzichten und ihn als den Unbegriffenen stehen lassen. Dreifaltigkeitslehre kann also nicht ein Begriffenhaben Gottes sein wollen. Sie ist eine verweisende Geste, die ins Unnennbare hinüberzeigt, nicht eine Definition, die eine Sache in die Fächer menschlichen Wissens eingrenzt und ins Zugreifen des menschlichen Geistes geben würde.

Jeder der großen Grundbegriffe der Dreifaltigkeitslehre ist einmal verurteilt worden. Sie alle sind nur durch diese Durchkreuzung einer Verurteilung hindurch angenommen, sie gelten nur, indem sie gleichzeitig als unbrauchbar gekennzeichnet sind, um so als armseliges Gestammel – aber auch nichts mehr – zugelassen zu werden. Der Begriff »Persona« (Prosopon) ist einmal verurteilt worden, das zentrale Wort, das im 4. Jahrhundert zum Feldzeichen der Orthodoxie wurde, das Homousios (= eines Wesens mit dem Vater), war im 3. Jahrhundert verurteilt worden, und so könnte man fortfahren. Diese Verurteilungen der späteren Formeln des Glaubens gehören innerlich zu ihnen: Nur als durchkreuzte Theologie ist die Dreifaltigkeitslehre möglich.

Wenn man die Geschichte der Dreifaltigkeitslehre im Spiegel eines heutigen Handbuchs der Theologie betrachtet, erscheint sie wie ein Friedhof von Irrlehren, deren Zeichen die Theologie noch immer wie Siegestrophäen überstandener Schlachten mit sich herumträgt. Aber mit einem solchen Anblick ist die Sache nicht gut verstanden, denn all die Versuche, die im Lauf eines langen Ringens schließlich ausgeschieden wurden, sind doch nicht bloß Totenmonumente vergeblichen menschlichen Suchens, Grabmäler, an denen wir feststellen können, wie oft das Denken gescheitert ist, und die wir nun mit einer bloß rückwärts gewendeten Neugier – fruchtlos letztlich – beschauen würden. **Jede Irrlehre ist vielmehr zugleich**

Ausdruck einer bleibenden Wahrheit, die wir nur zusammenhalten müssen mit anderen gleichzeitig geltenden Aussagen, von denen losgetrennt sie einen falschen Anblick ergibt. Alle diese Aussagen sind also weniger Grabmonumente als Bausteine einer Kathedrale, die freilich nur dann nützen, wenn sie nicht allein bleiben, sondern hineingestellt werden ins Größere, so wie ja die positiv übernommenen Formeln nur gelten, wenn sie sich gleichzeitig in ihrem Ungenügen wissen.

b. Verständnishilfen – Das Experiment mit Gott

> *M. L.: Manche Menschen haben den Eindruck, dass die moderne Naturwissenschaft den Glauben überflüssig gemacht habe. Joseph Ratzinger packt den Stier bei den Hörnern, er stellt sich uneingeschränkt den neuen Einsichten von Physik, Chemie und Evolutionsbiologie und legt sie ganz unbefangen auf Gott hin aus. Mit erstaunlichen Ergebnissen ...*

Annäherungen – Physikalische Erkenntnis und Christlicher Glaube

> *M. L.: Dass der junge Professor Ratzinger kein theologischer Stubengelehrter ist, der nur das überlieferte Glaubensgut in schönen Worten archiviert, zeigt sich hier, wo er die alte aristotelische Weltsicht des Mittelalters zu den Akten legt und von der modernen Physik lernt, wie man besser über Gott reden kann.*

Der Jansenist Saint-Cyran hat einmal das denkwürdige Wort gesagt, der Glaube bestehe in einer Reihe von Gegensätzen, welche durch die Gnade zusammengehalten werden. Er hat damit im Bereich der Theologie eine Erkenntnis ausgesprochen, die heute in der Physik als Gesetz der Komplementarität zum naturwissenschaftlichen Denken gehört. Dem Physiker wird heute zunehmend bewusst, dass wir die gegebenen Realitäten, etwa die Struktur des Lichts oder die der Materie überhaupt, nicht in *einer* Form von Experiment und so nicht in *einer* Form von Aussage umgreifen können, dass wir vielmehr von verschiedenen Seiten her je *einen* Aspekt zu Gesicht bekommen, den wir nicht auf den anderen zurückführen können. Beides zusammen – etwa die Struktur von Korpuskel und Welle – müssen wir, ohne ein Umgreifendes finden zu können, als Vorgriff auf das Ganze betrachten, das uns in seiner Einheit ob der Beschränkung unseres Blickpunkts nicht zugänglich ist. Was hier im physikalischen Bereich als Folge der Begrenzung unseres Sehvermögens zutrifft, gilt in noch ungleich höherem Maß von den geistigen Wirklichkeiten und von Gott. Auch hier können wir immer nur von *einer* Seite her hinschauen und so einen bestimmten Aspekt erfassen, der dem anderen zu widersprechen scheint und der doch nur zusammengehalten mit ihm ein Verweis auf das Ganze ist, das wir nicht zu sagen vermögen. Nur im Umkreisen, im Sehen von verschiedenen, scheinbar gegensätzlichen Aspekten her gelingt uns das Hinüberweisen auf die Wahrheit, die uns doch nie in ihrer Gänze sichtbar wird.

Vielleicht wird uns hier der Denkansatz der heutigen Physik eine bessere Hilfe bieten, als die aristotelische Philosophie sie zu geben vermochte. Physik weiß heute, dass über die Struktur der Materie nur in Annäherungen von verschiedenen Ansätzen her gesprochen werden kann. Sie weiß, dass vom jeweiligen Standort des Betrachters das Ergebnis seiner Befragung der Natur abhängt. Warum sollten wir von hier aus nicht ganz neu verstehen können, dass wir in der Frage nach Gott nicht aristotelisch nach einem letzten Begriff suchen dürfen, der das Ganze um-greift, sondern gefasst sein müssen auf eine Mehrheit von Aspekten, die vom Standort des Beobachters abhängen und die wir nicht mehr zusammenschauen, sondern nur miteinander hinnehmen können, ohne das Letzte zur Aussage zu bringen? Wir begegnen hier der verborgenen Wechselwirkung von

Glaube und modernem Denken. Dass heutige Physik über das Gefüge der aristotelischen Logik hinausgehend in dieser Weise denkt, ist doch wohl auch schon Auswirkung der neuen Dimension, die die christliche Theologie eröffnet hat, ihres notwendigen Denkenmüssens in Komplementaritäten.

Erwin Schrödinger hat übrigens die Struktur der Materie als »Wellenpakete« definiert und damit den Gedanken eines nicht substantiösen, sondern rein aktualen Seins gefasst, dessen scheinbare »Substantialität« in Wahrheit allein aus dem Bewegungsgefüge sich überlagernder Wellen resultiert. Im Bereich der Materie dürfte ein solcher Vorschlag physikalisch und auf jeden Fall philosophisch höchst anfechtbar sein. Aber er bleibt ein erregendes Gleichnis dafür, dass das dichteste Sein – Gott – allein in einer Mehrheit von Beziehungen, die nicht Substanzen, sondern nichts als »Wellen« sind, bestehen kann. Außerdem wissen wir heute, dass im physikalischen Experiment der Beobachter selbst in das Experiment eingeht und nur so zu physikalischer Erfahrung kommen kann. Das bedeutet, dass es die reine Objektivität selbst in der Physik nicht gibt, dass auch hier der Ausgang des Experiments, die Antwort der Natur, abhängt von der Frage, die an sie gerichtet wird. In der Antwort ist immer ein Stück der Frage und des Fragenden selbst anwesend, sie spiegelt nicht nur die Natur in ihrer reinen Objektivität, sondern gibt auch etwas vom Menschen wieder, ein Stück menschlichen Subjektes.

Wie man zum Glauben kommt – Der Rat des Blaise Pascal

M. L.: Als die weltberühmte krebskranke italienische Journalistin Orianna Fallaci, die sich selber als »christliche Atheistin« bezeichnete, kurz vor ihrem Tod noch bei Papst Benedikt war, da soll er ihr auf ihre Frage, wie man als Atheistin zum Glauben an Gott kommen könne, das gesagt haben, was im folgenden Kapitel steht, jedenfalls hat sie später gesagt, dass sie diese Worte Ratzingers am Ende sehr beschäftigt hätten ...

Auch dies gilt von der Gottesfrage. Den bloßen Beschauer gibt es nicht. Die reine Objektivität gibt es nicht. Man wird sogar sagen können: **Je höher ein Gegenstand menschlich steht, je mehr er ins Zentrum des Eigenen hineintrifft, desto weniger ist die bloße Distanziertheit der reinen Objektivität möglich. Wo immer sich also eine Antwort als leidenschaftslos objektiv gibt, als die Aussage, die endlich über die Voreingenommenheiten der Frommen hinausgeht und bloß sachlich wissenschaftlich aufklärt, muss man sagen, dass hier der Redende einem Selbstbetrug verfallen ist.** Diese Art von Objektivität ist nun einmal dem Menschen versagt. **Wer versucht, bloßer Beschauer zu sein, erfährt nichts. Auch die Wirklichkeit »Gott« kann nur in den Blick kommen für den, der in das Experiment mit Gott eintritt – in das Experiment, das wir Glaube nennen. Nur indem man eintritt, erfährt man, nur indem man das Experiment mitmacht, fragt man überhaupt, und nur wer fragt, erhält Antwort.**

Blaise Pascal hat das in dem Text, in dem es um sein berühmtes Argument von der Wette geht, mit einer fast unheimlichen Klarheit und in einer an die Grenze des Erträglichen gehenden Zuspitzung ausgesagt. Das Streitgespräch mit dem ungläubigen Partner ist schließlich dort an einem Punkt angelangt, wo dieser zugesteht, dass er sich in Sachen Gott entscheiden muss. Aber er möchte den Sprung umgehen, möchte eine rechnerische Klarheit besitzen: »Gibt es denn kein Mittel, das Dunkel aufzuhellen und die Ungewissheit des Spieles aufzuheben?« »Ja, es gibt ein Mittel und mehr als eines: Die Heilige Schrift und all die anderen Zeugnisse der Religion.« »Aber meine Hände sind gebunden, mein Mund ist stumm … Ich bin nun einmal so geschaffen, dass ich nicht glauben kann. Was soll ich also tun?« »Sie gestehen also, dass die Unmöglichkeit Ihres Glaubens nicht aus der Vernunft kommt, im Gegenteil, die Vernunft führt Sie zum Glauben, Ihre Weigerung hat also sonstwo ihren Grund. Es hat darum auch keinen Wert, Sie noch weiter durch Häufung der Beweise für das Dasein Gottes zu überzeugen. Sie müssen vor allem Ihre Leidenschaften bekämpfen. Sie wollen zum Glauben gelangen und kennen nicht den Weg dazu? Sie wollen vom Unglauben geheilt werden und kennen nicht das Heilmittel? Lernen Sie von denen, die früher, wie Sie, von Zweifeln gepeinigt wurden … Ahmen Sie deren Handlungsweise nach, tun Sie alles, was der Glaube verlangt, als wenn Sie schon gläubig wären. Besuchen Sie die Messe, gebrauchen Weihwasser usw., das wird Sie zweifellos einfältig machen und zum Glauben führen«.

Die bloße neutrale Neugier des Geistes, der sich selbst aus dem Spiel halten will, kann niemals sehend machen – schon einem Menschen gegenüber nicht und noch viel weniger Gott gegenüber. Das Experiment mit Gott findet nicht ohne den Menschen statt.

Freilich gilt auch hier – wie in der Physik und mehr noch als dort –, dass der, der in das Experiment des Glaubens eintritt, eine Antwort erhält, die nicht nur Gott spiegelt, sondern im eigenen Fragen etwas von Gott wissen lässt. Auch die dogmatischen Formeln – der dreifaltige Gott als »ein Wesen in drei Personen« etwa – spiegeln den Menschen der Spätantike, der mit den Begriffen der spätantiken Philosophie fragt und experimentiert. Dass wir aber überhaupt fragen, überhaupt experimentieren können, kommt daher, dass Gott seinerseits sich auf das Experiment eingelassen hat, selbst in es eingetreten ist als Mensch. Durch diesen einen Menschen hindurch können wir mehr erfahren als den bloßen Menschen, in ihm, der Mensch und Gott ist, hat Gott sich selbst erfahren lassen.

c. Sprachschöpfungen – Ein Wesen in drei Personen?

> *M. L.: Der Philosoph Martin Heidegger verwendet eine manchmal ziemlich merkwürdige Sprache, über die sich Menschen, die ihn nicht sehr schätzten, nicht selten lustig machten. Doch war dieser neue ungewöhnliche Wortgebrauch nicht zuletzt deswegen erforderlich, weil er wirklich etwas Neues sagen wollte und die alten Worte immer zugleich die alte Bedeutung mit sich führten. Die Christen haben sich nicht etwas Neues ausgedacht, es ist ihnen etwas Neues offenbart worden. Deswegen mussten auch sie alten Worten ganz entschieden eine neue Bedeutung geben, sonst hätten sie die Offenbarung verraten und Christus wäre umsonst gestorben. Das erklärt die Heftigkeit mancher christlicher Wortgefechte damals und heute.*

Die Formeln der Dreifaltigkeitslehre können und müssen mit ihrem Hinweis-Charakter als sinnvolle Aussage verstanden werden, die freilich Hinweise auf das Unsagbare und nicht dessen Einfügung in unsere Begriffswelt darstellen.

Ein neues Gottesbild – Über Einheit und Fülle hinaus

> *M. L.: Unser heutiger Personbegriff ist zwar eine christliche Erfindung, aber dennoch kann man ihn nicht umstandslos auf Gott übertragen ...*

Dem antiken Denken ist nur die Einheit göttlich, die Vielheit erscheint demgegenüber als der Zerfall der Einheit. Christliches Bekenntnis zu Gott als dem Dreieinigen, als dem, der gleichzeitig der Eine und die Dreifaltigkeit ist, die Einheit und die Fülle, bedeutet die Überzeugung, dass die Gottheit jenseits unserer Begriffe von Vielheit und Einheit liegt. Sosehr sie für uns, für das Nichtgöttliche, eins und eine einzige ist, das allein Göttliche gegenüber allem Nichtgöttlichen, so sehr ist sie in sich selbst doch wahrhaft Fülle und Vielfalt. Einheit und Vielheit in der Schöpfung sind also beide gleichermaßen

Abbild und Anteilhabe am Göttlichen. Nicht nur die Einheit ist göttlich, auch die Vielheit hat in Gott selbst ihren inneren Grund. Vielheit ist nicht bloß Zerfall, der außerhalb der Gottheit einsetzt, wie die Antike dachte. Sie entsteht nicht bloß durch den Kampf zweier gegeneinander stehender Mächte, wie sie der Dualismus beschreibt. Sondern Vielheit entspricht der schöpferischen Fülle des Gottes, der selbst, über Vielheit und Einheit stehend, beides umgreift. Erst der Dreifaltigkeitsglaube erkennt den Plural in der Einheit Gottes und ist damit die endgültige Ausschaltung des Dualismus als Prinzip, das die Vielheit neben der Einheit erklärt. Erst durch den Glauben an die göttliche Dreifaltigkeit ist die positive Wertung des Vielen definitiv verankert. Gott steht über Singular und Plural. Er sprengt beides.

Das hat eine weitere wichtige Folge. Die höchste Einheit ist für den, der Gott als drei-einigen glaubt, nicht die Einheit des starren Einerlei. Das Modell der Einheit, auf das hinzustreben ist, ist folglich nicht die Unteilbarkeit des Atomon, der in sich nicht mehr teilbaren kleinsten Einheit, sondern die maßgebende Höchstform von Einheit ist jene Einheit, welche die Liebe schafft. Die Vieleinheit, die in der Liebe wächst, ist radikalere, wahrere Einheit als die Einheit des »Atoms«.

Indem christlicher Glaube Gott, den schöpferischen Sinn, darüber hinaus als Person bekennt, bekennt er ihn als Gott, der erkennt, spricht und liebt. Das Bekenntnis zu Gott als Person schließt demnach das Bekenntnis zu Gott, der Beziehung ist, Wort ist und Fruchtbarkeit ist, mit ein. Das nur Einige, Beziehungslose und zur Beziehung Unfähige könnte Person nicht sein. Person in der absoluten Einzahl gibt es nicht. Das kommt schon in den Worten, in denen der Personbegriff gewachsen ist, zum Vorschein: Das griechische Wort Prosopon heißt wörtlich »Hinblick«, mit der Partikel »pros = zu – hin« schließt es die Bezogenheit von vorneherein ein. Ähnlich steht es mit dem lateinischen persona: das »Tönen hindurch«. Wieder drückt das »per = hindurch – zu« Bezogenheit, diesmal in der Form von Sprache, aus. Wenn also Gott, das Absolute, Person ist, ist es nicht absolute Einzahl. Insofern ist die Überschreitung der Einzahl im Personbegriff eingeschlossen. Gleichzeitig werden wir allerdings sagen müssen, dass das Bekenntnis, Gott sei Person in der Weise der Dreipersönlichkeit, einen naiven Personbegriff sprengt. Denn die Personhaftigkeit Gottes übersteigt das menschliche Personsein unendlich, sodass der Begriff Person, so viel er erhellt, doch auch wieder als unzulängliches Gleichnis sich enthüllt.

Wenn schließlich der Glaube die Drei-einheit Gottes seit dem 4. Jahrhundert in der Formel »Ein Wesen – drei Personen« aussagt, so ist eine solche Verteilung der Begriffe zunächst weithin einfach eine »Sprachregelung«. Fest stand zunächst nur, dass das Element des Einen wie das der Dreiheit und die völlige Gleichzeitigkeit beider zum Ausdruck gebracht werden mussten. Dass man beides, so wie es geschehen ist, auf die Begriffe Substanz und Person verteilte, ist in gewissem Sinn zufällig. Es geht letztlich nur darum, dass beides nicht der Willkür des Einzelnen überlassen bleibt, die mit dem Wort auch die Sache selbst verflüchtigen könnte.

Auf der anderen Seite gilt aber doch, dass in dem Ringen um die Sprache des Bekenntnisses sich das Ringen um die Sache selber vollzog, sodass in dieser Sprache, wie unangemessen sie auch sein mag, Berührung der Wirklichkeit stattfindet. Geistesgeschichtlich muss man sagen, dass Begriff und Gedanke der »Person« dem menschlichen Geist erst im Kampf um das christliche Gottesbild und um die Deutung der Gestalt Jesu von Nazareth aufgegangen sind. Zunächst war klar, dass Gott absolut gesehen nur Einer ist, dass es nicht eine Mehrzahl göttlicher Prinzipien gibt. Steht dies fest, dann ist weiterhin klar, dass die Einheit auf der Substanzebene liegt. Folglich kann die Dreiheit, von der auch gesprochen werden muss, hier nicht zu suchen sein. Sie muss dann auf einer anderen Ebene, auf derjenigen der Relation, des »Relativen« angesiedelt sein.

Zu diesem Ergebnis drängte der Umgang mit der Bibel. Hier stieß man auf die Tatsache, dass Gott im Gespräch mit sich selbst zu stehen scheint. Es gibt ein Wir in Gott – die Väter fanden es schon auf dem ersten Blatt der Bibel mit seinem Wort »Lasst uns den Menschen machen« (Gn 1,26). Es gibt ein Ich und ein Du in ihm – die Väter fanden es ebenso in den Psalmen (»Es sprach der Herr zu meinem Herrn«: Ps 110,1) wie im Reden Jesu mit dem Vater. Die Entdeckung des Dialogs im Innern Gottes führte dazu, in Gott ein Ich und ein Du anzunehmen, ein Element der Bezogenheit, der Unterschiedenheit und der Zugewandtheit aufeinander hin, für das sich der Begriff »Persona« förmlich aufdrängte, der damit über seine theatralische und literarische Bedeutung hinaus ein neues Maß an Wirklichkeitstiefe gewann, ohne das Schwebende zu verlieren, das ihn zu solcher Verwendung geeignet machte.

Eine Revolution des Weltbilds – Der dialogische Gott

M. L.: Denkt man angesichts des von Hitzepunkten erfüllten eisigen Weltalls mit unendlich vielen Materieklumpen über den Schöpfer dieses Weltalls nach, so kommt einem nur ein unendlich ferner eisiger gefühlloser Gigant in den Sinn, der dieser Welt Naturgesetze verordnet hat, die ewig gültig sind. Doch dann bricht die christliche Offenbarung in dieses Grübeln ein, die verkündet, dass Gott die Liebe ist, dass er von sich her schon reine Beziehung, Dialog, Nähe ist …

Gott ist, unter dem Gesichtspunkt der Substanz gesehen, Einer, aber in ihm gibt es das Phänomen des Dialogischen, der Unterschiedenheit und Bezogenheit des Gesprächs. Mit dieser Einsicht, erhielt für das christliche Denken der Begriff der *Relatio*, der Beziehung, eine völlig neue Bedeutung. Für Aristoteles gehörte die Beziehung zu den zufälligen Zuständen des Seins, die sich von der Substanz als der allein tragenden Form des Wirklichen abheben. Die Erfahrung des dialogisierenden Gottes, des Gottes, der nicht nur Logos, sondern Dia-logos ist, nicht nur Gedanke und Sinn, sondern Gespräch und

Wort im Zueinander der Redenden – diese Erfahrung sprengt die antike Aufteilung der Wirklichkeit in die Substanz als das Eigentliche und alles andere als das bloß Zufällige. Nun wird klar, dass neben der Substanz der Dialog, die *Relatio*, als eine gleichermaßen ursprüngliche Form des Seins steht.

Damit war im Grunde die Sprache der christlichen Lehre, des Dogmas, gegeben. Sie drückt die Erkenntnis aus, dass Gott als Substanz, als »Wesen«, schlechthin eins ist. Wenn wir dennoch von ihm auch als Dreiheit reden müssen, so ist damit nicht eine Vervielfachung der Substanzen gemeint, sondern gesagt, dass es in dem einen und unteilbaren Gott das Phänomen des Dialogs, des Zueinander von Wort und Liebe gibt, dass also die »drei Personen«, die in Gott bestehen, die Wirklichkeit von Wort und Liebe in ihrer inneren Zugewandtheit aufeinander hin sind. Sie sind nicht Substanzen, Persönlichkeiten im modernen Sinn, sondern das Bezogensein, dessen reine Aktualität (»Wellenpaket«!) die Einheit des höchsten Wesens nicht aufhebt, sondern ausmacht. Augustinus hat diesen Gedanken einmal in folgende Formel gegossen: »Vater wird er nicht in Bezug auf sich, sondern nur in der Beziehung zum Sohn hin genannt, auf sich hin gesehen ist er einfach Gott«. Hier kommt das Entscheidende schön zum Vorschein. »Vater« ist ein reiner Beziehungsbegriff. Nur im Hin-sein zu dem anderen ist er Vater, im In-sein seiner selbst ist er einfach Gott. Die Beziehung ist nicht etwas zur Person Hinzukommendes wie bei uns, göttliche Person ist die reine Bezogenheit, nichts sonst.

Mit den Bildern der christlichen Überlieferung ausgedrückt, heißt das: Die erste Person zeugt nicht in dem Sinn den Sohn, als ob zur fertigen Person der Akt des Zeugens hinzukäme, sondern der Vater *ist* von Ewigkeit her die Tat des Zeugens, des Sich-Hingebens und Ausströmens. Die erste Person, der Vater, ist mit dem Akt der Hingabe identisch. Nur als dieser Akt ist sie Person, also nicht der Hingebende, sondern der Akt der Hingabe, »Welle«, nicht »Korpuskel«.

Damit hat das christliche Denken den Kern des Personbegriffs gefunden, der etwas anderes und unendlich mehr als die bloße Idee des »Individuums« besagt. Darin verbirgt sich eine Revolution des Weltbildes: Die Alleinherrschaft des Substanzdenkens wird gebrochen, Relation als eine gleichrangige Urweise des Wirklichen entdeckt. Die Überwindung dessen wird möglich, was wir heute das »objektivierende Denken« nennen, eine neue Ebene des Seins tritt in Erscheinung.

Einssein als christlicher Auftrag – Die Botschaft der Dreifaltigkeit

> *M. L.: Und hier wird es plötzlich ganz praktisch: Die Dreifaltigkeitslehre ist die Aufforderung an alle Christen, sich nicht in ihrem Ich abzuschließen, sondern in der Nachfolge Jesu ganz offen zu sein auf die anderen Menschen hin und so untereinander eins zu sein wie Gott Sohn und Gott Vater eins sind.*

Das eben Dargestellte ist weitgehend schon im Denken des Johannesevangeliums anwesend. Dort sagt Christus von sich: »Der Sohn kann von sich aus nichts tun« (Jo 5,19.30). Er hat also nichts Eigenes, ist nicht eigenmächtig, sondern kann nur von dem her *wirken*, von dem aus er überhaupt *ist*. Damit wird sichtbar, dass der Begriff »Sohn« wie der Begriff »Vater« ein Relationsbegriff, ein Beziehungsbegriff, ist. Indem Johannes den Herrn »Sohn« nennt, benennt er ihn auf eine Weise, die immer über den Sohn hinaus auf den Vater verweist. Wenn der gleiche Christus bei Johannes von sich sagt: »Ich und der Vater sind eins« (Jo 10,30), dann zeigt sich hier kein Widerspruch. Denn indem Jesus Sohn genannt wird, ergibt sich die totale Rückbezogenheit Christi auf den Vater, steht er in *ihm*, ständig eins mit ihm.

Welche Bedeutung das für die Erhellung des Christseins überhaupt besitzt, kommt zum Vorschein, wenn parallel zu der Formel

»Der Sohn kann von sich aus nichts tun« von den Jüngern gesagt wird: »Ohne mich könnt Ihr nichts tun« (Jo 15,5). So wird christliche Existenz mit Christus unter die Kategorie der Beziehung gestellt. Und parallel zu der Konsequenz, die Christus sagen lässt, »Ich und der Vater sind eins«, entspringt hier die Bitte, »damit sie eins werden, wie wir eins sind« (17,11.22).

Der Sohn ist ganz eins mit dem Vater, da er nichts neben ihm ist, nichts Eigenes behauptet, das nur Er wäre, nichts nur ihm Gehörendes dem Vater entgegenstellt, keinen Vorbehaltsraum des bloß Eigenen behält, und darum ist er ganz dem Vater gleich. Die Logik ist zwingend: Wenn es nichts gibt, worin er bloß Er ist, keinerlei abgegrenztes Eigenes, dann fällt er mit Jenem zusammen, ist »eins« mit ihm. »Sohn« bedeutet für Johannes das Sein-vom-andern-her und auf die andern hin, als ein Sein, das ganz und gar nach beiden Seiten geöffnet ist, keinen Vorbehaltsraum des bloßen Ich kennt. Wenn so deutlich wird, dass das Sein Jesu als des Christus ein gänzlich offenes Sein ist, das nirgendwo an sich selber festhält und nirgendwo nur auf sich selber steht, dann ist zugleich deutlich, dass dieses Sein reine Beziehung ist und als reine Beziehung reine Einheit. Was damit grundlegend von Christus gesagt wird, wird zugleich zur Auslegung der christlichen Existenz. **Christsein heißt für Johannes: Sein wie der Sohn, Sohn werden, also nicht auf sich und nicht in sich stehen, sondern ganz geöffnet leben im »Von-her« vom Vater und im »Auf-zu« liebend auf die Menschen zu. Soweit der Christ »Christ« ist, gilt das für ihn. Und freilich wird ihm an solchen Aussagen bewusst werden, wie wenig er Christ ist.**

Das »hohepriesterliche Gebet« Jesu (Jo 17), von dem wir hier reden, ist die Grundurkunde allen Ringens um die Einheit der Kirche. Aber bleiben wir dabei nicht oft doch allzu sehr an der Oberfläche? Denn christliche Einheit ist zuerst Einheit mit Christus, die möglich wird, wo das Pochen auf das Eigene aufhört und an seine Stelle das vorbehaltlose reine Sein »Von-her« und »Auf-hin« tritt. Aus einem solchen Sein mit Christus, das ganz in die Offenheit dessen eingeht, der nichts Eigenes festhalten wollte (vgl. auch Phil 2,6 f), folgt das völlige Einssein – »damit sie eins sind, wie wir eins sind«. **Alles Nicht-Einssein, alles Getrenntsein beruht auf einem verborgenen Mangel an wirklichem Christsein, auf einem Festhalten an dem Eigenen, wodurch Einheit aufgehoben wird.**

Das Wesen der Personalität des dreifaltigen Gottes ist es, reine Beziehung und so absoluteste Einheit zu sein. Deutlicher als vorhin kann man nunmehr verstehen, dass nicht das »Atom«, das unteilbare kleinste Stück, die höchste Einheit besitzt, sondern dass das reine Einssein sich erst im Geiste zutragen kann und die Beziehung der Liebe einschließt. Das Bekenntnis zur Einzigkeit Gottes gilt so im Christentum nicht weniger radikal als in irgendeiner anderen monotheistischen Religion, ja, es wird darin erst zu seiner vollen Größe gebracht. Das Wesen christlicher Existenz aber ist es, das Dasein als in-Beziehung-Sein zu empfangen und zu leben und so in jene Einheit einzutreten, die der tragende Grund des Wirklichen ist.

Wenden wir uns hier noch einmal dem Johannesevangelium zu, und zwar dem Gedanken der »Sendung« und der Bezeichnung Jesu als »Wort« (Logos) Gottes. Bekannt ist das spätjüdische Wort: »Der Gesandte eines Menschen ist wie dieser selbst«. Jesus erscheint bei Johannes als der Gesandte des Vaters, in dem sich wirklich erfüllt, was alle sonstigen Gesandten nur annäherungsweise anzielen können: Er geht wirklich ganz darin auf, Gesandter zu sein. Er allein ist Gesandter, der den anderen vertritt, ohne sein Eigenes dazwischenzuschieben. Und so ist er als der wahre Gesandte eins mit ihm, der ihn sendet. Wieder wird das Sein begriffen als völliges Geöffnetsein ohne Vorbehalt. Und wieder erfolgt die Ausweitung auf die christliche Existenz, wenn gesagt wird: »Wie mich der Vater gesandt hat, so sende ich euch« (13,20; 17,18; 20,21). Wenn schließlich Johannes den Herrn als Logos charakterisiert, greift er ein in der griechischen wie jüdischen Geisteswelt weit verbreitetes Wort auf und übernimmt damit gewisse Vorstellungen, die so auf Christus übertragen werden. Das Neue aber, das Johannes dem Logosbegriff eingezeichnet hat, liegt darin, dass für ihn »Logos« nicht einfach die Idee einer Rationalität des Seins bedeutet, wie es im griechischen Denken verstanden wurde. Durch die Anwendung des Begriffs »Logos« auf Jesus von Nazareth erhält dieser Begriff eine neue Dimension. Er besagt nicht mehr bloß die Durchwirktheit alles Seins mit Sinn, sondern er kennzeichnet diesen Menschen, er wandelt sich hier wirklich zum »Wort«. Der, der hier ist, ist Wort und damit die reine Beziehung vom Sprechenden her auf die Angesprochenen zu. Wort kommt wesentlich »von jemand anders her« und geht »auf jemand anders hin«. Christus ist Existenz, die gänzlich Weg und Offenheit ist.

Beschließen wir das Ganze mit einem Augustinus-Text, der das Gemeinte großartig ans Licht bringt. Er findet sich im Johanneskommentar und schließt an den Satz des Evangeliums an »Meine Lehre ist nicht meine Lehre, sondern die des Vaters, der mich gesandt hat« (7,16). Augustinus fragt sich zunächst, ob es nicht glatter Widersinn, Verstoß gegen die elementaren Regeln der Logik sei, so etwas zu sagen: Das Meine ist nicht das Meine. Aber, so bohrt er weiter, was ist nun eigentlich die »Lehre« Jesu, die zugleich sein und nicht sein ist? Jesus ist »Wort«, und so zeigt sich, dass seine Lehre er selber ist. Wenn man von dieser Einsicht her den Satz noch einmal liest, dann sagt er: Ich bin gar nicht bloß Ich, ich bin gar nicht mein, sondern mein Ich ist eines anderen. Und damit sind wir bei uns selbst angelangt: Das Allereigenste, was uns letztlich wirklich allein gehört, das eigene Ich, ist zugleich das am allerwenigsten Eigene, denn gerade unser Ich haben wir nicht von uns und nicht für uns. Das Ich ist zugleich das, was ich ganz habe und was am wenigsten mir gehört. So wird hier noch einmal sichtbar gemacht, wie ein sich wahrhaft verstehendes Sein zugleich begreift, dass es *im* Selbersein sich nicht selbst gehört, dass es nur zu sich selbst kommt, indem es von sich selbst weggeht und so in seine wahre Ursprünglichkeit zurückfindet.

Auf diese Weise tut sich durch die Dreifaltigkeitslehre ein neues Verständnis des Wirklichen auf, dessen, was der Mensch ist, und dessen, was Gott ist. Am Punkt scheinbar äußerster Theorie tritt das äußerst Praktische zutage: Im Reden von Gott wird sichtbar, was der Mensch ist.

III. »... UND AN JESUS CHRISTUS, SEINEN EINGEBORENEN SOHN, UNSERN HERRN« – WER WAR JESUS VON NAZARETH WIRKLICH?

M. L.: Gottessöhne gab es viele in den Mythen der Völker. Wie wird es Ratzinger gelingen, klarzumachen, dass das Bekenntnis zu Jesus Christus als dem Sohn Gottes nicht wieder nur ein weiteres Göttermärchen ist?

1. ERKENNTNISPROBLEME – JESUS ODER CHRISTUS

M. L.: Es gab eine »Leben-Jesu-Forschung«, die versuchte, eine Biografie des Zimmermannssohns Jesus aus Nazareth zu rekonstruieren – und damit grandios scheiterte. Denn die heiligen Schriften der Christen interessierten sich nicht für irgendwelche Stories aus seinem Lebenslauf, sondern für das Lebenszeugnis dieses Menschen, weil er der Christus, »der Erwählte Gottes« ist.

a. Die Nebel der Vergangenheit – Ein Strohhalm im Meer der Geschichte

M. L.: Wie sollen mir Historiker sicher sagen können, was vor 2000 Jahren einem Wanderprediger in Palästina zugestoßen ist? Und wenn die sich da in vielem nicht sicher sind, wie soll ich auf so unsicherem Fundament als Christ den Sinn meines Lebens aufbauen? Doch die Geschichtswissenschaft ist nicht alles …

Mit dem zweiten Hauptstück des Credo geraten wir erst vor den eigentlichen Anstoß des Christlichen: das Bekenntnis dazu, dass der Mensch Jesus, ein Einzelner, der um das Jahr 30 in Palästina hingerichtet worden ist, der »Christus«, also der Gesalbte, der Erwählte Gottes, ja, Gottes eigener Sohn, die Mitte aller menschlichen Geschichte sei. Es erscheint Anmaßung und Torheit in einem, eine einzelne Gestalt, die mit wachsender Entfernung immer mehr in den Nebel der Vergangenheit entschwinden muss, zur maßgebenden Mitte aller Geschichte zu erklären. Wenn der Glaube an den »Logos«, an die Sinnhaftigkeit des Seins, durchaus einer Tendenz der menschlichen Vernunft entspricht, so geschieht in diesem zweiten Artikel des Credo die geradezu ungeheuerliche Verknüpfung von Sinn einerseits und einer Einzelgestalt der Geschichte andererseits. Der Sinn, der alles Sein trägt, ist Fleisch geworden, das heißt: Er ist in die Geschichte eingetreten, er ist nicht mehr bloß das, was Geschichte umgreift und trägt, sondern ein Punkt in ihr selbst. Der Sinn alles Seins wäre demnach von nun an nicht mehr in der Schau des Geistes zu finden, der sich über das Einzelne und Begrenzte erhebt ins Allgemeine, er wäre nicht mehr einfach gegeben in der Welt der Ideen, die das Einzelne überschreitet und nur bruchstückhaft in ihm sich spiegelt, er wäre vielmehr zu finden inmitten der Zeit, im Angesicht eines Menschen. Man fühlt sich erinnert an den bewegenden Schluss von Dantes Göttlicher Komödie, wo er im Hinschauen auf das Geheimnis Gottes, inmitten jener »Liebesallgewalt, die still und einig im Kreis die Sonne führt und alle Sterne« mit seligem Erstaunen sein Ebenbild, ein Menschenangesicht entdeckt. Der geschichtliche Mensch Jesus ist der Sohn Gottes, und der Sohn Gottes ist der Mensch Jesus. Gott ereignet sich für den Menschen durch *den* Menschen, in welchem das Definitive des Menschseins in Erscheinung tritt und der eben darin zugleich Gott selber ist.

Dieses Bekenntnis stellt fürs Erste einen Skandal für das menschliche Denken dar: Dürfen wir uns etwa an den Strohhalm einer einzelnen geschichtlichen Begebenheit klammern? Können wir es gar wagen, auf diesen Strohhalm irgendeines Ereignisses im großen Meer der Geschichte unsere ganze Existenz zu gründen? Eine solche Vorstellung, die in sich schon abenteuerlich wirkt und die der Antike wie auch dem asiatischen Denken gleichermaßen unzumutbar erschien, ist unter den Denkvoraussetzungen der Neuzeit wohl noch weiter erschwert durch die Form, in der das Geschichtliche nunmehr wissenschaftlich vermittelt erscheint: die historisch-kritische Methode. Sie bedeutet, dass sich nun auf der Ebene der Begegnung mit der Geschichte ein ähnliches Problem auftut, wie es sich für das Suchen nach dem Grunde des Seins durch die physikalische Methode und die naturwissenschaftliche Form der Befragung der Natur ergeben hat. Die neuzeitliche Physik hat, wie wir sahen, auf die Entdeckung des Seins selbst verzichtet und sich auf das Nachprüfbare beschränkt. Den eindrucksvollen Gewinn an Exaktheit muss sie allerdings mit einem Verzicht an Wahrheit bezahlen, der schließlich so weit gehen kann, dass uns hinter dem Gitter des Positiven das Sein, die Wahrheit selbst entschwindet.

Etwas ganz Ähnliches droht auch im Bereich der Begegnung mit der Geschichte. Die Verähnlichung mit der Methode der Physik wird so weit wie irgend möglich vorangetrieben, aber es gibt ein unüberwindbares Problem: Historie kann nämlich die Nachprüfbarkeit, die den Kern der modernen Wissenschaftlichkeit ausmacht, nicht zur

Wiederholbarkeit steigern. Doch auf Wiederholbarkeit beruht die einzigartige Gewissheit der naturwissenschaftlichen Aussagen. Die vergangene Geschichte bleibt unwiederholbar, und die Nachprüfbarkeit muss sich mit der Ausweisbarkeit der Belege begnügen, auf die der Geschichtsschreiber seine Ansicht gründet. Diese methodische Einstellung hat zur Folge, dass – ähnlich wie in der Naturwissenschaft – auch hier nur noch die Außenseite des Geschehenen ins Blickfeld tritt. Aber diese in Belegen sichtbare Außenseite ist noch fragwürdiger, weil sie sich auf den Zufall der Urkunden verlassen muss und weil die Äußerung des Menschlichen in der Urkunde unangemessener ist als die Selbstäußerung der Natur: Sie spiegelt nämlich die Tiefe des Menschlichen nur unzulänglich, verdeckt sie oft geradezu. Ihre Deutung bringt den Menschen und seine persönliche Weise des Denkens viel stärker mit ins Spiel als die Deutung der physikalischen Phänomene. Wenn man dementsprechend sagen muss, dass die Nachahmung der naturwissenschaftlichen Methode im Bereich der Geschichte zwar die Gewissheit der Aussagen unverkennbar steigert, so ist gleichzeitig unübersehbar, dass das auch hier einen bedrängenden Wahrheitsverlust mit sich bringt, der noch weiter geht, als es in der Physik der Fall ist. Denn hier gilt als geschichtlich weithin nur noch, was durch historische Methoden dargeboten wird. Nicht selten vergisst man, dass sich die volle Wahrheit der Geschichte der Nachprüfbarkeit der Belege nicht weniger entzieht, als die Wahrheit des Seins der Experimentierbarkeit entnommen ist. So wird man sagen müssen, dass die Historie im engsten Sinn des Wortes die Geschichte verdeckt, so dass sie zwar den Menschen Jesus sehen, schwerlich aber sein Christus-Sein, sein Sohn-Gottes-Sein, finden kann, das sich als Wahrheit der Geschichte, der Belegbarkeit des bloß Richtigen, nicht einfügen lässt.

Der Versuch, unter Umgehung des geschichtlichen Christentums aus der Retorte des Historikers einen reinen Jesus zu konstruieren, von dem man dann sollte leben können, ist

jedenfalls innerlich absurd. Die bloße Historie schafft keine Gegenwart, sondern stellt das Gewesensein fest.

Dennoch war das Hin und Her des modernen Geistes zwischen dem historischen Jesus und dem Christus des Glaubens, das die Theologie des 20. Jahrhunderts in Atem hielt, nicht einfach umsonst. Ich denke, dass es sogar zu einer Wegweisung werden kann, dahin nämlich, dass es das eine – Jesus – ohne das andere, – Christus – nicht gibt, dass man vielmehr immer wieder vom einen aufs andere verwiesen wird, weil in Wahrheit der Mensch Jesus nur als der Christus und der Christus nicht anders als im Menschen Jesus besteht. Wir müssen einen Schritt weitergehen und einfach versuchen, zu verstehen, was denn der Glaube sagt, der nicht Rekonstruktion, sondern Gegenwart ist, nicht Theorie, sondern eine Wirklichkeit lebendigen Existierens. Vielleicht sollten wir doch der die Jahrhunderte durchwaltenden Gegenwart des Glaubens mehr trauen als all den Rekonstruktionen und einmal versuchen, zur Kenntnis zu nehmen, was dieser Glaube eigentlich sagt.

b. Glaubenserkenntnisse – Warum es keine Lehre Jesu gibt

M. L.: Um zu erklären, wer Jesus Christus wirklich ist, zitiert Joseph Ratzinger eine lange Passage des damals bedeutendsten evangelischen Theologen Karl Barth …

Das Glaubensbekenntnis formuliert sein Bekenntnis zu Jesus in dem ganz einfachen Wort »… und (ich glaube) an Christus Jesus« - wie es ursprünglich hieß. Auffällig daran ist für uns höchstens, dass ähnlich wie in dem vom Apostel Paulus bevorzugten Sprachgebrauch das Wort Christus – das ursprünglich nicht einen Namen, sondern einen Titel, »Messias« nämlich, bedeutete – im Urtext vorangestellt ist. Nun lässt sich zeigen, dass der römischen Christengemeinde, die unser Bekenntnis formuliert hat, das Wort Christus durchaus noch in seiner inhaltlichen Bedeutung bewusst war. Die Umprägung in einen reinen Eigennamen, als den wir heute das Wort empfinden, hat sich zwar schon in allerfrühester Zeit vollzogen, hier jedoch wird »Christus« noch eingesetzt als die Bezeichnung dessen, was dieser Jesus ist. Christus ist Titel und doch auch schon ein Stück des einmaligen Namens für den Mann aus Nazareth. In diesem Vorgang der Verschmelzung des Namens mit dem Titel kommt der Kern jenes Verstehens zum Vorschein, das der Glaube hinsichtlich der Gestalt Jesu von Nazareth vollzogen hat. Die eigentliche Aussage des Glaubens ist nämlich eben diese, dass es bei jenem Jesus nicht möglich ist, Amt und Person zu unterscheiden. Die Person *ist* das Amt, das Amt *ist* die Person. Beides ist nicht mehr trennbar. Hier ist kein Vorbehaltsraum des Privaten, des Ich, das schließlich hinter seinen Handlungen und Taten verbleibt und deshalb irgendwann auch »außer Dienst« sein kann, hier ist kein von seinem Werk abgetrenntes Ich – das Ich ist das Werk, und das Werk *ist* das Ich.

Jesus hat nicht eine Lehre hinterlassen, die von seinem Ich abzulösen wäre, wie man die Ideen großer Denker sammeln und würdigen kann, ohne auf die Person des Urhebers einzugehen. Das Glaubensbekenntnis bietet keine Lehre Jesu, man kam offenbar nicht einmal auf den Gedanken, so etwas zu versuchen. Denn das Grundverständnis wies in eine völlig andere Richtung. Jesus hat eben nach dem Selbstverständnis des Glaubens nicht ein Werk getan, das von seinem Ich abgetrennt darzustellen wäre. Ihn als den Christus verstehen bedeutet vielmehr, überzeugt zu sein, dass er sich selbst in sein Wort hineingegeben hat: Hier ist nicht wie bei uns allen ein Ich, das Worte macht – Jesus hat sich vielmehr so mit seinem Wort identifiziert, dass Ich und Wort ununterscheidbar sind: Er *ist* Wort und sein Werk ist das Geben seiner selbst.

Der evangelische Theologe Karl Barth hat das einmal folgendermaßen ausgedrückt: »Jesus ist schlechterdings Träger eines Amtes.

Er ist also nicht Mensch und dann auch noch Träger dieses Amtes … Es gibt keine neutrale Menschlichkeit Jesu … Das merkwürdige Wort des Paulus 2 Kor 5,16: ›Wenn wir auch Christus nach dem Fleische erkannt haben, so kennen wir ihn doch jetzt nicht mehr‹, könnte doch auch im Namen aller vier Evangelisten gesprochen sein. Diese waren gänzlich uninteressiert an allem, was dieser Mensch außerhalb seines Christusamtes und also abgesehen von dessen Vollstreckung gewesen sein und getan haben mochte … Auch wenn sie von ihm berichten, dass er gehungert und gedürstet, dass er gegessen und getrunken, dass er müde geworden sei und geruht und geschlafen habe, dass er geliebt, getrauert, gezürnt und sogar geweint habe, berühren sie Begleitumstände, in denen doch nirgends so etwas wie eine ihrem Werk gegenüber selbstständige Persönlichkeit mit gewissen ihr eigentümlichen Anliegen, Neigungen und Affekten sichtbar wurde … Sein Sein als Mensch ist sein Werk«. Die entscheidende Aussage des Glaubens über Jesus liegt also in der untrennbaren Einheit der zwei Worte »Jesus Christus«, in der sich die Erfahrung der Identität von Existenz und Sendung verbirgt. Das ganze Sein Jesu ist Funktion des »Für uns«. So verstanden könnte man tatsächlich behaupten, dass nicht die Lehre und die Taten des historischen Jesus als solche wichtig sind, denn die Person Jesu *ist* seine Lehre, und seine Lehre ist er selbst. Christlicher Glaube, das heißt **Glaube an Jesus als den Christus**, ist deshalb »personaler Glaube«. Solcher Glaube **ist nicht das Annehmen eines Systems, sondern das Annehmen dieser Person**, die ihr Wort ist.

c. Das Ereignis – Pilatus verkündet Christus am Kreuz

> *M. L.: Eine erstaunliche Feststellung: Es ist ausgerechnet der zynische heidnische Römer Pilatus, der als erster verkündet, dass Jesus der Christus ist …*

Heute können wir mit einiger Sicherheit feststellen, dass der Ursprungsort des Glaubens an Jesus als den Christus, das heißt der Ursprungsort »christ«-lichen Glaubens überhaupt, das Kreuz ist. Jesus selbst hatte sich nicht direkt als den Christus, den »Messias«, verkündet. Wer es tat, war Pilatus, der sich seinerseits der Anklage der Juden anschloss, indem er durch den in allen Weltsprachen von damals verfassten Hinrichtungstitel Jesus vom Kreuz herab als den hingerichteten König (= Messias, Christus) der Juden proklamierte. Dieser Hinrichtungstitel, das Todesurteil der Geschichte, wurde zum »Bekenntnis«, zum eigentlichen Ausgangspunkt des christlichen Glaubens, der Jesus für den Christus hält: Als der Gekreuzigte ist dieser Jesus der Christus, der König. Sein Königsein ist die Weggabe seiner Selbst an die Menschen, ist das Identischwerden von Wort, Sendung und Existenz in der Drangabe eben dieser Existenz. Seine Existenz ist Liebe. Vom Kreuz her versteht also der Glaube in zunehmendem Maße, dass dieser Jesus nicht nur *etwas* getan und gesagt hat, sondern dass in ihm Botschaft und Person identisch sind, ja, dass er immer schon das ist, was er sagt. Johannes brauchte daraus nur schlicht die letzte Konsequenz zu ziehen: Wenn es so steht, dann ist also dieser Jesus Christus »Wort«. Eine Person aber, die nicht nur Worte hat, sondern ihr Wort und ihr Werk ist, die ist der Logos, »das Wort«, der Sinn selbst, die ist von immer und für immer der Grund, worauf die Welt steht. Wenn wir irgendwo eine solche Person antreffen, dann ist sie jener Sinn, der uns alle hält und von dem wir alle gehalten sind.

Die Christen stoßen also zuerst vom Kreuz her auf die Identifizierung von Person, Wort und Werk. Daran erkannten sie das letztlich Entscheidende, vor dem alles andere zweitrangig wird. Deshalb konnte sich ihr Bekenntnis auf die schlichte Ineinanderfügung der Worte Jesus und Christus beschränken – in dieser Verbindung war alles gesagt. Das gekreuzigte Ich des Herrn ist eine so gefüllte Wirklichkeit, dass alles andere zurücktreten kann. In einem zweiten Schritt wurde dann von dem so gewonnenen Verstehen Jesu her auf seine Worte zurückgeschaut und darüber neu nachgedacht. Zu ihrem Erstaunen musste die erinnernde Gemeinde nun feststellen, dass seine Botschaft selber, von rückwärts gelesen, so ist, dass sie immer auf dieses Ich, auf die Identität von Wort und Person zuführt. In einem letzten Schritt konnte endlich Johannes die beiden Bewegungen verbinden. Sein Evangelium ist die durchgeführte Lektüre der Worte Jesu von der Person und der Person von ihren Worten her. Dass er Bezeugung des Glaubens an den Christus als Botschaft von der Geschichte Jesu und umgekehrt Jesusgeschichte als Christusbekenntnis betreibt, das zeigt die vollendete Einheit von Christus und Jesus an, die für die ganze weitere Geschichte des Glaubens grundlegend ist und bleibt.

d. Christus – Der letzte Mensch

> *M. L.: In Friedrich Nietzsches Verzweiflungsvision »hüpft der letzte Mensch, der alles klein macht«, am Ende ganz lächerlich über die Erde und blinzelt. Joseph Ratzinger dagegen lässt sich von Christus in den kleinen, hilfsbedürftigen letzten Menschen Gott selber zeigen, der die Liebe ist. Und wieder wird hier hohe Theologie ganz praktisch: Im Hilfsbedürftigen Christus finden – »Liebe ist Glaube«.*

Der Bindestrich zwischen Jesus und Christus, die Untrennbarkeit von Person und Werk, die Identität eines Menschen mit dem Akt der Hingabe – sie bedeuten auch den Bindestrich zwischen Liebe und Glauben. Denn das Ich Jesu, seine Person, die nun allerdings ganz in den Mittelpunkt rückt, hat doch seine Eigentümlichkeit darin, dass dieses

Ich sich nicht in isolierter Selbstständigkeit verschließt, sondern gänzlich Sein vom Du des Vaters her und Sein für die Menschen ist. Es ist Identität von Logos, Wahrheit, und Liebe und macht so die Liebe zum Logos, zur Wahrheit des menschlichen Seins. Der Glaube hat folglich sein Wesen darin, Eingehen in die universale Offenheit bedingungsloser Liebe zu sein. Denn an einen so verstandenen Christus glauben bedeutet einfach, die Liebe zum Inhalt des Glaubens zu machen, sodass man von da aus geradezu wird sagen dürfen: Liebe ist Glaube.

Das entspricht dem Gemälde, das Jesus in seinem großen Gleichnis vom letzten Gericht (Mt 25,31–46) entworfen hat: Das Christusbekenntnis, das der richtende Herr hier fordert, ist das Finden Christi in den letzten Menschen, in denen, die meiner Hilfe bedürfen. **Christus bekennen heißt von hier aus: den Menschen, der meiner bedarf, als den Christus anzuerkennen, wie er mir hier und heute entgegentritt, den Anruf der Liebe als Anspruch des Glaubens verstehen. Deshalb gilt nun auch, dass Glaube, der nicht Liebe ist, kein wirklich *christlicher* Glaube ist, sondern nur als solcher erscheint.**

2. JESUS CHRISTUS, WAHRER GOTT UND WAHRER MENSCH – BLOSS EIN THEOLOGISCHES KREUZWORTRÄTSEL ODER DIE WIRKLICHE RETTUNG FÜR ALLE?

M. L.: Hier kann man Joseph Ratzinger beim Zweifeln zuschauen …

Christlicher Glaube ist nicht auf Ideen, sondern auf eine Person, ein Ich bezogen. Wenn dieses Ich geglaubt wird als reine Offenheit, als totales Sein vom Vater her, wenn es mit seiner ganzen Existenz

»Sohn«, reines Dienen, ist, wenn diese Existenz Liebe also nicht nur *hat*, sondern *ist* – muss sie dann nicht identisch sein mit Gott, der *allein* die Liebe *ist*? Ist Jesus, der Sohn Gottes, dann nicht selber Gott? Gilt dann nicht: »Das Wort war auf Gott hin, und es *war* Gott« (Jo 1,1)?

Aber auch die umgekehrte Frage entsteht, sodass wir sagen müssen: Wenn dieser Mensch ganz ist, was er tut, wenn er ganz hinter dem steht, was er sagt, wenn er ganz für die andern und in solchem Sichverlieren doch ganz bei sich selber ist, wenn er der ist, der sich im Verlieren gefunden hat (vgl. Mk 8,35), ist er dann nicht der menschlichste der Menschen, die Erfüllung des Humanen schlechthin?

Sollte es sein können, dass radikalster Humanismus und Glaube an den offenbarenden Gott hier aufeinandertreffen, ja ineinander übergehen?

Solche Fragen, von deren Wucht die Kirche der ersten fünf Jahrhunderte erschüttert wurde, steigen aus dem Christus-Bekenntnis selbst auf und das dramatische Ringen jener Periode um diese Fragen hat in den ökumenischen Konzilien von damals zur Bejahung aller *drei Fragen* geführt. Eben dieses dreifache Ja macht den Inhalt der klassischen Lehre von Jesus Christus aus, die damit nur dem schlichten Anfangsbekenntnis zu Jesus als dem »Christus« die volle Treue zu halten versuchte: Das radikale Christussein Jesu schließt das Sohnsein und das Sohnsein das Gottsein ein. Nur wenn das Bekenntnis so verstanden wird, bleibt es verständige Aussage, während man ohne diese Konsequenz zum Mythos absinkt. Es bekennt sich aber nicht minder entschieden dazu, dass Jesus in der Radikalität seines Dienens der menschlichste der Menschen ist, der wahre Mensch. Auf diese Weise fallen Theologie, die Lehre von Gott, und Anthropologie, die Lehre vom Menschen, zusammen, worin seither das wahrhaft Erregende christ-lichen Glaubens besteht.

Wenn man die Unausweichlichkeit der eben entwickelten Logik anerkennen muss, bleibt doch alles entscheidend der Blick auf die Tatsachen: Haben wir uns nicht vielleicht mit einem schönen System in die Lüfte erhoben, aber die Wirklichkeit hinter uns gelassen, sodass uns die Schlüssigkeit des Systems nichts nützt, weil die Basis fehlt? Wir müssen also fragen, ob uns der biblische Befund und das, was seine kritische Durchleuchtung der Tatsachen freigibt, dazu ermächtigt, das Sohnsein Jesu so zu fassen, wie wir es eben getan haben.

a. Jesus Christus – »Sohn Gottes«

> *M. L.: Hier erklärt Ratzinger auf geradezu berührende Weise, wie in der zärtlichen, rückhaltlosen Beziehung Jesu, des Sohns, zu Gott, dem Vater, sich das Wesen Gottes als Beziehung offenbart, in die alle Menschen einbezogen werden, die in der Nachfolge Jesu uneigennützig leben und Notleidenden helfen. Christ sein heißt also ganz einfach, sich Gott und den Mitmenschen in der Nachfolge Jesu liebevoll zu öffnen. Was das dann genau bedeutet, darüber denken Theologen seit 2000 Jahren tiefsinnig nach ...*

Innerhalb der Sprache des Neuen Testaments ist streng zu unterscheiden zwischen der Bezeichnung »Sohn Gottes« und der einfachen Bezeichnung »der Sohn«. Für den, der sprachlich nicht exakt vorgeht, scheint beides zwar durchaus dasselbe zu sagen. Tatsächlich haben beide Bezeichnungen in gewissem Sinn miteinander zu tun und bewegen sich immer mehr aufeinander zu. Ursprünglich gehören sie jedoch durchaus verschiedenen Zusammenhängen an, haben verschiedene Ursprünge und sagen Verschiedenes aus.

Der Ausdruck »Sohn Gottes« entstammt der Königstheologie des Alten Testaments. Diese beruht ihrerseits auf einer Entmythologisierung der orientalischen Königstheologie, die in die Erwählungstheologie Israels umgedeutet wird. Das klassische Beispiel für diesen Vorgang bietet Psalm 2,7, also jener Text, der zugleich zu einem der entscheidenden Ausgangspunkte für das Verständnis Jesu Christi wurde. In diesem Vers wird dem König Israels folgender Orakelspruch zugerufen: »Künden will ich die Setzung Jahwes: Er sprach zu mir: ›Mein Sohn bist du, heute habe ich dich gezeugt. Verlange von mir und ich gebe dir Völker zum Erbe und die Welt zum Besitztum.‹« Dieses Wort, das in den Zusammenhang der Inthronisation der Könige Israels hineingehört, entstammt, wie gesagt, altorientalischen Krönungsriten, in denen der König als der von Gott gezeugte Sohn deklariert wird, wobei allerdings der volle Umfang der Zeugungsvorstellung nur in Ägypten festgehalten worden zu sein scheint: Hier galt der König als mythisch von Gott gezeugtes Wesen, während man in Babylon dasselbe Ritual bereits weitgehend entmythologisierte und den Gedanken, der König sei Sohn Gottes, schon wesentlich im Sinn eines Rechtsaktes fasste.

In der Übernahme der Formel durch den Hof König Davids ist der mythologische Sinn sicher völlig beiseite geschoben. Der Gedanke einer physischen Zeugung des Königs durch die Gottheit ist ersetzt durch die Vorstellung, der König werde hier und heute Sohn, der Zeugungsakt besteht im Akt der Erwählung durch Gott. Der König ist Sohn, nicht weil er von Gott gezeugt, sondern weil er von Gott erwählt ist. Nicht ein physischer Vorgang ist angesprochen, sondern die Macht des göttlichen Wollens, das neues Sein schafft. In dem so verstandenen Sohnschaftsgedanken konzentriert sich nun zugleich die Theologie des Erwählungsvolkes überhaupt. In älteren Texten war Israel insgesamt Jahwes erstgeborener, geliebter Sohn genannt worden (etwa Ex 4,22). Wenn in der Königszeit diese Rede auf den Herrscher übertragen wird, heißt das, dass in ihm, im Davidsnachfolger, die Berufung Israels sich zusammenfasst, dass er stellvertretend für Israel steht und das Geheimnis der Verheißung, der Berufung, der Liebe in sich vereint, das über Israel liegt.

Im Grunde aber musste die Anwendung des orientalischen Königsrituals auf den König Israels, wie sie im Psalm geschieht, angesichts der wirklichen Lage Israels wie ein grausamer Spott erscheinen. Es hatte einen Sinn, wenn dem Pharao oder dem König von

Babylon bei seiner Thronbesteigung zugerufen wurde: »Die Völker gehören dir zum Erbe, die Welt ist dein, du magst sie zerschmettern und sie zertrümmern wie Töpfergeschirr«. Solche Rede entsprach dem Weltmachtsanspruch dieser Könige. Wenn sie aber, was bei den Großmächten Babylon und Ägypten sinnvoll war, für den König auf dem Zionsberg angewandt wird, schlägt es in die pure Ironie um, denn die Erdenkönige zittern nicht vor ihm, viel eher zittert er vor ihnen. Und die Weltherrschaft musste, von einem armseligen Duodezfürsten, wie er es war, ausgesagt, beinahe lächerlich wirken. Der Mantel des Psalms, dem orientalischen Königsritual entnommen, war viel zu groß für die Schultern des wirklichen Königs auf dem Zionsberg. So war es eine Notwendigkeit der Geschichte, dass dieser Psalm, der von der Gegenwart her gesehen fast unerträglich wirken musste, immer mehr zu einem Bekenntnis der Hoffnung wurde auf den hin, von dem er einmal wirklich gelten würde. Die Königstheologie, die in einer ersten Stufe aus einer Zeugungs- zu einer Erwählungstheologie umgewandelt worden war, wurde also in einem weiteren Schritt aus einer Erwählungstheologie zu einer Theologie der Hoffnung auf den kommenden König. Das Thronorakel wurde immer mehr zu einem Spruch der Verheißung, dass eines Tages der König kommen werde, von dem zu Recht gesagt werden konnte: »Mein Sohn bist du, heute habe ich dich gezeugt. Verlange von mir, und ich gebe dir die Völker zum Erbe«.

An diesem Punkt setzt die Neuverwendung des Textes durch die christliche Urgemeinde an. Wahrscheinlich im Rahmen des Auferstehungsglaubens ist dieses Psalmwort zuerst auf Jesus angewendet worden. Das Geschehen der Auferweckung Jesu von den Toten, an das diese Gemeinde glaubt, wird von den ersten Christen als jener Augenblick begriffen, in dem der Vorgang von Psalm 2 tatsächlich Wirklichkeit geworden ist. Freilich scheint der Glaube, dass der, der auf Golgotha gestorben ist, zugleich derjenige sei, zu dem *diese* Worte gesagt sind, immer noch ein unerhörter Widerspruch. Was bedeutet also diese Anwendung des Wortes? Sie besagt, dass man die Königshoffnung Israels in dem am Kreuz Gestorbenen und dann Auferweckten erfüllt weiß. Sie bedeutet die Überzeugung, dass zu dem, der am Kreuze starb, zu dem, der aller Macht der Welt entsagte – und hören wir als Hintergrund dabei die Rede vom Zittern der Weltkönige, vom Zerschmettern mit eisernem Stab! –, zu dem, der alle Schwerter beiseite legen ließ und nicht, wie es die Könige der Welt tun, andere für sich in den Tod schickte, sondern selbst in den Tod für andere ging, zu dem, der den Sinn des Menschseins nicht in der Macht und in deren Selbstbehauptung, sondern im radikalen Sein für die andern sah, ja, der das Sein für die andern war, wie das Kreuz es zeigt – dass zu ihm und zu ihm allein Gott gesagt hat: »Mein Sohn bist du, heute habe ich dich gezeugt«. Im Gekreuzigten wird für die Glaubenden sichtbar, was der Sinn jenes Orakels, was der Sinn von Erwählung ist: nicht Privileg und Macht für *sich*, sondern Dienst für die andern. In ihm wird sichtbar, was der Sinn der Erwählungsgeschichte, was der wahre Sinn von Königtum ist, das immer schon Stellvertretung, »Repräsentation« sein wollte. Dass »Repräsentieren« bedeutet: für die anderen, sie vertretend, stehen – das gewinnt nun einen verwandelten Sinn. Ihm, dem völlig Gescheiterten, der am Galgen hängend kein Stück Boden mehr unter den Füßen hat, um dessen Gewänder gelost wird und der selbst von Gott preisgegeben scheint, ihm, gerade ihm gilt das Orakel:

»Mein Sohn bist du, heute – an *dieser* Stelle – habe ich dich gezeugt. Fordere von mir und ich gebe dir Völker zum Erbe und die Welt zum Besitztum«.

Die Sohn-Gottes-Idee, die in dieser Form, in der Auslegung von Auferstehung und Kreuz durch Psalm 2, in das Bekenntnis zu Jesus von Nazareth eingegangen ist, ist die zweite Entmythologisierungsstufe der alttestamentlich schon vorentmythologisierten orientalischen Königsidee. Sie bezeichnet Jesus als den wahren Erben des Alls, als den Erben der Verheißung, in dem sich der Sinn der Davidstheologie erfüllt. Zugleich wird sichtbar, dass die Königsidee, die so im Sohnestitel auf Jesus übertragen wird, sich mit der Knechtsidee verschränkt. Als König ist er Knecht, und als Knecht Gottes ist er König. Dieses für den Christusglauben so grundlegende Ineinander ist im Alten Testament sachlich, in dessen griechischer Übersetzung auch sprachlich vorbereitet. Das Wort »Pais«, mit dem es den Knecht Gottes benennt, kann auch Kind bedeuten, im Licht des Christusereignisses musste diese Doppelsinnigkeit zum Hinweis werden auf die innere Identität, in der sich beides bei Jesus verbindet.

Das ineinander Übergehen von Sohn und Knecht, von Herrlichkeit und Dienst, was eine völlig neue Auslegung des Königsgedankens wie des Sohnesgedankens bedeutete, hat im Philipperbrief (2,5–11) ihre wohl großartigste Formulierung gefunden, in einem Text also, der noch ganz auf dem Boden des palästinensischen Christentums gewachsen ist. Hier wird auf das grundlegende Beispiel der Gesinnung Jesu Christi verwiesen, der das Gleichsein mit Gott nicht eifersüchtig festhielt, sondern in die Niedrigkeit des Knechtes bis zur völligen Selbstentleerung hinabstieg. Er habe sich »ausgeleert«, sei, das Sein-für-sich aufgebend, in die reine Bewegung des Für eingetreten. Aber eben darin, so sagt der Text weiter, ist er der Herr des Alls, des ganzen Kosmos geworden, vor dem dieser den Akt der Unterwerfung vollzieht, der allein dem wirklichen König gebührt. Der freiwillig Gehorchende erscheint so als der wahrhaft Herrschende, der in die letzte Niedrigkeit des Sich-Entleerens Abgestiegene ist gerade dadurch der Herrscher der Welt. Derjenige, der gar nicht an sich festhält, sondern reine Beziehung ist, fällt darin mit dem Absoluten zusammen und wird so zum Herrn. Der Herr, vor dem das All sich beugt, ist, wie es das letzte Buch der Bibel beschreibt, das geschlachtete Lamm als Darstellung für die Existenz, die reines Für ist. Die kosmische Liturgie, die anbetende Huldigung des Alls, kreist um dieses Lamm (Offb 5).

Im Übrigen findet sich die einzige wirkliche antike Parallele zur Benennung Jesu als Sohn Gottes in der Benennung des Kaisers

Augustus als »Sohn Gottes«. Hier begegnen wir in der Tat exakt dem Wort, mit dem das Neue Testament die Bedeutung Jesu von Nazareth beschreibt. Im römischen Kaiserkult kehrt im Raum der Spätantike mit der orientalischen Königsideologie der Titel »Sohn Gottes« wieder, den es sonst nicht gibt und schon wegen der Vieldeutigkeit des Wortes »Gott« nicht geben kann. Der Titel »Sohn Gottes« gehört also der politischen Theologie Roms zu und verweist damit auf denselben Grundzusammenhang, aus dem auch das neutestamentliche »Sohn Gottes« hervorgewachsen ist. Beides kommt in der Tat, wenngleich unabhängig voneinander und auf verschiedenen Wegen, aus demselben Mutterboden hervor und verweist auf ein und dieselbe Quelle zurück. Im alten Orient und wieder im kaiserlichen Rom ist »Sohn Gottes« ein Stück politischer Theologie, im Neuen Testament dagegen ist das Wort durch die in Israel erfolgte erwählungs- und hoffnungstheologische Umdeutung hindurch in eine andere Dimension des Denkens hineinverwandelt worden. So ist aus derselben Wurzel hier völlig Verschiedenes gewachsen: In der Auseinandersetzung zwischen dem Bekenntnis zu *Jesus* als dem Sohn Gottes und dem Bekenntnis zum *Kaiser* als dem Sohn Gottes, die bald unvermeidlich werden musste, traten sich praktisch der entmythisierte christliche Titel und der Mythos gebliebene Mythos gegenüber. Der All-Anspruch des römischen Gott-Kaisers konnte freilich die christlich verwandelte Königstheologie unmöglich neben sich zulassen, die im Bekenntnis zu Jesus als Sohn Gottes lebt. Insofern musste aus der »Martyria«, dem Zeugnis für Christus das »Martyrium« werden, die Provokation gegen die Selbstvergottung der politischen Macht.

Von dem Begriff »Sohn Gottes« ist als etwas durchaus anderes abgehoben die Selbstbezeichnung Jesu als »der Sohn«. Dieses Wort kommt aus einer anderen Sprachgeschichte und gehört einem anderen Sprachfeld zu, nämlich der verschlüsselten Gleichnissprache, die Jesus im Gefolge der Propheten und der Weisheitslehrer Israels verwendete. Hier wiederum ist das Wort nicht der Verkündigung nach außen zuzuweisen, sondern im engsten Kreis der Jünger Jesu anzusiedeln. Sein eigentlicher Ursprungsort dürfte wohl im Gebetsleben Jesu zu suchen sein, es bildet die innere Entsprechung zu seiner neuen Gottesanrede »Abba«, Vater. Jene wenigen Worte, die uns im griechischen Neuen Testament in der aramäischen Muttersprache Jesu überliefert worden sind, eröffnen den Zugang zu seiner ursprünglichen Sprechweise. Sie wirkten auf die Hörer so überraschend neu, bezeichneten so sehr das Besondere des Herrn, sein Einzigartiges, dass sie im Wortklang festgehalten wurden, wir können ihn darin noch immer mit seiner eigenen Stimme sprechen hören.

Zu den wenigen kleinen Kostbarkeiten, in denen uns die Urgemeinde unübersetzt das aramäische Reden Jesu festgehalten hat, weil sie besonders auffallend darin ihn selbst vernahm, gehört die Anrede »Abba – Vater«. Von der auch im Alten Testament möglichen Vateranrede unterscheidet sie sich insofern, als »Abba« eine Formel des intimen Zueinander darstellt, dem Wort »Papa« vergleichbar, wenn auch gehobener als dieses. Die Intimität, die es ausdrückte, schloss im Judentum die Möglichkeit aus, das Wort auf Gott zu beziehen. Solche Annäherung kam dem Menschen nicht zu. Dass Jesus so betete, dass er in diesem Wort mit Gott verkehrte und darin eine neue, nur ihm persönlich eignende Form der Intimität mit Gott ausdrückte, das war es, was die frühe Christenheit festhielt, wenn sie dieses Wort in seinem Urklang aufbewahrte.

Diese Gebetsanrede aber findet die ihr innerlich angemessene Entsprechung in der Selbstbezeichnung Jesu als Sohn. Beides zusammen drückt die eigentümliche Weise von Jesu Beten aus, sein Gottesbewusstsein, in das er, wenn auch noch so verhalten, seinen engsten Freundeskreis mit hineinblicken ließ. Wenn der Titel »Sohn Gottes« der jüdischen Messiasvorstellung entnommen ist und so ein geschichtlich und theologisch reich befrachtetes Wortgebilde bedeutet, so stehen wir hier vor etwas gänzlich anderem, unendlich viel Einfacherem und zugleich unendlich viel Persönlicherem und Tieferem. Wir blicken hinein in die Gebetserfahrung Jesu, in jene Nähe zu Gott, die seine Gottesbeziehung von der aller anderen Menschen unterscheidet, die aber dennoch keine Exklusivität will, sondern darauf ausgerichtet ist, die anderen mit aufzunehmen in die eigene Weise des Stehens zu Gott, sodass sie mit Jesus und in ihm ebenso wie er »Abba« zu Gott sagen können: Keine Grenze der Ferne soll sie mehr scheiden, sondern jene Intimität soll sie mit umgreifen, die in Jesus Wirklichkeit ist.

Das Johannesevangelium hat diese Selbstbezeichnung Jesu als »Sohn«, die uns bei den ersten drei Evangelien nur an wenigen Stellen begegnet, in den Mittelpunkt seines Jesusbildes gestellt. Das entspricht dem Grundzug dieses Textes, der den Schwerpunkt viel mehr nach innen verlagert. Die Selbstbezeichnung Jesu als »der Sohn« wird nun zum Leitfaden der Darstellung des Herrn. Für Johannes ist das nicht Ausdruck einer Eigenmacht, die Jesus sich zulegen würde, sondern Ausdruck der totalen Relativität seiner Existenz auf den Vater hin. Seine Existenz wird als gänzlich relative ausgelegt, die nichts anderes als »Sein von« und »Sein für« ist. Darin deckt sich der Titel »Sohn« mit den Bezeichnungen »das Wort« und »der Gesandte«. Und wenn Johannes den Herrn durch den beim Propheten Jesaja zu lesenden Gottesspruch »Ich bin es« beschreibt, ist wieder dasselbe gemeint, die totale Einheit mit dem »Ich bin«, die aus der völligen Hingabe resultiert.

Johannes spricht nicht mehr bloß vom Wirken, vom Tun, vom Reden und vom Lehren Jesu, vielmehr stellt er nun fest, dass Jesu Lehre im Grunde er selber ist. Er ist Sohn, Wort, Sendung, sein Tun reicht bis in den Grund des Seins hinab, ist eins mit ihm. Wer den Vorgang richtig begriffen hat, muss sehen, dass das Frühere jetzt erst in seiner vollen Tiefe erfasst wird. Das Knechtsein wird nicht mehr als eine Tat erklärt, hinter der die Person Jesu in sich stehen bleibt, es wird in die ganze Existenz Jesu eingelassen Sein *Sein* ist selber Dienst. Und gerade darin, dass dieses Sein als Ganzes nichts als Dienst ist, ist es Sohnsein. Insofern ist die christliche Umwertung der Werte hier erst am Ziel angelangt, hier erst wird vollends deutlich, dass der, der sich ganz in den Dienst für die anderen, in die volle Selbstlosigkeit und Selbstentleerung hineingibt, sie förmlich *wird* – dass eben dieser der wahre Mensch, der Mensch der Zukunft, das Ineinanderfallen von Mensch und Gott ist.

Die Dogmen, die Lehrsätze der frühen Konzilien von Nizäa und Chalcedon wollten nichts anderes als diese Identität von Dienst und Sein aussagen, in der der ganze Gehalt der Gebetsbeziehung »Abba-Sohn« zutage tritt. Nicht aus mythischen Zeugungsideen sind jene Aussagen entwickelt worden, sondern aus dem johanneischen Zeugnis, das seinerseits einfach die Verlängerung von Jesu Reden mit dem Vater und von Jesu Sein für die Menschen bis in die Preisgabe am Kreuze hinein darstellt.

Was Johannes über Christus sagt und was die Kirche bekennt, geht in seinem Radikalismus viel weiter als manche Theologen zu denken wagen, indem es das Sein selbst als Akt bekennt und sagt: Jesus ist sein Werk. Dahinter steht dann nicht doch noch ein Mensch Jesus, an dem eigentlich nichts geschehen ist. Sein *Sein* ist reine dynamische Aktualität des »Von« und »Für«. Eben darin aber, dass dieses Sein nicht mehr trennbar ist von seiner Aktualität, erweist er sich als Gott und ist zugleich der exemplarische Mensch, der Mensch der Zukunft, durch den hindurch sichtbar wird, wie sehr der Mensch noch das zukünftige, das ausstehende Wesen ist, wie wenig der Mensch noch begonnen hat, er selbst zu sein.

b. Menschwerdung Gottes – Christus und die Evolution

M. L.: Hier erfährt man etwas über den Unterschied zwischen orthodox/katholischer und protestantischer Sicht auf Jesus Christus und warum beide Sichtweisen sich ergänzen sollten. Und dann zeigt sich die furchtlose Geistesgegenwart des jungen Theologen Ratzinger, wenn er Ideen des vom Vatikan mit zahlreichen Zensuren belegten umstrittenen Paläontologen und Philosophen Teilhard de Chardin zu Hilfe nimmt, um modernen, von der Evolutionstheorie her denkenden Menschen besser plausibel machen zu können, wer Jesus Christus ist. Dass Ratzinger selber diese Gedankengänge »für manch einen etwas schwer verständlich« findet, mag den Leser trösten ...

In der Geschichte des christlichen Glaubens haben sich bei der Betrachtung Jesu zwei Linien immer wieder auseinander entwickelt: die Theologie der Inkarnation, der Menschwerdung – genauer, der Fleischwerdung Gottes – die vom griechischen Denken aufstieg und in der katholischen Tradition des Ostens und Westens herrschend wurde, und die Theologie des Kreuzes, die im Anschluss an Paulus und die frühesten Formen christlichen Glaubens im reformatorischen Denken entscheidend zum Durchbruch kam. Die Erstere redet vom Sein und kreist um die Tatsache, dass da ein Mensch Gott *ist* und dass damit zugleich Gott Mensch ist. Dies Ungeheuerliche wird ihr das alles Entscheidende. Vor diesem Geschehnis des Einsseins von Mensch und Gott, der Mensch-werdung Gottes, verblassen alle Einzelgeschehnisse, die noch folgten. Sie können demgegenüber nur noch sekundär sein, das Ineinandertreffen von Gott und Mensch erscheint als das wahrhaft Entscheidende, Erlösende, als die wirkliche Zukunft des Menschen, auf die schließlich alle Linien zugehen müssen.

Die Theologie des Kreuzes dagegen will sich auf dieses Denken vom Sein her nicht einlassen, sie spricht stattdessen vom Ereignis. Sie folgt dem Zeugnis des Anfangs, der noch nicht nach dem Sein fragte, sondern nach dem *Handeln* Gottes in Kreuz und Auferstehung, das den Tod besiegte und Jesus als den Herrn und als die Hoffnung der Menschheit erwies. Vom jeweiligen Ansatz ergibt sich die unterschiedliche Tendenz: Inkarnationstheologie tendiert zu einer statischen und optimistischen Sicht. Die Sünde des Menschen erscheint dabei leicht als ein Durchgangsstadium von ziemlich untergeordneter Bedeutung. Das Entscheidende ist dann nicht, dass der Mensch in der Sünde ist und geheilt werden muss, sondern geht weit über eine solche Reparation des Vergangenen hinaus und liegt im Zugehen auf das Ineinanderfallen von Mensch und Gott in Christus. Die Kreuzestheologie führt demgegenüber zu einer eher dynamischen, weltkritischen Auffassung des Christentums, das dieses nur als den immer wieder auftretenden Bruch in der Selbstsicherheit und Selbstgewissheit des Menschen und seiner Institutionen, einschließlich der Kirche, versteht.

Diese beiden großen geschichtlichen Formen des christlichen Selbstverständnisses müssen als Polaritäten gegenwärtig bleiben, die sich selbst gegenseitig korrigieren und nur in ihrem Zueinander auf das Ganze verweisen. Dennoch dürfte durch unsere Überlegungen hindurch so etwas wie die letzte Einheit beider Ansätze sichtbar werden. Denn wir haben ja gefunden, dass das *Sein* Christi nicht ein in sich ruhendes Sein ist, sondern der Akt des Gesandtseins, des Sohnseins, des Dienens. Umgekehrt: Dies Tun ist nicht bloß Tun, sondern reicht in die Tiefe des Seins hinab und fällt mit ihm zusammen. So aber muss eine sich recht verstehende Seins- und Inkarnationstheologie übergehen in die Kreuzestheologie, mit ihr eins werden. Umgekehrt muss eine ihr ganzes Maß ausmessende Kreuzestheologie zur Sohnestheologie und zur Seinstheologie werden.

Im Lauf der historischen Entwicklung des Christusglaubens ist übrigens auch zusehends auseinander gefallen, was man »Christologie« und »Soteriologie« zu nennen sich gewöhnte. Unter Ersterer verstand man die Lehre vom Sein Jesu, das man immer mehr als eine Ausnahme in sich abkapselte und so zum Spekulationsobjekt über etwas Sonderbares, Unverständliches, allein auf Jesus Begrenztes umwandelte. Unter Soteriologie wurde dann die Lehre von der Erlösung verstanden: Nachdem man das Kreuzworträtsel, wie Mensch und Gott in Jesus eins sein konnten, behandelt hatte, fragte man ganz getrennt davon, was Jesus eigentlich für uns getan habe. Dass die beiden Fragen auseinanderfielen, dass man die Person und ihr Werk zum Inhalt getrennter Überlegungen machte, hat dazu geführt, dass *beides* unverständlich wurde. Die Dinge stellen sich sogleich ganz anders dar, wenn statt der Zertrennung in Werk und Person Jesu sichtbar wird, dass es bei Jesus Christus nicht um ein von ihm selbst losgetrenntes Werk, nicht um eine Leistung geht, die Gott einfordern muss, weil er selbst auf die Ordnung verpflichtet ist. Und wie anders sehen die Dinge des Weiteren aus, wenn man den Schlüssel ergreift, den uns die Paulusbriefe anbieten, die uns Christus verstehen lehren als den »letzten Menschen«, als den endgültigen Menschen, der den Menschen in seine Zukunft bringt, die darin besteht, dass er nicht bloß Mensch, sondern eins mit Gott ist.

Was also ist gemeint, wenn wir bekennen: »Ich glaube an Christus Jesus, Gottes eingeborenen Sohn, unsern Herrn«? Christlicher Glaube glaubt an Jesus von Nazareth als den exemplarischen Menschen. Aber gerade als der maßgebende Mensch überschreitet er die Grenze des Menschseins und nur dadurch ist er der wahrhaft exemplarische Mensch. Denn der Mensch ist umso mehr bei sich, je mehr er beim andern ist. Er kommt nur dadurch *zu* sich, dass er *von* sich wegkommt. Er kommt nur durch das Sein beim anderen zu sich selbst.

Das gilt schließlich in einer letzten Tiefe. Wenn der andere bloß irgend-jemand ist, kann das natürlich auch zur Selbstverlierung des Menschen werden. Der Mensch ist aber eben zuletzt auf den wahrhaft anderen, auf Gott hin bestimmt, er ist umso mehr bei sich, je mehr er bei dem *ganz* anderen, bei Gott ist. Er ist demnach ganz er selbst, wenn er aufgehört hat, sich in sich abzuschließen und zu behaupten, wenn er die reine Eröffnetheit auf Gott hin ist. Der Mensch kommt also zu sich, indem er über sich hinauskommt. Jesus Christus aber ist der ganz über sich hinausgekommene und so der wahrhaft zu sich gekommene Mensch.

Aus dem »Lehm« war in dem Augenblick der Mensch geworden, in dem ein Wesen über das Da-Sein und die Erfüllung seiner Bedürftigkeit hinaus eröffnet war auf das Ganze. Aber dieser Schritt, durch den erstmals »Logos«, Verstehen, Geist eintrat in diese Welt, ist erst dann erfüllt, wenn der Logos selbst, der ganze schöpferische Sinn, und der Mensch ineinandertauchen. Die volle Menschwerdung des Menschen setzt die Menschwerdung Gottes voraus. Erst in ihr ist jener Anfang zu seiner höchsten Möglichkeit geführt, der begann, als erstmals ein Wesen aus Staub und Erde über sich und seine Umwelt hinausblickend Du zu Gott zu sagen vermochte. Auf das Ganze, aufs Unendliche hin geöffnet zu sein, das macht den Menschen aus. Der Mensch ist dadurch Mensch, dass er unendlich hinausreicht über sich, und er ist folglich umso mehr Mensch, je weniger er in sich verschlossen, »beschränkt« ist. Dann ist aber der am meisten Mensch, der am meisten ent-schränkt ist, der das Unendliche, den Unendlichen, nicht nur berührt, sondern eins mit ihm ist: Jesus Christus. In ihm ist der Schritt der Menschwerdung wahrhaft an sein Ziel gekommen.

Wenn Jesus aber der exemplarische Mensch ist, in dem die wahre Gestalt des Menschen, die Idee Gottes mit ihm, vollends ans Licht tritt, dann kann er nicht dazu bestimmt sein, nur eine absolute Ausnahme zu sein, eine Kuriosität, in der Gott uns demonstriert, was alles möglich ist. Dann geht seine Existenz die ganze Menschheit an. Das Neue Testament macht das erkennbar, indem es ihn einen »Adam« nennt. Dies Wort drückt in der Bibel die Einheit des ganzen Wesens Mensch aus. Wenn nun Jesus »Adam« genannt wird, sagt dies, dass er bestimmt ist, das ganze Wesen »Adam«, also die ganze Menschheit, in sich zu versammeln. Das aber bedeutet: Jene Realität, die Paulus »Leib Christi« nennt, ist eine innere Forderung dieser Existenz, die nicht Ausnahme bleiben darf, sondern die ganze Menschheit »an sich ziehen« muss (vgl. Jo 12,32).

Es muss als ein bedeutendes Verdienst des französischen Paläontologen und Philosophen Teilhard de Chardin gewertet werden, dass er diese Zusammenhänge vom heutigen evolutionären Weltbild her neu zugänglich gemacht hat. Hören wir ihn selbst, auch wenn diese Gedanken für manch einen etwas schwer verständlich sein mögen: Die Existenz des einzelnen Menschen »kann nur ganz sie selbst werden, wenn sie aufhört, allein zu sein«. Im Kosmos gibt es nämlich neben den beiden Ordnungen des unendlich Kleinen und des unendlich Großen eine dritte Ordnung, die die Evolution bestimmt: die Ordnung des unendlich Komplexen. Sie ist das eigentliche Ziel des aufsteigenden Werdeprozesses. Einen ersten Höhepunkt erreicht sie in der Entstehung des Lebendigen, um dann immer weiter voranzuschreiten zu jenen hochkomplexen Gebilden, die dem Kosmos eine neue Mitte geben: »So winzig und zufällig der Platz auch ist, den die Planeten in der Geschichte der Sternkörper einnehmen, so bilden sie letzten Endes doch die Lebenspunkte des Universums. … Auf sie konzentriert sich von nun an das Streben einer hauptsächlich auf die Erzeugung von großen Molekülen gerichteten Evolution«. Die Betrachtung der Welt nach dem dynamischen Maßstab der Komplexität bedeutet so »eine völlige Umkehrung der Werte. Eine Wendung der Perspektive«. Der Mensch aber ist das bisherige Maximum an Komplexität. Doch auch er kann als bloßes Einzelwesen noch kein Ende darstellen, ist er doch im Nebeneinander der einzelnen Menschen noch nicht am Ziel, sondern erweist sich als ein Element, das nach einer Ganzheit verlangt, die es umgreift, ohne es zu zerstören. So muss entdeckt werden, »dass nichts anderes den Dingen Halt und Zusammenhang gibt als ihre Verflechtung von oben her«. Das dynamische Weltbild zerstört an dieser Stelle die uns allen so naheliegende Vorstellung, die das Beständige allein in der »Masse«, im harten Stoff sieht. Dass die Welt schließlich doch »von oben« her konstruiert und gehalten ist, wird hier auf eine Weise sichtbar, die deswegen so eindrücklich ist, weil wir sie so wenig gewöhnt sind.

Von da aus eröffnet sich der Zugang zu einem weiteren Text, um hier wenigstens durch das Zusammenlegen von ein paar Fragmenten die Gesamtsicht Teilhards anzudeuten: »Die universale Energie muss eine denkende Energie sein, soll sie nicht in der Entwicklung weniger weit sein als die Ziele, die von ihrer Wirkung beseelt werden«. Von da aus kann nun auch der Zielpunkt der ganzen Bewegung verstanden werden, wie Teilhard ihn sieht: Die kosmische Drift bewegt sich »in Richtung auf einen … Zustand …, wo jedes Ego … dazu bestimmt ist, seinen Höhepunkt in irgendeinem geheimnisvollen Super-Ego zu erreichen«. Der Mensch ist als ein Ich zwar ein Ende, aber die Richtung der Seinsbewegung und seiner eigenen Existenz erweist ihn zugleich als ein Gebilde, das in ein jenseitiges Ich hineingehört, welches ihn nicht auslöscht, aber umgreift. Erst in solcher Vereinigung kann die Form des zukünftigen Menschen erscheinen, in der das Menschsein ganz am Ziel seiner selbst sein wird.

Hier wird von der heutigen Weltsicht her vielleicht neu verstehbar, was Paulus über Christus denkt: Der Glaube sieht in Jesus den Menschen, in dem sozusagen der nächste Evolutionssprung getan ist, in dem der Durchbruch aus der beschränkten Art unseres Menschseins geschehen ist Er sieht in ihm jenen Menschen, in dem Personalisation und Sozialisation, die Personwerdung also und das In-Gemeinschaft-Sein, sich nicht mehr ausschließen, sondern bestätigen, jenen Menschen also, in dem höchste Einheit – »Leib Christi«, sagt Paulus, ja noch schärfer: »Ihr seid ein Einziger in Christus« (Gal 3,28) – und höchste Individualität eins sind. Er sieht in Jesus jenen Menschen, in dem die Menschheit ihre Zukunft berührt und in höchstem Maße sie selbst wird, weil sie durch ihn Gott selber berührt, an ihm teilnimmt und so in ihre eigentlichste Möglichkeit gelangt. Von da aus wird der Glaube in Christus den Beginn einer Bewegung sehen, in der die zerteilte Menschheit immer mehr eingeholt wird in das Sein eines einzigen »Leibes« – des kommenden Menschen. Er wird in ihm die Bewegung sehen auf jene Zukunft des Menschen hin, in der er gänzlich »sozialisiert«, einverleibt in einen Einzigen ist, aber so, dass darin der Einzelne nicht ausgelöscht, sondern ganz zu sich gebracht wird.

Das Johannesevangelium weist in die gleiche Richtung. Erinnern wir uns nur an das Wort: »Wenn ich von der Erde erhöht sein werde, werde ich alle an mich ziehen« (Jo 12,32). Dieser Satz will den Sinn des Kreuzestodes Jesu auslegen. Das Kreuz bildet aber die Mitte der johanneischen Theologie. So drückt dieser Satz die Richtung aus, in die das ganze Evangelium weisen will. Der Vorgang der Kreuzigung erscheint darin als ein Vorgang der Öffnung, in der die verstreuten einzelnen Menschen in die Umarmung Jesu Christi, in den weiten Raum seiner ausgespannten Hände einbezogen werden, um in solcher Vereinigung an ihrem Ziel, am Ziel der Menschheit, anzukommen. Wenn es aber so ist, dann ist Christus als der kommende Mensch nicht der Mensch für sich, sondern der Mensch für die anderen. Der Mensch der Zukunft ist er gerade als der ganz offene. Der Mensch, der nur in sich stehen will, ist dann der Mensch der Vergangenheit, den wir hinter uns lassen müssen, um vorwärts zu schreiten. Das bedeutet anders ausgedrückt: Die Zukunft des Menschen liegt im »Sein-für«. Es bestätigt sich im Grunde hier noch einmal, was wir als den Sinn der Rede von der Sohnschaft und zuvor schon als den Sinn der Lehre von den drei Personen im einen Gott erkannt haben – der Verweis auf die dynamische Existenz, die wesentlich Offenheit in der Bewegung zwischen Von und Für ist. Und noch einmal zeigt sich, dass Christus der ganz offene Mensch ist, bei dem die Wände der Existenz abgerissen sind, der ganz »Übergang« (»Pascha«) ist.

Damit stehen wir unvermittelt wieder beim Kreuzes- und Ostergeheimnis, das ja von der Bibel als ein Geheimnis des Übergangs begriffen wird. Johannes schließt seine Darstellung des irdischen Jesus mit dem Bild der Existenz, deren Wände aufgerissen sind, die keine festen Grenzen mehr kennt, sondern ganz Offensein ist: »Einer von den Soldaten stieß mit der Lanze in seine Seite, und sogleich kam Blut und Wasser heraus« (Jo 19, 34). Im Bild der durchbohrten Seite gipfelt für Johannes nicht nur die Kreuzesszene, sondern die ganze Geschichte Jesu. Nun, nach dem Lanzenstich, der sein irdisches Leben beendet, ist seine Existenz ganz offen, nun ist er gänzlich »Für«, nun ist er wahrhaft nicht mehr ein Einzelner, sondern »Adam«, aus dessen Seite Eva, eine neue Menschheit, gebildet wird. Jene tiefe Darstellung des Alten Testaments, wonach die Frau aus der Seite des Mannes genommen ist (Gn 2,21 ff), womit ihrer beider immerwährende Verwiesenheit aufeinander und ihre Einheit im einen Menschsein unnachahmlich groß ausgesagt wird – jene Geschichte also scheint hier in der Wiederaufnahme des Wortes »Seite« anzuklingen. Die offene Seite des neuen Adam wiederholt das Schöpfungsgeheimnis der »offenen Seite« des Mannes. Sie ist der Anfang einer neuen, definitiven Gemeinschaft der Menschen miteinander. Als ihre Symbole stehen hier Blut und Wasser, womit Johannes auf die christlichen Grundsakramente Taufe und Eucharistie und durch sie hindurch auf die Kirche als das Zeichen der neuen Gemeinschaft der Menschen verweist. Der ganz Eröffnete, der das Sein ganz als Empfangen und Weitergeben vollzieht, ist damit sichtbar als das, was er im Tiefsten immer war: als »Sohn«. So ist Jesus am Kreuz wahrhaft in *seine* Stunde eingetreten, wie wiederum Johannes sagt. Diese rätselhafte Redeweise dürfte von hier aus einigermaßen verständlich werden.

Dies Ganze aber zeigt auch, welcher Anspruch über dem Reden vom kommenden Menschen liegt und wie wenig das in Wahrheit mit fröhlicher Fortschrittsromantik zu tun hat. Denn der Mensch für die andern, der offene und damit einen neuen Anfang eröffnende Mensch zu sein, das heißt: der geopferte Mensch sein. Die Zukunft des Menschen hängt am Kreuz – die Erlösung des Menschen ist das Kreuz. Und nicht anders kommt er zu sich selbst, als indem er die

Wände seiner Existenz abbrechen lässt, zum Durchbohrten blickt (Jo 19,37), dem nachfolgt, der als der Durchbohrte, Geöffnete, den Weg in die Zukunft eröffnet hat. Das bedeutet dann endlich, dass das Christentum, das als Glaube an die Schöpfung den Vorrang des Logos, den schöpferischen Sinn als Anfang und Ursprung glaubt, ihn doch auch als das Ende, als die Zukunft, als den Kommenden glaubt. In diesem Blick auf den Kommenden hin liegt sogar die eigentliche Geschichtsdynamik des Christlichen, das im Alten und Neuen Testament Glauben als Hoffnung auf die Verheißung vollzieht.

Christlicher Glaube ist nicht bloß Rückblick auf das Geschehene, Verankerung in einem zeitlich hinter uns liegenden Ursprung. Das zu denken würde letztlich auf Romantik und bloße Restauration hinauslaufen. Er ist auch nicht bloß Ausblick auf das Ewige, das wäre Platonismus und Metaphysik. Er ist vor allen Dingen auch Blick nach vorn, Ausgriff der Hoffnung. Gewiss nicht nur das: Die Hoffnung würde zur Utopie, wo ihr Ziel nur des Menschen eigenes Produkt wäre. Sie ist wahre Hoffnung eben dadurch, dass sie Vergangenheit, Gegenwart und Zukunft umfasst: die Vergangenheit, das heißt den schon geschehenen Durchbruch, die Gegenwart des Ewigen, die die zertrennte Zeit als Einheit sein lässt und das Kommende, in dem Gott und Welt einander berühren werden.

Vom christlichen Glauben her wird man sagen dürfen: Für die *Geschichte* steht Gott am Ende, der für das *Sein* am Anfang steht. Darin deutet sich der umfassende Horizont des Christlichen an, durch den es sowohl von einer bloßen Philosophie, wie auch von der Zukunftsideologie des Marxismus abgehoben ist. Seit Abraham und bis zur Wiederkunft des Herrn geht der Glaube dem Kommenden entgegen. Aber in Christus ist ihm das Antlitz des Kommenden jetzt schon kundgeworden: Es wird der Mensch sein, der die Menschheit umgreifen kann, weil er sich und sie an Gott verloren hat. – Deshalb muss das Zeichen des Kommenden das Kreuz und sein Gesicht in dieser Weltenzeit das Antlitz voller Blut und Wunden sein: **Der »letzte Mensch«, das heißt der eigentliche, der zukünftige Mensch, offenbart sich in dieser Zeit in *den* letzten Menschen, wer auf *seiner* Seite stehen will, muss daher auf *ihrer* Seite stehen** (vgl. Mt 25,31–46).

3. DIE PRINZIPIEN DES CHRISTENTUMS – DER BLICK AUF DAS GANZE

> *M. L.: Nach dieser etwas schweren Kost, versucht Ratzinger nun noch einmal einen allgemeinen Überblick über das Christentum, indem er Wichtiges von Unwichtigem unterscheidet und auf die Fragen der Zweifler antwortet – mit spannenden Ergebnissen ...*

An dieser Stelle wird es gut sein, noch einen Augenblick innezuhalten. Über den Einzelfragen geht zu leicht der Blick für das Ganze verloren. Dabei spüren wir gerade heute, zumal wo das Gespräch mit dem Ungläubigen versucht wird, wie notwendig uns dieser Blick wäre.

a. Christ ist man nie allein – Die Erbsünde und der Ärger mit den Institutionen

> *M. L.: Einer der menschverachtendsten Sätze ist der häufig zu hörende ganz harmlos klingende Spruch: »Ich möchte eines Tages nicht auf die Hilfe anderer Menschen angewiesen sein.« Denn während ein Mensch das sagt, ist der demenzkranke Nachbar auf die Hilfe anderer Menschen angewiesen, der behinderte Vetter, das neugeborene Kind ... In Wahrheit aber ist jeder Mensch auf die Hilfe anderer Menschen angewiesen, am Anfang und am Ende*

des Lebens etwas mehr und in der Zeit dazwischen kann man den Menschen am Anfang und am Ende helfen, genau das nennt man Menschlichkeit ...

Für uns Menschen von heute besteht ja der grundlegende Anstoß des Christlichen zunächst einfach in der Äußerlichkeit, in die das Religiöse dabei getreten scheint. Es ärgert uns, dass Gott durch äußere Apparaturen vermittelt werden soll: durch Kirche, Sakrament, Dogma oder auch nur durch die Verkündigung, auf die man sich zur Verminderung des Ärgernisses gern zurückzieht und die doch auch etwas Äußerliches ist. All dem gegenüber steht die Frage auf: Wohnt Gott denn in Institutionen, Ereignissen oder Worten? Berührt er nicht als der Ewige jeden von uns von innen her? Nun, darauf ist zunächst schlicht Ja zu sagen und fortzufahren: **Wenn es nur Gott und eine Summe von Einzelnen gäbe, wäre das Christentum nicht nötig.** Das Heil des Einzelnen könnte Gott unmittelbar besorgen, und das geschieht ja auch immer wieder. Er bedarf keiner Zwischenschaltungen, um in die Seele des Einzelnen einzutreten, dem er innerlicher ist als er sich selbst, nichts kann näher und tiefer in den Menschen hineinreichen als Er, der dieses Geschöpf im innersten Punkt seiner Innerlichkeit berührt. Zur Rettung des bloß Einzelnen bedürfte es weder einer Kirche noch einer Heilsgeschichte noch einer Menschwerdung und Leidensgeschichte Gottes in der Welt. Aber gerade an dieser Stelle ist auch die weiterführende Aussage anzusetzen: Christlicher Glaube geht nicht vom atomisierten Einzelnen aus, sondern kommt von dem Wissen, dass es den bloß Einzelnen nicht gibt, dass der Mensch vielmehr er selbst ist allein in der Einbindung ins Ganze: in die Menschheit, in die Geschichte, in den Kosmos, wie es ihm als »Geist in Leib« wesentlich ist.

Das Prinzip »Leib« und »Leiblichkeit«, unter dem der Mensch steht, bedeutet ja ein Zweifaches: Einerseits trennt der Leib die Menschen voneinander, macht sie undurchdringlich füreinander. Der Leib als raumerfüllende und abschließende Gestalt macht es unmöglich, dass der eine ganz im anderen sei, er richtet eine Trennungslinie auf, die Distanz und Grenze bedeutet, er bannt uns in die Ferne voneinander hinein. Zugleich aber schließt die Existenz in Leiblichkeit notwendig auch Geschichte und Gemeinschaft ein, denn wenn der reine Geist streng für sich existierend gedacht werden kann, so besagt Leibhaftigkeit das Abstammen voneinander: Die Menschen leben in einem sehr wirklichen Sinn einer vom andern. Denn wenn das Voneinander zunächst physisch gemeint ist und von der Abstammung bis zu den vielfältigen Verflechtungen der gegenseitigen Lebensbesorgung reicht, so bedeutet es für den Menschen, der Geist nur im Leib ist, dass auch der Geist zutiefst von seiner Zugehörigkeit zum Ganzen der Menschheit gezeichnet ist.

Der Mensch wird so sichtbar als jenes Wesen, das nur existieren kann, indem es vom anderen her ist. Der Münchner Philosoph Franz von Baader hat das ausgedrückt, wenn er feststellt, es sei ebenso widersinnig, »die Erkenntnis Gottes und die Erkenntnis aller übrigen Intelligenzen und Nichtintelligenzen von der Selbsterkenntnis (dem Selbstbewusstsein) abzuleiten als alle Liebe von der Selbstliebe«. Hier wird mit Schärfe der Denkansatz Descartes' abgelehnt, dessen Gründung der Philosophie im Selbstbewusstsein – »ich denke, also bin ich« – das Schicksal des neuzeitlichen Geistes entscheidend bestimmt hat. So wie die Selbstliebe nicht die Urgestalt der Liebe, sondern höchstens eine abgeleitete Weise davon ist, so wie an das Eigentliche der Liebe nur heranzukommen ist, wenn man sie als Beziehung, das heißt vom anderen her, begreift, so ist auch menschliches Erkennen nur als Erkannt*werden*, als zum Erkennen-gebracht-Werden und so wiederum »vom anderen her« Wirklichkeit. Der wirkliche Mensch kommt gar nicht in den Blick, wenn ich nur in die Einsamkeit des Ich, der Selbsterkenntnis, hinablote. Deshalb hat Baader bewusst und doch wohl zu Recht das cartesische »Cogito, ergo sum« umgewandelt in ein »Cogitor, ergo sum«: Nicht »Ich denke, also bin ich«, sondern »Ich werde gedacht, darum bin ich«. Nur vom

Erkanntwerden des Menschen her kann sein Erkennen und er selbst begriffen werden.

Mensch-Sein ist Mit-Sein aber nicht nur in der jeweiligen Gegenwart, sondern so, dass in jedem Menschen auch Vergangenheit und Zukunft der Menschheit mit anwesend sind, die sich ja, je mehr man zusieht, desto mehr wirklich als ein Ganzes, als ein einziger »Adam« erweist. Man braucht sich nur bewusst zu machen, dass unser geistiges Leben gänzlich am Medium der Sprache hängt, und dann hinzuzufügen, dass die Sprache nicht von heute ist: Sie kommt von weit her, die ganze Geschichte hat an ihr gewoben und tritt durch sie in uns ein als die unumgängliche Voraussetzung unserer Gegenwart, ja, als ein beständiger Teil davon. Und umgekehrt: Der Mensch ist das Wesen, das auf Zukunft hin lebt, das in der Sorge sich fortwährend über seinen Augenblick hinaus entwirft und nicht mehr existieren könnte, wenn es sich plötzlich zukunftslos vorfände. Wir müssen also sagen, dass es das bloße Individuum, das bloße Cogito-ergo-sum-Wesen nicht gibt. Menschsein kommt dem Menschen nur zu in jenem Gesamtgeflecht von Geschichte, das durch die Sprache und die soziale Kommunikation auf den Einzelnen zutritt, der seinerseits seine Existenz in jenem Gesamtgeflecht verwirklicht, in das er immer schon einbezogen ist und das den Raum seiner Selbstverwirklichung bildet. Es ist gar nicht so, dass jeder Mensch vom Nullpunkt seiner Freiheit aus sich ganz neu entwirft. Er ist nicht ein Wesen, das immer wieder am Nullpunkt beginnt. Sein Eigenes und Neues kann er vielmehr nur auswirken in der Einbettung in das ihm vorgegebene, ihn rundum prägende Ganze des Menschenwesens.

Kirche und Christsein haben es also mit dem so verstandenen Menschen zu tun. Sie sind bezogen auf den Menschen, der Mitsein ist. Kirche und Christentum sind um der Geschichte willen da, der Verstrickungen in die menschliche Gemeinschaft wegen, die den Menschen prägen, sie sind auf dieser Ebene zu verstehen. Nach der Darstellung des Epheserbriefes bestand das Heilswerk Christi gerade darin, dass er die Mächte und Gewalten in die Knie zwang, die den Menschen umklammern: die Macht des Milieus, der nationalen Tradition, jenes »Man«, das den Menschen niederhält und zerstört. Begriffe wie Erbsünde, Auferstehung des Fleisches, Weltgericht usw. sind überhaupt nur von hier aus zu verstehen, denn **der Sitz der Erbsünde ist nicht in irgendeiner biologischen Vererbung zwischen lauter sonst völlig getrennten Einzelnen zu suchen. Von ihr zu reden besagt vielmehr, dass kein Mensch am Punkt Null, also »von der Geschichte völlig unversehrt«, anfangen kann. Keiner steht in einem unversehrten Anfangszustand, in dem er nur frei sein Gutes zu entwerfen brauchte. Jeder lebt in einer Verstrickung, die ein Teil seiner Existenz selber ist**. Weltgericht wiederum ist die Antwort auf diese Verflechtungen des Menschen in die Menschheit und ihre Geschichte. Auferstehung drückt den Gedanken aus, dass Unsterblichkeit des Menschen nur im Miteinander der Menschen, im Menschen als dem Wesen des Miteinander bestehen kann. Schließlich hat auch der Begriff Erlösung nur auf dieser Ebene seinen Sinn, er bezieht sich nicht auf ein losgelöstes Geschick des Einzelnen. Wenn also die Wirklichkeit des Christentums in einem Bereich zu suchen ist, den wir mangels eines besseren Wortes zusammenfassend als den der Geschichtlichkeit kennzeichnen können, so können wir nun sagen: **Christsein ist seiner ersten Zielrichtung nach nicht etwas Individuelles, sondern etwas Soziales. Man ist nicht Christ, weil nur Christen ins Heil kommen, sondern man ist Christ, weil für die Geschichte die christliche Diakonie, die christliche Liebe, Sinn hat und vonnöten ist**.

An dieser Stelle ergibt sich nun aber ein sehr entscheidender weiterer Schritt, der zunächst geradezu den Umschlag ins Gegenteil darzustellen scheint, in Wahrheit aber notwendige Konsequenz des bisher Bedachten ist. Wenn man nämlich Christ ist, um an einer Diakonie, an einem Liebesdienst für das Ganze teilzuhaben, dann bedeutet das zugleich, dass gerade wegen dieser Beziehung zum Ganzen das Christentum vom *Einzelnen* her und auf den Einzelnen hin lebt, weil nur vom Einzelnen aus die Verwandlung der Geschichte, das Aufbrechen der Diktatur des Milieus geschehen kann. Genau hier liegt das für die übrigen Weltreligionen und für den Menschen von heute immer wieder völlig Unbegreifliche begründet, dass nämlich im Christentum letztlich *alles* an einem *Einzelnen*, an dem Menschen Jesus von Nazareth, hängt, den das Milieu – die öffentliche Meinung – gekreuzigt hat und der an seinem Kreuz eben diese Macht des Man, die Macht der Anonymität, gebrochen hat, die den Menschen gefangen hält. Ihr entgegen steht nun der Name dieses Einzelnen: Jesus Christus, der den Menschen ruft, ihm nachzufolgen, das heißt: wie er das Kreuz zu nehmen, gekreuzigt die Welt zu überwinden und zur Erneuerung der Geschichte beizutragen. Gerade weil Christentum die Geschichte als ganze will, ist sein Anruf radikal an den Einzelnen gerichtet, gerade darum hängt es als Ganzes an *dem* Einzelnen und Einzigen, in dem der Durchbruch durch die Verfallenheit an die Mächte und Gewalten geschehen ist.

Weil das Christentum auf das Ganze bezogen ist und nur von der Gemeinschaft her verstanden werden kann, weil es nicht Heil des isolierten Einzelnen, sondern Indienstnahme für das Ganze ist, dem er weder entfliehen kann noch darf, eben darum kennt es in letzter Radikalität ein Prinzip »Einzelner«. Der unerhörte Skandal, dass ein Einzelner, Einziger: Jesus Christus, als das Heil der Welt geglaubt wird, hat *hier* den Punkt seiner inneren Notwendigkeit. Der Einzelne ist das Heil des Ganzen, und das Ganze empfängt sein Heil allein vom Einzelnen, der es *wahrhaft* ist und der eben darin aufhört, für sich allein zu sein. Von hier aus ist auch zu verstehen, dass es eine gleiche Bedeutung des Einzelnen in anderen Religionen nicht gibt. Der Hinduismus sucht im Letzten nicht das Ganze, sondern den sich rettenden Einzelnen, der aus der Welt, dem Rad der Maja, entflieht. Gerade weil er seiner tiefsten Absicht nach nicht das Ganze will, sondern allein den Einzelnen herausnehmen möchte aus der Heillosigkeit, kann er keinen *anderen* Einzelnen als letztlich für *mich* bedeutsam und heilsentscheidend anerkennen. Seine Entwertung des Ganzen wird auf diese Weise zu einer Entwertung auch des Einzelnen, indem das »Für« als Kategorie wegfällt.

Das Christentum geht also aus dem Prinzip »Leibhaftigkeit« (Geschichtlichkeit) hervor, ist auf der Ebene des Ganzen zu denken und hat nur auf ihr einen Sinn, es setzt aber eben darum ein Prinzip »Einzelner«, das sein Skandal ist und hier doch in seiner inneren Notwendigkeit und Vernünftigkeit sichtbar wird.

b. Das wahre Leben – Für die anderen da sein

> *M. L.: Wer die Arme öffnet beim Gebet, kann die typisch christliche gleichzeitige Offenheit auf Gott und auf die Mitmenschen geradezu körperlich spüren ...*

Weil christlicher Glaube den Einzelnen fordert, ihn aber für das Ganze will und nicht für sich selbst, darum ist in dem Stichwort »Für« das eigentliche Grundgesetz der christlichen Existenz ausgedrückt. Deshalb wird im christlichen Hauptsakrament, welches das Zentrum des christlichen Gottesdienstes bildet, die Existenz Jesu Christi als Existenz »für die vielen«, »für euch« erläutert, als die offene Existenz, die die Kommunikation aller untereinander durch die Kommunikation in Ihm ermöglicht. Deshalb erfüllt sich die Existenz Christi als exemplarische Existenz in seinem Geöffnetsein am Kreuz und er kann, seinen Tod ankündigend und auslegend, sagen: »Ich gehe und ich komme zu euch« (Jo 14,28): Indem ich weggehe, wird die Wand meiner Existenz, die mich jetzt eingrenzt, aufgebrochen, und so ist dieses Geschehen mein wirkliches Kommen, in dem ich das verwirkliche, was ich eigentlich bin: der alle in die Einheit seines neuen Seins Einbeziehende.

Die Kirchenväter haben von da her die am Kreuz ausgespannten Arme des Herrn gedeutet. Sie sehen in ihnen zunächst die Urgestalt der christlichen Gebetsgeste, der Orantenhaltung, wie sie uns in den Katakombenbildern so bewegend entgegentritt. Die Arme des Gekreuzigten weisen ihn so als den Anbetenden aus, aber sie zeigen zugleich das Besondere christlicher Verherrlichung Gottes: Diese geöffneten Arme sind Ausdruck von Anbetung gerade dadurch, dass sie die völlige Hingabe an die Menschen ausdrücken, dass sie die Geste der Umarmung, der vollen und ungeteilten Brüderlichkeit sind. Vom Kreuz aus fand die Theologie der Väter symbolhaft in der christlichen Gebetsgeste das Ineinanderfallen von Anbetung und Brüderlichkeit, die Untrennbarkeit des Dienstes für den Menschen und der Verherrlichung Gottes dargestellt.

Christsein bedeutet den Übergang vom Sein für sich selbst in das Sein füreinander. Damit erklärt sich auch, was in Wahrheit mit dem uns oft so befremdlich scheinenden Begriff der »Auserwählung« gemeint ist. Sie meint nicht eine den Einzelnen von den anderen trennende Bevorzugung, sondern das Eintreten in den gemeinsamen Auftrag. Demgemäß bedeutet das Annehmen des Christseins die Trennung von der Zentrierung auf das Ich und den Anschluss an die dem Ganzen zugewandte Existenz Jesu Christi. Das Gleiche meint das Wort von der Kreuzesnachfolge, das ganz und gar nicht eine private Frömmigkeitshaltung ausdrückt, sondern bedeutet, dass der Mensch die Abgeschlossenheit und Selbstzufriedenheit seines Ich zurücklässt, indem er von sich weggeht, um in solcher Durchkreuzung seines Ich dem Gekreuzigten zu folgen und für die anderen da zu sein. Überhaupt sind die großen Bilder der Heilsgeschichte Ausdrucksformen dieses Prinzips »Für«. Denken wir etwa an das Bild des Exodus (»Auszug«), das von Abraham an und weit über den klassischen Exodus der Heilsgeschichte, den Auszug aus Ägypten, hinaus der Grundgedanke bleibt, unter dem die Existenz des Gottesvolkes steht: Jeder, der ihm angehört, ist zum fortwährenden Exodus der Selbstüberschreitung gerufen. Das Gleiche klingt in dem Bild des Pascha, des »Vorübergangs des Herrn«, an, in dem der christliche Glaube das Kreuzes- und Auferstehungsgeheimnis Jesu mit dem Auszugsgedanken des Alten Bundes verknüpft hat.

Johannes hat das Ganze in einem dem Naturgeschehen entnommenen Bild wiedergegeben. Damit weitet sich der Horizont über das Heilsgeschichtliche ins Kosmische: »Wahrlich, wahrlich, ich sage euch: Wenn das Weizenkorn nicht in die Erde fällt und stirbt, bleibt es allein; wenn es aber stirbt, bringt es viele Frucht« (Jo 12,24). Schon im Kosmischen gilt das Gesetz, dass nur durch den Tod, durch den Selbstverlust hindurch, das Leben kommt. Was so in der Schöpfung sich andeutet, vollendet sich im Menschen und schließlich in *dem* exemplarischen Menschen Jesus Christus: Im Eingehen ins Schicksal des Weizenkorns, im Durchgehen durch das Geopfertwerden, im Sichaufbrechenlassen und Sichverlieren eröffnet er das wahre Leben. Von den Erfahrungen der Religionsgeschichte her, die sich gerade an diesem Punkt besonders eng mit dem Zeugnis der Bibel berühren, könnte man auch sagen: Welt lebt vom Opfer. Jene großen Mythen, die davon wissen wollen, dass aus einem Uropfer heraus der Kosmos aufgebaut worden sei und dass der Kosmos immer nur vom Sichopfern lebe, auf das Opfer gestellt sei, erhalten hier ihre Wahrheit und ihre Gültigkeit. Durch diese mythischen Bilder hindurch wird das christliche Exodus-Prinzip sichtbar: »Wer sein Leben liebt, verliert es, und wer sein Leben in dieser Welt hasst, wird es auf ewiges Leben hin bewahren« (Jo 12,25; vgl. Mk 8,35 par). Dabei muss abschließend gesagt werden, dass alle eigene Selbstlosigkeit des Menschen nie genügen kann. Wer nur geben will und nicht bereit ist zu empfangen, wer nur für die andern sein will und nicht anerkennen will, dass er auch seinerseits von dem unerwartbaren Geschenk des Für der anderen lebt, verkennt die Grundsituation des Menschseins und zerstört den wahren Sinn des Füreinander. Alle Selbstüberschreitungen bedürfen, um fruchtbar zu sein, des Empfangens von den anderen her und letztlich von *dem* Anderen, der der wahrhaft Andere der ganzen Menschheit und zugleich der ganz mit ihr Einige ist: der Gott-Mensch Jesus Christus.

c. Gott als Größter und als Niedrigster – Über die Fragwürdigkeit der Kirche

> *M. L.: Was Ratzinger hier über die Kirche sagt, ist von bedrängender Aktualität. Dass die Kirche nach den Enthüllungen des Missbrauchsskandals für viele Menschen als »das Letzte« erscheint, diskreditiert, abschreckend, dass gerade die so selbstgewisse und merkwürdig reiche Kirche in Deutschland und ihre Bischöfe unglaublich klein wirken, hat vielleicht mehr mit dem Wesen der Kirche zu tun, als man denken sollte …*

Das »Für« ist das entscheidende Prinzip menschlicher Existenz und wird im Ineinanderfallen mit dem Prinzip Liebe zur eigentlichen Erscheinungsstätte des Göttlichen in der Welt. Diese Tatsache zieht eine weitere Konsequenz nach sich. Sie hat zur Folge, dass die Verborgenheit Gottes, mit der der Mensch rechnet, die skandalöse Gestalt seiner Betastbarkeit und seiner Anschaubarkeit als Gekreuzigter annimmt, dass also Gott, der Erste der Welt, als das geringste Geschöpf in ihr erscheint. Luther spricht in diesem Zusammenhang von der Verborgenheit Gottes in dem, was das Gegenteil Gottes zu sein scheint. Schon die Philosophie, das eigene Nachdenken des Menschen über Gott, führt zu der Einsicht, dass Gott der ganz Andere ist, der schlechthin Verborgene und Unvergleichbare. »Blöde wie die Augen von Nachtvögeln sind unsere Augen vor dem, was an sich das Allerhellste ist«, hatte schon Aristoteles gesagt. In der Tat werden wir vom Glauben an Jesus Christus her antworten: Gott ist der ganz Andere, Unsichtbare, Unerkennbare. Aber als er nun wirklich so ganz anders, so unsichtbar hinsichtlich seiner Göttlichkeit, so unerkennbar auftrat, war es nicht die von uns vorgesehene Art von Andersheit. Indes – sollte nicht gerade das ihn als den *wirklich* ganz Anderen ausweisen, der unsere Berechnungen von Andersheit über den Haufen wirft und sich darin als der einzig echte Ganz-Andere zeigt?

Demgemäß kann man die ganze Bibel hindurch immer wieder der Vorstellung von der doppelten Erscheinungsweise Gottes in der Welt begegnen. Gott bezeugt sich zunächst gewiss in der kosmischen Macht. Die Größe, der all unser Sinnen überschreitende und es dennoch umfassende Sinn der Welt, verweist auf ihn, dessen Gedanke diese Welt ist und vor dem die Völker sind »wie Tropfen am Eimer«, »wie Stäubchen an der Waagschale« (Jes 40,15). Es gibt wirklich den Verweis des Alls auf seinen Schöpfer. Wie sehr wir uns auch gegen Gottesbeweise sträuben, wie viel auch Philosophen berechtigterweise gegen ihre einzelnen Schritte einwenden mögen, es bleibt dabei, dass durch die Welt und ihre geistige Struktur der schöpferische Urgedanke und seine gründende Macht hindurchschimmern.

Aber dies ist nur die eine Weise, wie Gott in der Welt erscheint. Das andere Zeichen, das er sich gesetzt hat und das ihn wahrer in seinem Eigentlichsten zeigt, ist das Zeichen des Niedrigen. Es ist kosmisch-quantitativ gemessen völlig unbedeutend, geradezu ein reines Nichts. Es wäre dabei die Reihe Erde – Israel – Nazareth – Kreuz – Kirche zu nennen, in der Gott immer mehr im Geringen zu verschwinden scheint und gerade so immer mehr als er selber offenbar wird. Da ist zunächst die Erde, ein Nichts im Kosmos, welches der Punkt göttlichen Handelns am Kosmos sein soll. Da ist Israel, ein Nichts unter den Mächten, das der Punkt seines Erscheinens in der Welt sein soll. Da ist Nazareth, noch einmal ein Nichts innerhalb Israels, das der Punkt seines definitiven Kommens sein soll. Da ist endlich das Kreuz, an dem einer aufgehängt ist – eine gescheiterte Existenz, und es soll doch der Punkt sein, an dem man Gott geradezu betasten kann. **Da ist endlich die Kirche, das fragwürdige Ge-**

bilde unserer Geschichte, die der bleibende Ort seiner Offenbarung zu sein beansprucht. Wir wissen heute nur allzu sehr wie wenig auch in ihr die Verborgenheit der göttlichen Nähe aufgehoben ist. Gerade da, wo im Prunk des Renaissancefürstentums die Kirche glaubte, diese Verborgenheit abstreifen und unvermittelt »Himmelstür« und »Gotteshaus« sein zu können, ist sie noch einmal und beinah noch mehr als zuvor zum Inkognito Gottes geworden, der dahinter kaum noch zu finden war. Das kosmisch und weltlich Geringe stellt so das eigentliche Zeichen Gottes dar, in dem sich das ganz Andere anzeigt, das auch gegenüber unseren Erwartungen noch einmal das völlig Unerkennbare ist. **Das kosmische Nichts ist das wahre Alles, weil das »Für« das eigentlich Göttliche ist.**

d. Überfluss als Prägezeichen Gottes – Ein Weltall für den Menschen

> *M. L.: Was Ratzinger hier schreibt, hat mir viele Fragen zum Sinn des Universums beantwortet. Das ist die Antwort auf das atemberaubende Gefühl, als Mensch doch nur ein gleichgültiges Nichts in diesem gigantischen Weltall zu sein ...*

In den ethischen Aussagen des Neuen Testaments gibt es eine Spannung, die unüberbrückbar scheint: Zwischen Gnade und ethischer Forderung, zwischen totaler Vergebung und ebenso totalem Anspruch, zwischen gänzlichem Beschenktsein des Menschen, der alles nachgeworfen bekommt, und gleichzeitig der unerhörten Forderung: »Seid also vollkommen, wie euer Vater im Himmel vollkommen ist« (Mt 5,48). Wenn man in dieser aufregenden Polarität dennoch nach einer verbindenden Mitte sucht, wird man im Neuen Testament immer wieder auf das Wort »Überfluss« stoßen, in dem die Rede von der Gnade und diejenige vom Anspruch ineinander übergehen.

Greifen wir jene zentrale Stelle in der Bergpredigt heraus. Der Text lautet: »Ich sage euch: Wenn es in eurer Gerechtigkeit nicht mehr Überfluss geben wird als bei den Schriftgelehrten und Pharisäern, werdet ihr das Himmelreich nicht betreten« (Mt 5,20). Diese Aussage bedeutet zunächst, dass alle menschliche Gerechtigkeit als ungenügend überführt wird. Wer könnte sich schon ehrlicherweise rühmen, wirklich und vorbehaltlos bis in den Grund seiner Seele hinab den Sinn der einzelnen Forderungen in seine Gesinnung aufgenommen und sie ganz von ihrer innersten Tiefe her erfüllt zu haben, geschweige denn Überfluss hervorgebracht zu haben? Zwar gibt es in der Kirche einen »Stand der Vollkommenheit«, in dem man sich zum Hinausgehen über das Gebotene, zum Überfluss verpflichtet. Aber die ihm zugehören werden die Letzten sein zu leugnen, dass sie gerade so immer wieder am Anfang stehen und voller Ungenügen sind. Der »Stand der Vollkommenheit« ist in Wahrheit die dramatischste Darstellung der bleibenden Unvollkommenheit des Menschen.

Wem dieser allgemeine Hinweis nicht genügt, der braucht nur die folgenden Verse der Bergpredigt (5,21–48) zu lesen, um sich einer bestürzenden Gewissenserforschung ausgesetzt zu finden. In diesen Sätzen wird sichtbar, was es bedeutet, wenn man die zunächst so einfach erscheinenden Sätze der Zehn Gebote ganz ernst nimmt, von denen drei hier entfaltet werden: »Du sollst nicht töten. Du sollst nicht ehebrechen. Du sollst nicht falsch schwören«. Auf den ersten Blick scheint es recht leicht zu sein, sich hier gerecht zu fühlen. Man hat schließlich niemanden umgebracht, man hat die Ehe nicht gebrochen, man hat keinen Meineid auf sich lasten. Aber indem Jesus in die Tiefe dieser Forderungen hineinleuchtet, wird sichtbar, wie der Mensch im Zürnen, Hassen, Nichtvergeben, im Neid und im Begehren Anteil an den dort genannten Vorgängen hat. Es wird deutlich, wie sehr der Mensch in seiner scheinbaren Gerechtigkeit verfilzt ist mit dem, was die Ungerechtigkeit der Welt ausmacht. Wenn man die Worte der Bergpredigt ernsthaft liest, widerfährt einem das, was einem Menschen geschieht, der sich plötzlich der Wirklichkeit ausgesetzt sieht. Das schöne Schwarz-Weiß, in das er die Menschen einzuteilen gewohnt ist, verwandelt sich in das Grau einer allgemeinen Zwielichtigkeit. Es wird klar, dass es kein Schwarz-Weiß unter den Menschen gibt und dass trotz aller Abstufungen, die wahrlich eine weite Skala umschließen, doch alle irgendwie im Zwielicht stehen. Es bietet sich ein differenziertes Bild, in dem die Unterschiede anfangen fragwürdig zu werden: Von Überfluss an Gerechtigkeit ist da jedenfalls keine Rede mehr.

So könnte, wenn es auf den Menschen ankommt, keiner das Himmelreich, das heißt die Region der wirklichen, vollen Gerechtigkeit, betreten. Das Himmelreich müsste leere Utopie bleiben, solange es nur auf den guten Willen der Menschen ankommt. Wie oft sagt man uns: Ein bisschen guter Wille würde schon genügen, und alles wäre schön und gut auf der Welt. **Das ist wahr, das bisschen guter Wille würde wirklich genügen, aber die Tragödie der Menschheit besteht darin, dass sie gerade dazu die Kraft nicht hat.** Hat also der französische Schriftsteller Albert Camus recht, wenn er als Symbol der Menschheit den Sisyphus ansieht, der immer neu den Stein den Berg hinaufrollen will und ihn immer wieder entgleiten sehen muss? Die Bibel ist, was das menschliche Können angeht, so nüchtern wie Camus, aber sie bleibt nicht bei seiner Skepsis stehen. Für sie wird die Grenze des menschlichen Vermögens zum Ausdruck für das Verwiesensein des Menschen auf das Geschenk der Liebe, das unberechnet sich ihm und darin ihn selbst auftut und ohne das er in all seiner »Gerechtigkeit« verschlossen und ungerecht bliebe. Nur der Mensch, der sich beschenken lässt, kann zu sich selber kommen. So wird aber das Durchschauen der »Gerechtigkeit« des Menschen zugleich zum Hinweis auf die Gerechtigkeit Gottes, deren Überfluss Jesus Christus heißt. Er ist die weit über das Seinmüssende hinausgehende, nicht rechnende, sondern wahrhaft überfließende Gerechtigkeit Gottes, das Dennoch seiner größeren Liebe, mit der er das Versagen des Menschen unendlich überholt.

Trotzdem würde man das Ganze völlig missverstehen, wenn man daraus eine Entwertung des Menschen ableiten und sagen wollte: Dann also ist ohnedies alles gleich und jedes Suchen nach Gerechtigkeit und Gutsein vor Gott gegenstandslos. Ganz und gar nicht, müssen wir darauf antworten: Trotz allem bleibt die Aufforderung, Überfluss zu haben, wenn man schon nicht die volle Gerechtigkeit verwirklichen kann. Aber was soll das heißen? Ist das nicht ein Widerspruch? Nun, es bedeutet, kurz gesagt, **dass derjenige noch kein Christ ist, der immer nur rechnet, wie viel er tun muss, damit es gerade noch ausreicht und damit er sich als Mann mit weißer Weste ansehen kann. Und auch wer ausrechnen will, wo die Pflicht endet und wo man sich überschüssige Verdienste verschaffen kann, ist Pharisäer, nicht Christ.** Christsein bedeutet nicht, einen bestimmten Pflichtbeitrag einzuhalten und vielleicht als besonders Vollkommener sogar noch über die Pflichtversicherungsgrenze hinauszugehen. Christ ist vielmehr, wer weiß, dass er ohnedies und in jedem Falle zuerst vom Beschenktsein lebt, dass folglich alle Gerechtigkeit nur darin bestehen kann, selbst ein Schenkender zu sein, dem Bettler gleich, der dankbar für das Empfangene seinerseits großzügig weiterverteilt. Der nur rechnend Berechnende, der glaubt, selbst die weiße Weste erschaffen zu können, ist der Ungerechte. Menschliche Gerechtigkeit kann nur im Lassen des eigenen Anspruchs und in der Großzügigkeit Mensch und Gott gegenüber sich erfüllen. Es ist die Gerechtigkeit des »Vergib, wie wir vergeben haben« und diese Bitte erweist sich als die eigentliche Formel christlich begriffener menschlicher Gerechtigkeit: Sie besteht im Weitervergeben, da man ja selbst von der empfangenen Vergebung lebt.

Vollends deutlich wird der Sinn des Themas Überfluss im Zusammenhang des Brotvermehrungswunders, wo von einem »Überfluss« von sieben Körben gesprochen wird (Mk 8,8 par). Es gehört zum Kern des Brotvermehrungsberichts, auf den Gedanken des Überflüssigen, des Mehr-als-nötig hinzuführen. Dabei drängt sich sofort die Erinnerung an ein verwandtes Wunder auf: die Verwandlung von Wasser in Wein auf der Hochzeit zu Kana (Jo 2,1–11). Das *Wort* Überfluss kommt hier zwar nicht vor, um so mehr aber die Sache: Der verwandelte Wein umfasst nach den Angaben des Evangeliums die für ein Privatfest recht ungewöhnliche Menge von 480–700 Litern! Beide Berichte aber haben in der Absicht der Evangelisten mit dem Zentrum des christlichen Kultes zu tun, der Eucharistie nämlich, bei der Brot und Wein zu Leib und Blut Christi werden. Sie weisen diese als den göttlichen Überfluss aus, der unendlich alles Bedürfen und alles rechtmäßig zu Verlangende übersteigt.

Beide haben aber auf diese Weise mit Christus selbst zu tun: Christus ist die unendliche Selbstverschwendung Gottes. Und beide verweisen, ähnlich wie wir es beim Prinzip »Für« fanden, auf das Strukturgesetz der Schöpfung zurück, in der das Leben Millionen Keime verschwendet, um ein Lebendiges zu retten, in der ein ganzes Weltall verschwendet wird, um an einer Stelle dem Geist, dem Menschen einen Platz zu bereiten. Überfluss ist das Prägezeichen Gottes in seiner Schöpfung, denn »nicht nach Maß berechnet Gott seine Gaben«, wie die Väter sagen. **Überfluss ist aber zugleich der eigentliche Grund der Heilsgeschichte, die letztlich nichts anderes ist als der atemberaubende Vorgang, dass Gott in unbegreiflicher Selbstverschwendung nicht nur ein Weltall, sondern sich selbst verausgabt, um das Staubkorn Mensch zum Heil zu führen.** So ist Überfluss die eigentliche Definition der Heilsgeschichte. Der Verstand des bloß Rechnenden wird es ewig absurd finden müssen, dass für den Menschen Gott selbst aufgewendet werden soll. Nur der Liebende kann die Torheit einer Liebe begreifen, für die Verschwendung

Gesetz, der Überfluss das allein Genügende ist. Und doch: Wenn es wahr ist, dass die Schöpfung vom Überfluss lebt, dass der Mensch jenes Wesen ist, für welches das Überflüssige das Notwendige ist, wie kann es uns dann wundern, dass Offenbarung das Überflüssige, das Göttliche, die Liebe ist, in der sich der Sinn des Weltalls erfüllt?

e. Das Prinzip Endgültigkeit – Wider die Gleichgültigkeit der ewigen Jugend

> *M. L.: Hier erklärt Ratzinger theologisch, warum im Grunde jeder Christ konservativ sein muss – weil mit der Menschwerdung Gottes schon alles gesagt und getan ist, warum aber jeder Christ zugleich wirklich progressiv sein muss, weil er die unwiderrufliche Offenbarung in Christus auf sicherem Grund fortschreitend immer tiefer versteht ...*

Christlicher Glaube sagt, dass in Christus das Heil der Menschen verwirklicht ist, dass in ihm die wahre Zukunft des Menschen unwiderruflich begonnen hat und so Teil unserer Gegenwart ist. Diese Aussage schließt ein Prinzip Endgültigkeit ein, das für die Form der christlichen Existenz von höchster Bedeutung ist. In der Sprache der Schultheologie hatte man diesen Gedanken ausgedrückt, indem man sagte, mit Christus sei die Offenbarung abgeschlossen. Das kann natürlich nicht bedeuten, dass nun eine bestimmte Anzahl von Wahrheiten mitgeteilt sei und Gott sich entschlossen habe, keine weiteren Mitteilungen mehr hinzuzufügen. Es besagt vielmehr, dass der Dialog Gottes mit dem Menschen, das Eingehen Gottes auf die Menschheit in Jesus, dem Menschen, der Gott ist, sein Ziel erreicht hat. In diesem Dialog geht es ja nicht darum, *etwas* zu sagen oder eine größtmögliche Summe von Erkenntnissen zu übermitteln, sondern darum, dass durch das Wort hindurch die Liebe sichtbar wird, wenn im Wort sich Du und Du berühren. Sein Sinn liegt nicht in einem Sachwissen, sondern in den Partnern selbst. Er heißt: Vereinigung. In dem Menschen Jesus aber hat Gott endgültig sich selbst gesagt. Offenbarung endet hier, weil sie am Ziel ist: »Es wird nichts Neues mehr gesagt, nicht obwohl noch viel zu sagen wäre, sondern weil alles gesagt, ja, alles gegeben ist im Sohn der Liebe, in dem Gott und die Welt eins geworden sind« (Karl Rahner).

Dass in Christus das Ziel der Offenbarung und das Ziel der Menschheit erreicht ist, weil Gottsein und Menschsein in ihm sich berühren und vereinen, bedeutet zugleich, dass das erreichte Ziel nicht eine starre Grenze, sondern ein offener Raum ist. Denn die Vereinigung, die an dem einen Punkte Jesus von Nazareth geschehen ist, muss die ganze Menschheit, den ganzen einen »Adam«, erreichen und ihn zum »Leib Christi« umwandeln. Solange diese Totalität nicht gewonnen ist, bleibt das in Christus Geschehene Ende und Anfang zugleich. Die Menschheit kann nicht weiter und höher kommen, als er ist, denn Gott ist das Weiteste und Höchste. Jeder scheinbare Fortschritt über ihn hinaus ist ein Sturz ins Leere. Insofern ist Christus das Ende, aber die Menschheit muss in ihn hineinkommen – insofern ist er erst der Anfang.

Die Tatsache, dass die endgültige Entscheidung Gottes für den Menschen schon gefallen ist, bedeutet, dass es das Endgültige in der Geschichte gibt, das freilich so besteht, dass es Zukunft nicht ausschließt, sondern eröffnet. Dies wiederum hat zur Folge, dass es das Endgültige, das Unwiderrufliche auch im Leben des Menschen geben muss, da vor allem, wo er dem Göttlich-Endgültigen begegnet. Die Zuversicht, dass es das Endgültige schon gibt und dass gerade darin die Zukunft des Menschen als offene gewährt wird, ist kennzeichnend für die christliche Sicht der Wirklichkeit: Für den Christen kann nicht das Kreisen von einem gleichgültigen Zeitpunkt zum anderen gelten, eine Haltung also, die sich bloß dem jeweiligen Jetzt stellt und nie das Endgültige findet. Er ist vielmehr gewiss, dass die Geschichte vorwärtsschreitet, Fortschritt aber verlangt Endgültigkeit der Richtung – gerade das hebt ihn von der Kreisbewegung ab, die an kein Ende führt. Der Kampf um die Unwiderruflichkeit des Christlichen ist im Mittelalter aber auch bestanden worden als Kampf gegen die Idee des »dritten Reiches«: Das bisherige Christentum stelle nach dem Alten Testament, dem »Reich des Vaters«, das zweite Reich, dasjenige des Sohnes, dar, das zwar schon besser sei, aber durch das dritte Reich: die Zeit des Geistes, abgelöst werden müsse. Der Glaube an die Menschwerdung Gottes in Jesus Christus kann aber kein »drittes Reich« zulassen, denn er glaubt an die Endgültigkeit des Geschehenen und weiß sich gerade von diesem Glauben getragen auf die Zukunft hin offen.

Der Glaube beansprucht den Menschen definitiv und kann nicht nach dem Reich des Vaters in der Kinderzeit und dem des Sohnes in der Jugend eines Tages von einem aufgeklärten Geistzeitalter abgelöst werden, das nur noch der eigenen Vernunft gehorchen und sie unter der Hand für den Heiligen Geist ausgeben würde. Der Glaube stellt den bleibenden Grund der Existenz des Menschen dar. Daher kennt er endgültige Aussagen – Dogmen zum Beispiel –, worin sich seine innere Endgültigkeit artikuliert. Das heißt nicht, dass jene Formeln nicht in der Geschichte sich weiter eröffnen und so neu verstanden werden können, wie der einzelne Mensch von den Widerfahrnissen seines Lebens her den Glauben immer neu verstehen lernen muss. Aber es bedeutet, dass in solchem Verstehen und Reifen die Einheit des Verstandenen nicht aufgehoben werden darf.

Endlich ließe sich zeigen, dass auch die Endgültigkeit der Bindung zweier Menschen aneinander, auf der die Ehe gründet, hier verwurzelt ist. **Die Unauflöslichkeit der Ehe ist in der Tat nur vom Glauben an die durch nichts mehr zu zerstörende Entscheidung Gottes in Christus zur »Ehe« mit der Menschheit verstehbar** (vgl. Eph 5,22–33). Sie steht und fällt mit diesem Glauben, außerhalb davon ist sie auf die Dauer so unmöglich, wie sie in ihm nötig ist. Gerade diese scheinbare Fixierung auf den Entscheid eines Lebensaugenblickes ermöglicht es dem Menschen, voranzuschreiten, sich Stufe um Stufe anzunehmen, während das fortwährende Annullieren solcher Entscheide ihn immer wieder auf den Anfang zurückwirft und ihn zu einem Kreisen verurteilt, das sich in die Fiktion der ewigen Jugend verschließt und so dem Ganzen des Menschseins verweigert.

f. Der Vorrang des Empfangens – Christliche Heiterkeit und die Zärtlichkeit Gottes

> *M. L.: Wieder zitiert Ratzinger für diesen wichtigen Gedanken ganz unbefangen einen damals durchaus umstrittenen Theologen, der gerade ein Jahr vorher die Laisierung als Priester beantragt hatte, Louis Evely. In diesem kurzen Abschnitt kann man vielleicht den Grund für die eigentümliche Heiterkeit lesen, die ich bei Joseph Ratzinger auch in stürmischen Zeiten immer erlebt habe …*

Der Mensch wird durch das Kreuz erlöst. Der Gekreuzigte als der ganz Geöffnete ist die wahre Erlösung des Menschen. Dieser zentrale Satz christlichen Glaubens drückt einen Vorrang des Empfangens vor dem Tun, vor der eigenen Leistung aus, wo es um das Letzte des Menschen geht. Der Mensch kommt zutiefst nicht zu sich selbst durch das, was er tut, sondern durch das, was er empfängt. Er muss auf das Geschenk der Liebe warten, und Liebe kann man nicht anders denn als Geschenk erhalten. Man kann sie nicht selber, ohne den anderen, »machen«, man muss auf sie warten, sie sich geben lassen. Und **man kann nicht anders *ganz* Mensch werden, als indem man geliebt *wird*, sich lieben lässt**. Dass die Liebe des Menschen höchste Möglichkeit und tiefste Notwendigkeit in einem darstellt und dass dies Nötigste zugleich das Freieste und Unerzwingbarste ist, das bedeutet eben, dass der Mensch zu seinem »Heil« auf ein Empfangen angewiesen ist. Lehnt er es ab, sich solchermaßen beschenken zu lassen, will er das Menschsein allein aus Eigenem leisten, zerstört er sich selbst. Louis Evely hat diese Einsicht einmal großartig formuliert: »Die ganze Geschichte der Menschheit wurde irregeführt, bekam einen Bruch wegen Adams falscher Gottesvorstellung. Er wollte wie Gott werden. Ich hoffe, dass ihr niemals die Sünde Adams hierin saht ... Hatte Gott ihn nicht dazu eingeladen? Adam hat sich nur im Vorbild getäuscht. Er glaubte, Gott sei ein unabhängiges, autonomes, sich selbst genügendes Wesen. Und um wie er zu werden, hat er sich aufgelehnt und Ungehorsam gezeigt. Aber als Gott sich offenbarte, als Gott erweisen wollte, wer er war, erschien er als Liebe, Zärtlichkeit, als Ausströmen seiner selbst, unendliches Wohlgefallen in einem anderen. Zuneigung, Abhängigkeit. Gott zeigte sich gehorsam, gehorsam bis zum Tode. Im Glauben, Gott zu werden, wich Adam völlig von ihm ab. Er zog sich in die Einsamkeit zurück, und Gott war doch Gemeinschaft.« Dies Ganze bedeutet ohne Zweifel eine Relativierung der Werke, des Tuns, der Kampf des heiligen Paulus gegen die »Werkgerechtigkeit« ist von hier aus zu verstehen. Aber man muss hinzufügen, dass in dieser Einordnung des menschlichen Wirkens als einer nur vorletzten Größe zugleich dessen innere Befreiung liegt: Die Aktivität des Menschen kann sich nun vollziehen in der Gelassenheit, Gelöstheit und Freiheit, die dem Vorletzten zukommt. **Der Vorrang des Empfangens besagt nicht, dass der Mensch nun die Hände in den Schoß legen könne, wie der Marxismus uns vorwirft. Im Gegenteil: Er ermöglicht erst, im Geist der Verantwortung und zugleich unverkrampft, heiter und frei, die Dinge dieser Welt zu tun und sie in den Dienst der erlösenden Liebe zu stellen.**

Das heißt übrigens dann auch, dass unsere Gottesbeziehung letztlich nicht auf unserem eigenen Entwurf, auf einer spekulativen Erkenntnis beruhen kann, sondern auf uns zukommt als ein zu Empfangendes. Von hier aus lässt sich die innere Notwendigkeit der scheinbaren geschichtlichen Zufälligkeit des Christlichen zeigen.

Das Zufällige, Äußerliche ist das dem Menschen Notwendige, nur im Zukommen von außen eröffnet sich sein Innen.

g. Die tragenden Pfeiler des Christlichen – Glaube, Hoffnung, Liebe

> *M. L.: Hier geht es in aller Kürze um das Wesentliche jenseits aller innerkirchlicher und zwischenkirchlicher Streitigkeiten: Es ist nicht entscheidend, ob und wie man katholisch ist, noch nicht einmal, ob man formal Christ ist, sondern, ob man durch all das »wahrhaft menschlich ..., frei geworden ist zur einfachen, menschlichen Güte« – und darin dann Glaube und Hoffnung zum Ausdruck bringt.*

Diese hier aufgezeigten Prinzipien ziehen sich zuletzt in das eine Prinzip Liebe zusammen. Sagen wir es grob, vielleicht sogar missverständlich: **Nicht der konfessionelle Parteigenosse ist der wahre Christ, sondern derjenige, der durch sein Christsein wahrhaft menschlich geworden ist. Nicht derjenige, der ein Normsystem sklavisch und einzig auf sich selbst bedacht einhält, sondern derjenige, der frei geworden ist zur einfachen, menschlichen Güte.** Das Prinzip Liebe schließt freilich den Glauben ein. Denn ohne den Glauben, den wir als Ausdruck für ein letztes Empfangenmüssen des Menschen, für das Ungenügen aller eigenen Leistung verstehen gelernt haben, wird Liebe zur eigenmächtigen Tat und zur Selbstgerechtigkeit. Glaube und Liebe fordern sich gegenseitig. Im Prinzip Liebe ist aber auch das Prinzip Hoffnung mit anwesend, die den Augenblick überschreitend das Ganze sucht. So führt unsere Betrachtung am Schluss von selbst auf die Worte, mit denen Paulus die tragenden Pfeiler des Christlichen benannte: »Jetzt bleiben Glaube, Hoffnung, Liebe, diese drei; das Größte unter ihnen ist die Liebe« (1 Kor 13,13).

IV. »EMPFANGEN DURCH DEN HEILIGEN GEIST, GEBOREN VON DER JUNGFRAU MARIA« – DIE HERKUNFT JESU VERSTEHEN

M. L.: Heiliger Geist und Jungfrauengeburt: Wo Christen nicht selten ins Stottern kommen, wird Ratzinger in kühnen Formulierungen glasklar …

Die Herkunft Jesu ist Geheimnis. Zwar wenden die Jerusalemer im Johannesevangelium ein, von ihm wisse man, »woher er ist; wenn aber der Christus kommt, weiß niemand um sein Woher« (Jo 7,27). Aber gleich die folgende Rede Jesu enthüllt, wie unzulänglich dieses ihr vermeintliches Wissen um Jesu Herkunft ist: »Ich komme nicht von mir selber her, sondern der Wahrhafte ist es, der mich gesandt hat, und ihn kennt ihr nicht« (7,28). Gewiss, Jesus stammt aus Nazareth. Aber was weiß man schon um sein wahres Woher, wenn man den geografischen Ort angeben kann, von dem er kommt? Das Johannesevangelium betont immer wieder, dass die wirkliche Herkunft Jesu »der Vater« ist, dass er totaler und anders von ihm herkommt als jeder Gottesgesandte zuvor.

1. VERKÜNDIGUNG AN MARIA – ERFÜLLUNG EINER ALTEN HOFFNUNG

M. L.: Was für uns manchmal rätselhaft klingen mag, weil uns die Welt der jüdischen heiligen Schriften nicht mehr so geläufig ist, muss für Juden damals geradezu elektrisierend gewirkt haben, denn buchstäblich jedes Wort ist hier Erfüllung dessen, wonach man sich seit Jahrhunderten sehnte …

Dieses Herkommen Jesu aus dem Geheimnis Gottes, »das niemand weiß«, schildern die sogenannten Kindheitsgeschichten des Matthäus- und des Lukasevangeliums, um es gerade als Geheimnis zu bestätigen. Beide Evangelisten, besonders aber Lukas, erzählen den Anfang der Geschichte Jesu fast ganz in Worten des Alten Testaments, um so von innen her das, was sich hier zuträgt, als Erfüllung der Hoffnung Israels auszuweisen und es einzuordnen in den Zusammenhang der ganzen Bundesgeschichte Gottes mit den Menschen. Das Wort, mit dem der Engel bei Lukas die Jungfrau anspricht, lehnt sich eng an den Gruß an, mit dem der Prophet Zefanja das gerettete Jerusalem der Endzeit grüßt (Zef 3,14 ff), und es nimmt zugleich die Segensworte auf, mit denen man die großen Frauen Israels gepriesen hatte (Ri 5,24; Jdt 13,18 f). So wird Maria als der heilige Rest Israels, als das wahre Sion gekennzeichnet, auf das sich in den Verwüstungen der Geschichte die Hoffnungen gerichtet hatten. Mit ihr beginnt nach dem Text des Lukas das neue Israel, sie *ist* es, die heile »Tochter Sion«, in der Gott den neuen Beginn setzt. Nicht weniger gefüllt ist das zentrale Verheißungswort: »Heiliger Geist wird auf dich herabkommen und Kraft des Höchsten dich überschatten. Darum wird, was aus dir geboren wird, heilig genannt werden: Sohn Gottes« (Lk 1,35). Über die Bundesgeschichte Israels hinaus wird hier der Blick auf die Schöpfung geweitet: Der Geist Gottes ist im Alten Testament Gottes Schöpfungsmacht. Er ist es, der am Beginn über den Wassern schwebte und Chaos zu Kosmos gestaltete (Gn 1,2). Wenn er gesandt wird, werden die lebendigen Wesen geschaffen (Ps 104 [103],30). So ist, was hier an Maria geschehen soll, neue Schöpfung: Der Gott, der aus dem Nichts das Sein rief, setzt inmitten der Menschheit einen neuen Anfang: Sein Wort wird Fleisch. Das andere Bild unseres Textes – die »Überschattung mit der Kraft des Höchsten« – verweist auf den Tempel Israels und auf das heilige Zelt in der Wüste, wo sich Gottes Gegenwart in der Wolke anzeigte, die seine Herrlichkeit ebenso verbirgt wie offenbart (Ex 40,34; 3 Kg 8,11). Wie Maria vorher als das neue Israel, als die wahre »Tochter Sion« geschildert worden war, so erscheint sie nun als der Tempel, auf den sich die Wolke herabsenkt, in der Gott mitten in die Geschichte eintritt. Wer sich Gott zur Verfügung stellt, verschwindet mit ihm in der Wolke, in der Vergessenheit und Unansehnlichkeit, und wird gerade so seiner Herrlichkeit teilhaftig.

2. KLÄRUNGEN – WAS JUNGFRAUENGEBURT WIRKLICH BEDEUTET

> *M. L.: Als ich vor Jahren in einer Talkshow mit Uta Ranke-Heinemann diskutierte, die sich immer wieder medienwirksam über die »Jungfrauengeburt« lustig gemacht hatte und deswegen empfahl, die Theologie der Gynäkologie zuzurechnen, hatte ich mich mit dem folgenden erstaunlichen Text von Ratzinger vorbereitet – und daraufhin verstummte ihre Häme, was selten vorkam. Kaum jemand hat übrigens wahrgenommen, dass sie in ihrem polemischen Hauptwerk »Eunuchen für das Himmelreich« Joseph Ratzinger, den sie als Studentin erlebt hatte, nur positiv zitiert – allerdings mit der unvermeidlichen Floskel: bevor er der böse Inquisitor wurde ...*

Die Geburt Jesu aus der Jungfrau, von der so in den Evangelien berichtet wird, ist den Aufklärern aller Art nicht erst seit gestern ein Dorn im Auge. Der Mythos von der wunderbaren Geburt des Retterkindes ist in der Tat weltweit verbreitet. Eine Menschheitssehnsucht spricht sich in ihm aus: die Sehnsucht nach dem Reinen, das die unberührte Jungfrau verkörpert, nach dem wahrhaft Mütterlichen, Bergenden, Reifen und Gütigen und endlich die Hoffnung, die immer wieder aufsteht, wo ein Mensch geboren wird, die Hoffnung und Freude, die ein Kind bedeutet. Man wird es als wahrscheinlich ansehen dürfen, dass auch Israel Mythen dieser Art gekannt hat. Jes 7,14 (»Siehe, die Jungfrau wird empfangen …«) könnte sich durchaus als Aufgreifen einer solchen Erwartung erklären, auch wenn aus dem Wortlaut dieses Textes nicht ohne Weiteres hervorgeht, dass dabei an eine Jungfrau im strengen Sinne gedacht ist. Wenn der Text von solchen Ursprüngen her zu verstehen wäre, würde das heißen, dass auf diesem Umweg das Neue Testament die verworrenen Hoffnungen der Menschheit auf die Jungfrau-Mutter aufgenommen hätte. Gleichzeitig ist aber völlig klar, dass die unmittelbaren Anknüpfungspunkte der neutestamentlichen Berichte von der Geburt Jesu aus der Jungfrau Maria nicht im religionsgeschichtlichen Raum, sondern in der alttestamentlichen Bibel liegen. Die außerbiblischen Erzählungen dieser Art sind tiefgehend durch ihr Vokabular und durch ihre Anschauungsformen von der Geburtsgeschichte Jesu unterschieden. Der zentrale Gegensatz besteht darin, dass in den heidnischen Texten fast immer die Gottheit als befruchtende, zeugende Macht, also unter einem mehr oder weniger geschlechtlichen Aspekt und von da aus in einem biologischen Sinne als der »Vater« des Retterkindes erscheint. Nichts davon ist im Neuen Testament der Fall:

Die Empfängnis Jesu ist Neuschöpfung, nicht Zeugung durch Gott. Gott wird dadurch nicht etwa zum biologischen Vater Jesu, und weder das Neue Testament noch die kirchliche Theologie haben jemals in dem mitgeteilten Ereignis den Grund für das wahre Gottsein Jesu, für seine »Gottessohnschaft«, gesehen. Denn diese bedeutet gerade nicht, dass Jesus halb Gott und halb Mensch wäre, sondern für den Glauben war es immer grundlegend, dass Jesus *ganz* Gott und *ganz* Mensch ist. **Die Gottessohnschaft Jesu beruht nach dem kirchlichen Glauben nicht darauf, dass Jesus keinen menschlichen Vater hatte und die Lehre vom Gottsein Jesu würde nicht angetastet, wenn Jesus aus einer normalen menschlichen Ehe hervorgegangen wäre.** Denn die Gottessohnschaft, von der der Glaube spricht, ist kein biologisches Faktum, kein Vorgang in der Zeit, sondern in Gottes Ewigkeit. Gott ist immer Vater, Sohn und Geist, die Empfängnis Jesu bedeutet also nicht, dass ein neuer Gott-Sohn entsteht, sondern dass Gott als Sohn in dem Menschen Jesus das Geschöpf Mensch an sich zieht, sodass er selber Mensch »ist«. Die kirchliche Lehre von der Gottessohnschaft Jesu liegt nicht in der Verlängerung der Geschichte der Jungfrauengeburt, sondern in der Verlängerung des Dialogs Abba-Sohn und der Relation des Wortes und der Liebe, die wir darin eröffnet fanden. Ihr Seinsgedanke gehört nicht der biologischen Ebene an, sondern dem »Ich-bin's« des Johannesevangeliums, das darin, wie wir sahen, bereits die ganze Radikalität des Sohnesgedankens entfaltet hat – eine Radikalität, die viel umfassender und weitreichender ist als die biologischen Gottmensch-Ideen des Mythos. Wenn die Empfängnis Jesu aus der Jungfrau durch Gottes schöpferische Macht aber zumindest unmittelbar nichts mit seiner Gottessohnschaft zu tun hat, was für einen Sinn hat sie dann überhaupt? Was das Wort »Sohn Gottes« im Verkündigungstext meint, lässt sich von unseren früheren Überlegungen her leicht beantworten: Im Gegensatz zu dem einfachen Ausdruck »der Sohn« gehört es, wie wir hörten, der Erwählungs- und Hoffnungstheologie des Alten Bundes zu und kennzeichnet Jesus als den wahren Erben der Verheißungen, den König Israels und der Welt. Damit wird aber nun der geistige Zusammenhang deutlich sichtbar, aus dem heraus unser Bericht zu verstehen ist: der Hoffnungsglaube Israels, der, wie gesagt, von den heidnischen Hoffnungen auf wunderbare Geburten kaum völlig unberührt geblieben ist, ihnen aber eine völlig neue Gestalt und einen gänzlich verwandelten Sinn gegeben hat.

Das Alte Testament kennt eine Reihe von wunderbaren Geburten, jeweils an entscheidenden Wendepunkten der Heilsgeschichte: Sara, die Mutter Isaaks (Gn 18), die Mutter Samuels (1 Sam 1–3) und die anonyme Mutter Samsons (Ri 13) sind unfruchtbar, und jede menschliche Hoffnung auf Kindersegen ist sinnlos geworden. Bei allen dreien kommt die Geburt des Kindes, das zum Heilsträger für Israel wird, zustande als eine Tat der gnädigen Erbarmung Gottes, der das Unmögliche möglich macht (Gn 18,14; Lk 1,37), der die Niedrigen erhöht (1 Sam 2,7; 1,11; Lk 1,52; 1,48) und die Stolzen vom Throne stößt (Lk 1,52). Bei Elisabeth, der Mutter Johannes' des Täufers, wird diese Linie fortgeführt (Lk 1,7–25.36), die bei Maria an ihrem Höhepunkt und Ziel ankommt. Der Sinn des Geschehens ist allemal derselbe: Das Heil der Welt kommt nicht vom Menschen und von dessen eigener Macht, der Mensch muss es sich schenken lassen, und nur als reines Geschenk kann er es empfangen. **Die Jungfrauengeburt bedeutet weder ein Kapitel Askese noch gehört sie unmittelbar der Lehre von der Gottessohnschaft Jesu zu, sie ist zuerst und zuletzt Gnadentheologie, Botschaft davon, wie *uns* das Heil zukommt: in der Einfalt des Empfangens, als unerzwingbares Geschenk der Liebe, die die Welt erlöst.** Im Buch Jesaja ist dieser Gedanke des Heils allein aus Gottes Macht großartig formuliert, wenn es heißt: »Frohlocke, Unfruchtbare, die nicht gebar, brich los und juble, die keinen Geburtsschmerz kannte! Denn zahlreicher werden sein der Vereinsamten Kinder als die der Vermählten, spricht der Herr« (Jes 54,1; vgl. Gal 4,27; Röm 4,17–22). In Jesus hat Gott inmitten der unfruchtbaren und hoffnungslosen Menschheit einen neuen Anfang gesetzt, der nicht Ergebnis ihrer eigenen Geschichte, sondern Geschenk von oben ist. Wenn schon jeder Mensch etwas unaussprechbar Neues, mehr als die Summe von Chromosomen und das Produkt einer bestimmten Umwelt darstellt, nämlich ein einmaliges Geschöpf Gottes, so ist Jesus der wahrhaft Neue, der nicht aus dem Eigenen der Menschheit kommt, sondern aus Gottes Geist. Deshalb ist er »Adam« (1 Kor 15,47) – eine neue Menschwerdung beginnt mit ihm. Im Gegensatz zu allen Erwählten vor ihm *empfängt* er nicht nur Gottes Geist, sondern auch in seiner irdischen Existenz *ist* er allein durch den Geist und darum die Erfüllung aller Propheten: der wahre Prophet.

3. MARIENFRÖMMIGKEIT – »ALLES IST GNADE«

> *M. L.: Mit leichter Hand erinnert Ratzinger hier einerseits gewisse »liberale« Theologen, denen sich die biblischen Geschichten ein wenig ins rein Geistig-Metaphorische verflüchtigen, daran, dass nur ein wirkliches Ereignis die erlösende Kraft haben kann, die sie behaupten und andererseits gewisse allzu »katholische« Marienverehrer, dass Maria uns die Ausschließlichkeit des Christusheils und der göttlichen Gnade vor Augen stellt, die den Protestanten so wichtig ist.*

Es sollte eigentlich keiner eigenen Erwähnung bedürfen, dass all diese Aussagen nur unter der Voraussetzung Bedeutung haben, dass das Geschehnis sich wirklich zugetragen hat, dessen Sinn ans Licht zu heben sie sich mühen. Sie sind Deutung eines Ereignisses. Christlicher Glaube bedeutet nämlich das Bekenntnis dazu, dass Gott nicht der Gefangene seiner Ewigkeit und nicht begrenzt aufs nur Geistige ist, sondern dass er hier und heute, mitten in meiner Welt zu wirken vermag und dass er in ihr gewirkt hat in Jesus, dem neuen Adam, der geboren ist aus Maria der Jungfrau durch die schöpferische Macht des Gottes, dessen Geist am Anbeginn über den Wassern schwebte, der aus dem Nichts das Sein erschuf.

Noch eine Bemerkung drängt sich auf. **Der rechtverstandene Sinn des Gotteszeichens der Jungfrauengeburt zeigt zugleich an, welches der theologische Ort einer Marienfrömmigkeit ist, die sich vom Glauben des Neuen Testaments her leiten lässt. Es wäre wohl am ehesten die Gnadenlehre.** Als die wahre »Tochter Sion« ist Maria Bild der Kirche, Bild des gläubigen Menschen, der nicht anders als durch das Geschenk der Liebe – durch Gnade – ins Heil und zu sich selbst kommen kann. Jenes Wort, mit dem Bernanos das Tagebuch eines Landpfarrers schließen lässt – »Alles ist Gnade« –, jenes Wort, in dem dort ein Leben, das nur Schwachheit und Vergeblichkeit zu sein schien, sich als voller Reichtum und Erfüllung erkennen darf, dieses Wort ist in Maria, der »Gnadenvollen« (Lk 1,28), wahrhaft Ereignis geworden. Sie ist nicht die Bestreitung oder Gefährdung der Ausschließlichkeit des Christusheils, sondern der Verweis darauf. Sie ist Darstellung der Menschheit, die als ganze Erwartung ist und die dieses Bild umso nötiger braucht, je mehr sie in Gefahr ist, das Warten abzulegen und sich dem Machen anzuvertrauen. Denn das Warten kann – so unerlässlich es ist – die Leere niemals ausfüllen, die den Menschen bedroht, wenn er jene absolute Liebe nicht findet, die ihm Sinn, Heil, das wahrhaft Lebensnotwendige gibt.

V. »GELITTEN UNTER PONTIUS PILATUS, GEKREUZIGT, GESTORBEN UND BEGRABEN« – ÜBER DIE REVOLUTION DER RELIGIONSGESCHICHTE

M. L.: Das christliche Kreuz war für antike Menschen so schwer zu verstehen, dass die erste Darstellung des Gekreuzigten sich erst im 5. Jahrhundert auf der Tür der römischen Kirche Santa Sabina findet. Heute ist das Kreuz wieder Vielen unverständlich geworden. Was ist das für ein Gott-Vater, fragen sich manche, der seinen Sohn einer solchen Qual aussetzt? Deswegen ist das folgende Kapitel keine theologische Fingerübung, sondern zentral für die Glaubwürdigkeit des Ganzen. Denn das Kreuz ist nicht bloß ein Symbol für das Christentum, es betrifft seinen Kern. Auf die Frage »Wo war Gott in Auschwitz?« antwortete der katholische Philosoph Robert Spaemann: »Am Kreuz«.

Welche Stellung nimmt eigentlich das Kreuz innerhalb des Glaubens an Jesus als den Christus ein? Das ist die Frage, mit der uns dieser Glaubensartikel noch einmal konfrontiert. In der Bibel erscheint das Kreuz als Ausdruck für die Radikalität der Liebe, die sich gänzlich gibt, es erscheint als der Vorgang, in dem einer das ist, was er tut, und das tut, was er ist, als Ausdruck für ein Leben, das ganz Sein für die anderen ist.

1. DIE FRAGE ALLER FRAGEN – WARUM DAS KREUZ?

> *M. L.: Gegenüber manchen früheren Irrwegen der Theologie formuliert der junge Theologe Ratzinger hier in aller Klarheit die revolutionäre Eigenart des christlichen Opfergedankens.*

Für den, der genauer zusieht, drückt sich in der Kreuzestheologie der Schrift wahrhaft eine Revolution aus gegenüber den Sühne- und Erlösungsvorstellungen der außerchristlichen Religionsgeschichte, wobei freilich nicht zu leugnen ist, dass im späteren christlichen Bewusstsein diese Revolution weitgehend wieder neutralisiert und selten in ihrer ganzen Tragweite erkannt worden ist. In den Weltreligionen bedeutet Sühne gewöhnlich die Wiederherstellung des gestörten Gottesverhältnisses mittels sühnender Handlungen der Menschen. Fast alle Religionen kreisen um das Problem der Sühne, sie steigen auf aus dem Wissen des Menschen um seine Schuld vor Gott und bedeuten den Versuch, dieses Schuldgefühl zu beheben, die Schuld zu überwinden durch Sühneleistungen, die man Gott anbietet. Das sühnende Werk, mit dem Menschen die Gottheit versöhnen und gnädig stimmen wollen, steht im Mittelpunkt der Religionsgeschichte.

Im Neuen Testament sieht die Sache fast genau umgekehrt aus. Nicht der Mensch ist es, der zu Gott geht und ihm eine ausgleichende Gabe bringt, sondern Gott kommt zum Menschen, um ihm zu geben. Aus der Initiative seiner Liebesmacht heraus stellt er das gestörte Recht wieder her, indem er durch sein schöpferisches Erbarmen den ungerechten Menschen gerecht macht, den Toten lebendig. Seine Gerechtigkeit ist Gnade, sie ist aktive Gerechtigkeit, die den verkrümmten Menschen richtet, das heißt zurechtbiegt, richtig macht. Hier stehen wir vor der Wende, die das Christentum in die Religionsgeschichte getragen hat: Das Neue Testament sagt nicht, dass die Menschen Gott versöhnen, wie wir es eigentlich erwarten müssten, da ja sie gefehlt haben, nicht Gott. Es sagt vielmehr, dass »Gott in Christus die Welt mit sich versöhnt hat« (2 Kor 5,19). Das ist etwas wahrhaft Unerhörtes, Neues – der Ausgangspunkt der christlichen Existenz und die Mitte neutestamentlicher Kreuzestheologie: Gott wartet nicht, bis die Schuldigen kommen und sich versöhnen, er geht ihnen zuerst entgegen und versöhnt sie. Darin zeigt sich die wahre Bewegungsrichtung der Menschwerdung, des Kreuzes.

Demgemäß erscheint im Neuen Testament das Kreuz primär als eine Bewegung von oben nach unten. Es steht nicht da als die Versöhnungsleistung, die die Menschheit dem zürnenden Gott anbietet, sondern als Ausdruck jener törichten Liebe Gottes, die sich weggibt, in die Erniedrigung hinein, um so den Menschen zu retten. Es ist *sein* Zugehen auf uns, nicht umgekehrt. Mit dieser Wende in der Sühne-Idee, also in der Achse des Religiösen überhaupt, erhält im Christlichen auch der Kult, die ganze Existenz, eine neue Richtung. **Anbetung erfolgt im Christlichen *zunächst* im dankenden Empfangen der göttlichen Heilstat. Die wesentliche Form des christlichen Kultes heißt daher mit Recht Eucharistia, Danksagung.** In diesem Kult werden nicht menschliche Leistungen vor Gott gebracht. Er besteht vielmehr darin, dass der Mensch sich beschenken lässt. Wir verherrlichen Gott nicht, indem wir ihm vermeintlich aus dem Eigenen geben – als ob es nicht immer schon das Seinige wäre! –, sondern indem wir uns das Seinige schenken lassen und ihn dadurch als den einzigen Herrn anerkennen. Wir beten ihn an, indem wir die Fiktion eines Bereichs fallen lassen, mit dem wir uns wie selbstständige Geschäftspartner ihm gegenüberstellen könnten, während wir doch in Wahrheit nur in ihm und von ihm her überhaupt sein können. **Christliches Opfern besteht nicht in einem Geben dessen, was Gott ohne uns nicht hätte, sondern darin, dass wir ganz Empfangende werden und uns ganz nehmen lassen von ihm. Das Handelnlassen Gottes an uns – das ist das christliche Opfer.**

2. KOSMISCHE LITURGIE – CHRISTUS ALS DER WAHRE PRIESTER

> *M. L.: Hier spüren wir wieder das ungeheuer Neue und Endgültige, das Christus gegenüber allen anderen Religionen bringt. Und am Ende gibt es noch ein überzeugendes theologisches Heilmittel gegen das Helfersyndrom ...*

Wenn man das Neue Testament von Anfang bis Ende liest, wird man freilich die Frage nicht unterdrücken können, ob es nicht doch die Sühnetat Jesu als Opferdarbringung an den Vater schildert, ob es nicht doch das Kreuz als das Opfer darstellt, das Christus im Gehorsam dem Vater übergibt. In einer Reihe von Texten erscheint es als die aufsteigende Bewegung von der Menschheit zu Gott. In der Tat, mit der absteigenden Linie allein kann man den Befund des Neuen Testaments nicht erfassen.

Um vorwärts zu kommen, müssen wir uns klarzumachen versuchen, wo der Ausgangspunkt der neutestamentlichen Sinndeutung des Kreuzes liegt. Man muss sich zunächst bewusst werden, dass das Kreuz Jesu den Jüngern fürs Erste als das Ende, als das Scheitern seines Beginnens erschien. Sie hatten geglaubt, in ihm den König gefunden zu haben, der nie mehr gestürzt werden könne, und waren unversehens zu Gefährten eines Hingerichteten geworden. Die Auferstehung gab ihnen zwar die Gewissheit, dass Jesus dennoch König war, aber wozu das Kreuz diente, mussten sie erst langsam verstehen lernen. Das Mittel des Verstehens bot ihnen die Schrift, das heißt das Alte Testament, mit dessen Bildern und Begriffen sie das Geschehene auszulegen sich mühten. So zogen sie auch dessen liturgische Texte und Vorschriften heran, in der Überzeugung, dass alles dort Gemeinte in Jesus erfüllt sei, ja, dass man von ihm her nun umgekehrt erst eigentlich begreifen könne, um was es dort in Wahrheit ging. Auf diese Weise finden wir im Neuen Testament das Kreuz unter anderem auch mit den Gedanken der alttestamentlichen Kulttheologie erklärt.

Die konsequenteste Durchführung dieses Bemühens begegnet uns im Brief an die Hebräer. Dieser Text setzt den Tod Jesu am Kreuz mit Ritus und Theologie des jüdischen Versöhnungsfestes in Beziehung und legt ihn als das wahre kosmische Versöhnungsfest aus. Der Gedankengang des Briefes ließe sich dabei in Kürze etwa so wiedergeben: Alles Opferwesen der Menschheit, alle Versuche, durch Kult und Ritus Gott zu versöhnen, von denen die Welt voll ist, mussten hilfloses Menschenwerk bleiben, weil Gott nicht Stiere und Böcke sucht, oder was immer sonst ihm rituell dargeboten wird. Man kann ganze Hekatomben von Tieren Gott allenthalben auf der Welt opfern, er braucht sie nicht, weil alles das ohnedies ihm gehört und weil dem Herrn des Alls nichts gegeben wird, wenn man solches zu seiner Ehre verbrennt. »Ich nehme den Stier aus deinem Stall nicht an und Böcke aus deinen Hürden. Alles Wild des Waldes ist ja mein Eigentum, der Tiere auf meinen Bergen sind tausend. Die Vögel der Luft sind mir alle bekannt, was im Felde sich regt, gehört mir an. Hätte ich Hunger, dann sagte ich dir's nicht, denn mein ist der Erdkreis und seine Fülle. Genieße ich denn Stierfleisch überhaupt, trinke ich denn das Blut von Böcken? Bringe Gott Danksagung als Opfer dar …«, so sagt ein Gottesspruch des Alten Testaments (Ps 50 [49],9–14). Der Verfasser des Hebräerbriefs stellt sich in die geistige Linie dieses und ähnlicher Texte. Mit noch endgültigerem Nachdruck betont er die Vergeblichkeit des rituellen Bemühens. Gott sucht nicht Stiere und Böcke, sondern den Menschen.

Das uneingeschränkte Ja des Menschen zu Gott könnte allein die wahre Anbetung sein. Gott gehört alles, dem Menschen aber ist die Freiheit des Ja und des Nein, der Liebe und der Verweigerung, verliehen, das freie Ja der Liebe ist das Einzige, worauf Gott warten muss – die Anbetung und das »Opfer«, das allein Sinn haben kann. Das Ja zu Gott, in dem der Mensch sich selbst zurückgibt an Gott, ist aber nicht durch das Blut von Stieren und Böcken zu ersetzen und zu vertreten. »Was könnte der Mensch als Ersatz für sich selber bieten?« heißt es einmal im Evangelium (Mk 8,37). Die Antwort kann nur lauten: Es gibt nichts, womit er sich aufwiegen könnte.

Da aber der ganze vorchristliche Kult auf der Idee des Ersatzes, der Vertretung beruht, das zu ersetzen versucht, was unersetzbar ist, musste dieser Kult vergeblich bleiben. Der Hebräerbrief kann es im Lichte des Christusglaubens wagen, diese vernichtende Bilanz der Religionsgeschichte zu ziehen, die auszusprechen in einer Welt voller Opfer als ungeheurer Frevel erscheinen musste. Er kann es wagen, dies völlige Scheitern der Religionen ohne Rückhalt auszusagen, weil er weiß, dass in Christus die Idee des Ersatzes, der Vertretung einen neuen Sinn bekommen hat. Er, Jesus, der religionsgesetzlich gesehen ein Laie war, kein Amt im Kultdienst Israels innehatte, er war – so sagt es der Text – der einzige wahre Priester der Welt. Sein Tod, der innergeschichtlich gesehen einen völlig profanen Vorgang darstellte – die Hinrichtung eines Mannes, der als politischer Verbrecher verurteilt war –, dieser Tod war in Wirklichkeit der einzige Gottesdienst, die einzige Liturgie der Weltgeschichte, kosmische Liturgie. Jesus trat nicht im abgegrenzten Bereich des liturgischen Spiels, im Tempel, sondern in der Öffentlichkeit der Welt durch den Vorhang des Todes hindurch in den wirklichen Tempel hin, das heißt vor das Angesicht Gottes selbst, um nicht Dinge, Blut von Tieren oder was auch immer, sondern sich selbst darzubringen (Hebr 9,11 ff).

Achten wir auf diese grundlegende Umkehrung, die zum Kerngedanken des Briefes gehört: Was irdisch betrachtet ein profanes Geschehen war, ist der wahre Kult der Menschheit, denn der ihn vollzog, hat den Raum des liturgischen Spiels durchbrochen, weil er sich selbst gab. Er nahm den Menschen die Opfersachen aus der Hand und setzte an ihre Stelle die geopferte Persönlichkeit, sein eigenes Ich. Wenn in unserem Text dennoch gesagt wird, Jesus habe durch sein *Blut* die Versöhnung vollzogen (9,12), so ist dieses Blut nicht wieder als eine sachliche Gabe zu verstehen, als ein Sühnemittel, sondern es ist einfach die

Konkretisierung einer Liebe, von der gesagt ist, dass sie bis zum äußersten reicht (Jo 13,1). Es ist Ausdruck der Totalität seiner Hingabe und seines Dienstes, Inbegriff der Tatsache, dass er nicht mehr und nicht weniger bringt als sich selbst. Der Gestus der alles gebenden Liebe, er und er allein war nach dem Hebräerbrief die wirkliche Versöhnung der Welt. Deshalb ist die Kreuzesstunde der kosmische Versöhnungstag, das wahre und endgültige Versöhnungsfest. Einen anderen Kult gibt es nicht und einen anderen Priester nicht als den, der ihn vollzog: Jesus Christus.

Das Wesen des christlichen Kultes besteht demnach nicht in der Hingabe von Dingen. Alle diese Denkbemühungen sind durch das Christusgeschehen einfach überholt. Der christliche Kult besteht in der Liebe, wie sie nur der eine zu schenken vermochte, in dem Gottes eigene Liebe menschliche Liebe geworden war und er besteht in der neuen Form von Stellvertretung, die in dieser Liebe eingeschlossen ist: darin, dass er für uns stand und wir uns von ihm nehmen lassen. So bedeutet er, dass wir unsere eigenen Rechtfertigungsversuche beiseite tun, die im Grunde nur Ausreden sind und uns gegeneinander stellen – wie Adams Rechtfertigungsversuch eine Ausrede und ein Abschieben der Schuld auf den anderen, ja, schließlich ein Versuch war, Gott selber zu verklagen: »Das Weib, das du mir als Gefährtin gegeben, hat mir etwas vom Baume gereicht …« (Gn 3,12). Der christliche Kult verlangt, dass wir statt des zerstörerischen Gegeneinander der Selbstrechtfertigung das Geschenk der für uns einstehenden Liebe Jesu Christi annehmen, uns darin vereinigen lassen und so mit ihm und in ihm Anbetende werden.

Im Blick auf die Liebesbotschaft des Neuen Testaments drängt heute immer mehr eine Tendenz nach vorn, die christlichen Kult vollständig in liebevolle »Mitmenschlichkeit« auflösen und keine direkte Gottesliebe oder Gottesverehrung mehr zulassen will. Diese Haltung verweigert eine letzte Offenheit, Gelassenheit und Selbstlosigkeit, wenn sie nicht auch noch die Erlösungsbedürftigkeit dieser

Liebe durch den annimmt, der allein wirklich genügend liebte. Und sie tut bei allem Wohlwollen letztlich dem anderen und sich selber Unrecht, weil der Mensch sich nicht im Zueinander der Mitmenschlichkeit allein vollendet, sondern erst im Miteinander jener zwecklosen Liebe, die Gott selbst verherrlicht. **Die Zwecklosigkeit der einfachen Anbetung ist die höchste Möglichkeit des Menschseins und erst seine wahre und endgültige Befreiung.**

3. KREUZESNACHFOLGE – LEBEN ALS CHRIST

> *M. L.: Nicht der grausame Schmerz ist Sinn des Kreuzes, sondern rückhaltlose Liebe, nicht kitschig-romantische Liebe, sondern uneigennützige Liebe, die nicht bloß im friedlichen Tempelinnern stattfindet, sondern mitten in den Schrecken der Welt ...*

Das Prinzip des christlichen Gottesdienstes ist die Bewegung auf Gott und Mitmensch hin. Indem Christus das Menschsein zu Gott hinträgt, trägt er es in sein Heil hinein. Das Kreuzesgeschehen ist deshalb Brot des Lebens »für die Vielen« (Lk 22,19), weil der Gekreuzigte den Leib der Menschheit in Anbetung umgeschmolzen hat. In seiner Liebe ereignet sich die Ekstase des Menschen aus sich selbst heraus, in der er geradezu auseinander gerissen wird, weit über seine scheinbar möglichen Ausstreckungsmöglichkeiten hinaus. Insofern ist Anbetung, Opfer, immer zugleich Kreuz, Schmerz des Zerrissenwerdens, Sterben des Weizenkorns, das nur im Tod zur Frucht kommen kann. Damit ist deutlich, dass das Element des Schmerzhaften dabei ganz zweitrangig ist. Das Prinzip des Opfers ist nicht die Zerstörung, sondern die Liebe. Und nur insofern *sie* aufbricht, öffnet, kreuzigt, zerreißt, gehört auch dieses mit zum Opfer: als die Form der Liebe in einer vom Tod und von der Selbstsucht gezeichneten Welt.

Es gibt zu dieser Sache einen bedeutenden Text des französischen Theologen Jean Daniélou: »Zwischen der Heidenwelt und dem Dreifaltigen Gott gibt es nur eine einzige Verbindung, und das ist das Kreuz Christi. Wenn wir uns dennoch in dieses Niemandsland stellen und von neuem die verbindenden Fäden zwischen der Heidenwelt und dem Dreifaltigen Gott hin- und herziehen wollen, wie sollen wir uns da noch wundern, dass wir es nur im Kreuz Christi tun können? Wir müssen uns diesem Kreuz ähnlich machen, es in uns tragen und, wie der heilige Paulus vom Glaubensboten sagt, ›allzeit das Todesleiden Christi in unserem Leibe mittragen‹ (2 Kor 4,10). Diese Zerrissenheit, die uns ein Kreuz ist, dieses Unvermögen unseres Herzens, gleichzeitig die Liebe zur hochheiligen Dreifaltigkeit und die Liebe zu einer der Dreifaltigkeit entfremdeten Welt in sich zu tragen, das ist gerade das Todesleiden des eingeborenen Sohnes, zu dessen Teilnahme er uns beruft. Er, der diese Trennung in sich getragen hat, um sie in sich aufzuheben, der sie aber nur aufgehoben hat, weil er sie vorhin in sich trug: Er reicht von einem Ende bis zum andern. Ohne den Schoß der Dreifaltigkeit zu verlassen, streckt er sich bis zur äußersten Grenze menschlichen Elends aus und erfüllt den ganzen Zwischenraum. Dieses Sichausspannen Christi, das die vier Richtungen des Kreuzes sinnbilden, ist der geheimnisvolle Ausdruck unserer eigenen Zerrissenheit und macht uns ihm gleichförmig.« Der Schmerz ist im letzten Ausdruck des Ausgespanntseins Jesu Christi vom Sein in Gott bis in die Hölle des »Mein Gott, warum hast du mich verlassen?«. Wer seine Existenz so ausgestreckt hat, dass er gleichzeitig in Gott eingetaucht ist und eingetaucht in die Tiefe des gottverlassenen Geschöpfes, der muss auseinanderreißen – der ist wirklich »gekreuzigt«. Aber dieses Zerrissenwerden ist identisch mit der Liebe: Es ist ihre Verwirklichung bis ins Letzte (Jo 13,1), der Ausdruck für die Weite, die sie schafft.

Von hier aus könnte sichtbar werden, dass der Dienst am Menschen in der Welt sich mit dem Innersten christlicher Mystik und christlicher Kreuzesfrömmigkeit durchdringt. Nicht der Schmerz als solcher zählt, sondern die Weite der Liebe, die die Existenz so ausspannt, dass sie den gottverlassenen Menschen mit Gott in Beziehung bringt. Sie allein gibt dem Schmerz Sinn. Wäre es anders, dann wären die Henkersknechte am Kreuz die eigentlichen Priester gewesen, sie, die den Schmerz provoziert haben, hätten ja dann das Opfer dargebracht. Aber weil es nicht darauf ankam, sondern auf jene innere Mitte, die Liebe ist, darum waren nicht sie es, sondern war Jesus der Priester, der die beiden getrennten Enden der Welt in seinem Leibe wieder vereinte (Eph 2,13 f).

Das Neue Testament handelt von dem Gott, der selbst der Akt der Liebe ist, das reine Für, und der darum notwendig in das Inkognito des letzten Wurms eintritt (Ps 22 [21],7). Es handelt von dem Gott, der sich mit seinem Geschöpf identifiziert und in diesem Umgriffenwerden vom Geringsten jenen »Überfluss« setzt, der ihn als Gott ausweist.

4. EIN TIEF BEWEGENDER TEXT – WIE PLATON DAS KREUZ AHNTE

> *M. L.: An Michelangelos Decke der Sixtinischen Kapelle ahnen jüdische Propheten und heidnische Sibyllen das kommende Heil in Christus. Dass die Ahnung auch des Heidentums nicht nur eine schöne Idee ist, beweist dieser erstaunliche Text von Platon. Ohne diese Ahnung der Menschheit wäre eine Menschwerdung Gottes nur wie die spektakuläre Expedition eines Außerirdischen auf unserem Planeten gewesen …*

Das Kreuz ist Offenbarung. Es offenbart nicht irgendetwas, sondern Gott und den Menschen. Es enthüllt, wer Gott ist und wie der Mensch ist. In der griechischen Philosophie gibt es eine eigentümliche Vorahnung dieses Zusammenhangs: Platons Bild vom gekreuzigten Gerechten. Der große Philosoph fragt sich in seinem Werk über den Staat, wie es wohl um einen ganz und gar gerechten Menschen in dieser Welt bestellt sein müsste. Er kommt dabei zu dem Ergebnis, dass die Gerechtigkeit eines Menschen erst dann vollkommen sei, wenn er den Schein der Ungerechtigkeit auf sich nehme, denn dann erst zeige sich, dass er nicht der Meinung der Menschen folgt, sondern allein zur Gerechtigkeit um ihrer selbst willen steht. So muss also nach Platon der wahrhaft Gerechte in dieser Welt ein Verkannter und Verfolgter sein, ja, Platon scheut sich nicht, zu schreiben:

»Sie werden denn sagen, dass der Gerechte unter diesen Umständen gegeißelt, gefoltert, gebunden werden wird, dass ihm die Augen ausgebrannt werden und dass er zuletzt nach allen Misshandlungen gekreuzigt werden wird … «. Dieser Text, 400 Jahre vor Christus niedergeschrieben, wird einen Christen immer wieder tief bewegen. Vom Ernst philosophischen Denkens her ist hier erahnt, dass der vollendete Gerechte in der Welt der gekreuzigte Gerechte sein muss, es ist etwas geahnt von jener Offenbarung des Menschen, die sich am Kreuz zuträgt.

Dass der vollendete Gerechte, als er erschien, zum Gekreuzigten, von der Justiz dem Tod Ausgelieferten wurde, das sagt uns nun schonungslos, wer der Mensch ist: So bist du, Mensch, dass du den Gerechten nicht ertragen kannst – dass der einfach Liebende zum Narren, zum Geschlagenen und zum Verstoßenen wird. So bist du, weil du als Ungerechter selbst immer die Ungerechtigkeit des andern brauchst, um dich entschuldigt zu fühlen, und also den Gerechten, der dir diese Entschuldigung zu nehmen scheint, nicht brauchen kannst. Das bist du. Johannes hat dies alles zusammengefasst in dem »Ecce homo«, »Siehe, das ist der Mensch!« des Pilatus, das sagen will: So steht es um den Menschen. Dies ist der Mensch. Das Psalmwort, jeder Mensch sei ein Lügner (Ps 116 [115],11) und lebe gegen die

Wahrheit, enthüllt schon, wie es wirklich um den Menschen steht. Die Wahrheit des Menschen ist, dass er immer wieder gegen die Wahrheit anrennt, der gekreuzigte Gerechte ist so der dem Menschen hingehaltene Spiegel, in dem er ungeschönt sich selber sieht. Aber das Kreuz offenbart nicht nur den Menschen, es offenbart auch Gott: So ist Gott, dass er sich bis in diesen Abgrund hinein mit dem Menschen identifiziert, dass er richtet, indem er rettet. Im Abgrund des menschlichen Versagens enthüllt sich der noch viel unerschöpflichere Abgrund der göttlichen Liebe. Das Kreuz ist so wahrhaft die Mitte der Offenbarung, einer Offenbarung, die nicht irgendwelche bisher unbekannten Sätze enthüllt, sondern uns selbst, indem sie uns vor Gott und Gott in unserer Mitte offenbart.

VI. »HINABGESTIEGEN IN DAS REICH DES TODES« – GOTT IST TOT

M. L.: Das Totenreich galt den Griechen und Römern als düstere Schattenwelt, dem Mittelalter galt die Hölle als beängstigender Schreckensort, dagegen hat mancher zeitgenössische Theologe den Ort der Verdammnis ganz einfach entsorgt. Doch als ich in den 90er-Jahren des vergangenen Jahrhunderts einen Vortrag über Höllenpredigten des 19. Jahrhunderts hörte, überraschte der Soziologe uns alle, als er am Ende die Frage stellte, ob die Opfer des Krieges in den Nachfolgestaaten Jugoslawiens sich wohl einen gerechten Gott ohne die Hölle für die Täter vorstellen könnten …

Dieser Glaubensartikel, dem im Ablauf des Kirchenjahres der Karsamstag zugeordnet ist, berührt in ganz besonderem Maß die Erfahrung unserer Epoche. Am Karfreitag bleibt immerhin der Blick auf den Gekreuzigten, Karsamstag aber ist der Tag des »Todes Gottes«, der Tag, der die unerhörte Erfahrung unserer Zeit ausdrückt, dass Gott einfach abwesend ist, dass das Grab ihn deckt, dass er nicht mehr aufwacht, nicht mehr spricht, sodass man nicht einmal mehr ihn zu bestreiten braucht, sondern ihn einfach übergehen kann. »Gott ist tot, und wir haben ihn getötet«. Dieses Wort Nietzsches gehört sprachlich der Tradition der christlichen Passionsfrömmigkeit zu, es drückt den Gehalt des Karsamstags aus, das »Hinabgestiegen in das Reich des Todes«, bzw. »zur Hölle«, wie früher drastischer übersetzt wurde.

1. GOTTESFINSTERNIS – DAS SCHWEIGEN GOTTES

M. L.: Das wunderbar tröstliche Eichendorff-Gedicht, das Ratzinger hier zitiert, sage ich gerne denen auf, die von der Kirche enttäuscht sind, weil das, was sie »konservativ« oder »progressiv« mit heißem Herzen erhofft haben, nicht passiert – und auch mir selbst sage ich es auf.

Mir kommen im Zusammenhang mit diesem Artikel immer wieder zwei biblische Szenen in den Sinn. Zunächst jene grausame Geschichte des Alten Testaments, in der Elija die Baalspriester auffordert, von ihrem Gott Feuer für das Opfer zu erflehen. Sie tun es, und es geschieht natürlich nichts. Er verhöhnt sie, gerade so wie ein Aufklärer den Frommen verhöhnt und ihn der Lächerlichkeit überführt findet, wenn sich nichts zuträgt auf sein Beten hin. Er ruft ihnen zu, sie hätten vielleicht nicht laut genug gebetet: »Schreit doch lauter. Baal ist ja ein Gott. Er ist aber in Gedanken vertieft oder vielleicht ausgetreten, vielleicht schläft er auch und wacht dann auf!« (3 Kg 18,27). Wenn man heute diese Verhöhnung der Frommen Baals liest, kann einem etwas unheimlich zumute werden, man kann das Gefühl haben, *wir* seien jetzt in jene Situation geraten und jener Spott müsse nun auf uns fallen. Kein Rufen scheint Gott aufwecken zu können. Der Rationalist scheint beruhigt uns sagen zu dürfen: Betet lauter, vielleicht erwacht dann euer Gott. »Abgestiegen zu den Toten«: wie sehr ist das die Wahrheit unserer Stunde, der Abstieg Gottes in das Verstummen, in das dunkle Schweigen des Abwesenden hinein.

Aber neben der Elijageschichte und ihrer neutestamentlichen Analogie in der Erzählung von dem Herrn, der mitten im Seesturm schläft (Mk 4,35–41 par), gehört auch die Emmausgeschichte hierher (Lk 24,13–35). Die verstörten Jünger reden vom Tod ihrer Hoffnung. Für sie ist so etwas wie der Tod Gottes geschehen: Der Punkt, an dem Gott endlich gesprochen zu haben schien, ist erloschen. Der Gesandte Gottes ist tot, und so ist völlige Leere. Nichts antwortet mehr. Aber während sie so vom Tod ihrer Hoffnung sprechen und Gott nicht mehr zu sehen vermögen, merken sie nicht, dass eben diese Hoffnung lebendig in ihrer Mitte steht. Dass »Gott« oder vielmehr jenes Bild, das sie von seiner Verheißung sich gebildet hatten, sterben musste, damit er größer leben konnte. Ihr Bild, das sie von Gott geformt hatten und in das sie ihn einzuzwängen versuchten, musste zerstört werden, damit sie über den Trümmern des zerstörten Hauses wieder den Himmel sehen konnten und ihn selber, der der unendlich Größere bleibt. Joseph von Eichendorff hat es in der gemütvollen, uns fast zu harmlos erscheinenden Weise seines Jahrhunderts so formuliert:

Du bist's, der, was wir bauen,
Mild über uns zerbricht,
Dass wir den Himmel schauen –
Darum so klag ich nicht.

So erinnert uns der Artikel vom Höllenabstieg des Herrn daran, dass zur christlichen Offenbarung nicht nur Gottes Reden, sondern auch Gottes Schweigen gehört. Gott ist nicht nur das verstehbare Wort, das auf uns zugeht, er ist auch der verschwiegene und unzugängliche, unverstandene und unverstehbare Grund, der sich uns entzieht. Gewiss gibt es im Christlichen einen Vorrang des Wortes vor dem Schweigen: **Gott *hat* gesprochen. Gott *ist* Wort. Aber darüber dürfen wir die Wahrheit von der bleibenden Verborgenheit Gottes nicht vergessen. Nur wenn wir ihn als Schweigen erfahren haben, dürfen wir hoffen, auch sein Reden zu verneh-**

men, das im Schweigen ergeht. Der christliche Glaube reicht über das Kreuz, den Augenblick der Greifbarkeit göttlicher Liebe, hinaus in den Tod, in das Schweigen und die Verdunkelung Gottes hinein. Können wir uns wundern, dass die Kirche, dass das Leben des Einzelnen immer wieder in diese Stunde des Schweigens hineingeführt wird, in den vergessenen und beiseite geschobenen Artikel »Abgestiegen zu der Hölle«?

Im Todesruf Jesu »Mein Gott, mein Gott, warum hast du mich verlassen?« (Mk 15,34) wird das Geheimnis des Höllenabstiegs Jesu wie in einem grellen Blitz in dunkler Nacht sichtbar. Vergessen wir dabei nicht, dass dieses Wort des Gekreuzigten die Anfangszeile eines Gebetes Israels ist (Ps 22 [21],2), in welchem die Not und die Hoffnung dieses von Gott erwählten und gerade so scheinbar zutiefst von ihm verlassenen Volkes erschütternd sich zusammenfasst. Dieses Gebet aus der tiefsten Not der Gottesfinsternis endet mit einem Lobpreis der Größe Gottes. Auch das ist im Todesruf Jesu mit anwesend, den der evangelische Theologe Ernst Käsemann als ein Gebet aus der Hölle herauf bezeichnet hat, als das Aufrichten des ersten Gebotes in der Wüste der scheinbaren Abwesenheit Gottes: »Der Sohn hält dann noch den Glauben, wenn Glaube sinnlos geworden zu sein scheint und die irdische Wirklichkeit den abwesenden Gott kundtut, von dem nicht umsonst der erste Schächer und die höhnende Menge sprechen. Sein Schrei gilt nicht dem Leben und Überleben, nicht sich selbst, sondern dem Vater. Sein Schrei steht gegen die Realität der ganzen Welt«. Brauchen wir da noch zu fragen, was Anbetung in unserer Stunde der Finsternisse heißen muss? Kann sie etwas anderes sein als der Ruf aus der Tiefe zusammen mit dem Herrn, der »abgestiegen ist zur Hölle« und Gottesnähe mitten in der Gottverlassenheit aufgerichtet hat?

2. UNHEIMLICHE FRAGEN – WAS IST DIE HÖLLE?

M. L.: Warum Einsamkeit keine Krankheit, sondern letztlich die Hölle ist, und warum es die Hölle aus christlicher Sicht seit Karsamstag nicht mehr gibt, wenn man sie nicht selber will ...

Was aber ist das eigentlich, der Tod, was geschieht, wenn jemand stirbt? Wir alle werden vor dieser Frage unsere Verlegenheit bekennen müssen. Niemand weiß es wirklich, weil wir alle diesseits des Todes leben, die Erfahrung des Todes nicht kennen. Aber vielleicht können wir eine Annäherung versuchen, indem wir noch einmal ausgehen von dem Kreuzesruf Jesu, in dem wir den Kern dessen ausgedrückt fanden, was Abstieg Jesu, Teilhabe am Todesgeschick des Menschen meint. In diesem letzten Gebet Jesu erscheint, ähnlich wie in der Ölbergszene, als der tiefste Kern seines Leidens nicht irgendein körperlicher Schmerz, sondern die radikale Einsamkeit, die vollständige Verlassenheit. Darin kommt aber schließlich einfach der Abgrund der Einsamkeit des Menschen überhaupt zum Vorschein, des Menschen, der im Innersten allein ist. Diese Einsamkeit, die zwar meist vielfältig überdeckt, aber doch die wahre Situation des Menschen ist, bedeutet zugleich den tiefsten Widerspruch zum Wesen des Menschen, der nicht allein sein kann, sondern das Mitsein braucht. Deshalb ist die Einsamkeit die Region der Angst des Menschen, der in das ihm im Grunde Unmögliche ausgestoßen ist.

Versuchen wir, uns das mit einem Beispiel noch weiter zu verdeutlichen. Wenn ein Kind einsam in dunkler Nacht durch den Wald gehen muss, fürchtet es sich, auch wenn man ihm noch so überzeugend bewiesen hat, dass da überhaupt nichts sei, wovor es sich zu fürchten brauche. Im Augenblick, wo es allein in der Finsternis ist und so Einsamkeit radikal erfährt, steht die eigentliche Furcht des Menschen auf, die nicht Furcht vor etwas, sondern Furcht an sich ist. Nehmen wir noch ein Beispiel hinzu: Wenn jemand nachts allein mit einem Toten in einem Zimmer wachen muss, wird er seine Lage immer irgendwie als unheimlich empfinden, selbst wenn er sich's nicht gestehen will und imstande ist, sich rational das Gegenstandslose seiner Empfindung begreiflich zu machen. Er weiß an sich genau, dass der Tote ihm nichts antun kann und dass seine Lage vielleicht viel gefährlicher wäre, wenn der Betreffende noch leben würde. Was hier aufsteht, ist eben eine völlig andere Art von Furcht, nicht Furcht vor etwas, sondern im Einsamsein mit dem Tod das Unheimliche der Einsamkeit an sich, die Ausgesetztheit der Existenz.

Wie aber kann solche Furcht überwunden werden, wenn der Beweis der Gegenstandslosigkeit ins Leere zielt? Nun, das Kind wird seine Furcht verlieren in dem Augenblick, in dem eine Hand da ist, die es nimmt und führt, eine Stimme, die mit ihm redet, in dem Augenblick also, in dem es das Mitsein eines liebenden Menschen erfährt. Und auch derjenige, der mit dem Toten einsam ist, wird die Anwandlung der Furcht verschwinden fühlen, wenn ein Mensch mit ihm ist, wenn er die Nähe eines Du erfährt. In dieser Überwindung der Furcht enthüllt sich zugleich noch einmal ihr Wesen: dass sie die Furcht der Einsamkeit ist, die Angst eines Wesens, das nur im Mitsein leben kann. Die eigentliche Furcht des Menschen kann nicht durch den Verstand, sondern nur durch die Gegenwart eines Liebenden überwunden werden.

Wenn es aber eine Einsamkeit gäbe, in die kein Wort eines anderen mehr verwandelnd eindringen könnte, wenn eine Verlassenheit aufstünde, die so tief wäre, dass dorthin kein Du mehr reichte, dann wäre die eigentliche, totale Einsamkeit und Furchtbarkeit gegeben, das, was der Theologe »Hölle« nennt. Was dieses Wort bedeutet, können wir von hier aus genau definieren: Es bezeichnet eine Einsamkeit, in die das Wort der Liebe nicht mehr dringt und die damit die eigentliche Ausgesetztheit der Existenz bedeutet. Wem fiele in diesem Zusammenhang nicht ein, dass Dichter und Philosophen unserer Zeit der Meinung sind, im Grunde blieben alle Begegnungen zwischen

Menschen an der Oberfläche, kein Mensch habe zur eigentlichen Tiefe des anderen Zutritt? Niemand kann danach wirklich ins Innerste des anderen hineinreichen. Jede Begegnung, wie schön sie auch scheint, betäubt im Grunde nur die unheilbare Wunde der Einsamkeit. Im tiefsten Grunde von unser aller Dasein würde so die Hölle, die Verzweiflung wohnen – die Einsamkeit, die ebenso unentrinnbar wie grauenvoll ist. Jean-Paul Sartre hat bekanntlich seine Sicht des Menschen von dieser Vorstellung her konstruiert. Aber auch ein so versöhnlicher und so heiter-gelassen erscheinender Dichter wie Hermann Hesse lässt im Grunde die gleichen Gedanken sichtbar werden:

Seltsam, im Nebel zu wandern!
Leben ist Einsamsein.
Kein Mensch kennt den andern,
Jeder ist allein!

In der Tat – eines ist gewiss: Es gibt eine Nacht, in deren Verlassenheit keine Stimme hinabreicht, es gibt eine Tür, durch die wir nur einsam schreiten können: das Tor des Todes. Alle Furcht der Welt ist im Letzten die Furcht dieser Einsamkeit. Von da aus ist es zu verstehen, weshalb das Alte Testament nur *ein* Wort für Hölle *und* Tod hat. Der Tod ist die Einsamkeit schlechthin. Jene Einsamkeit aber, in die die Liebe nicht mehr vordringen kann, ist die Hölle. Damit sind wir wieder bei unserem Ausgangspunkt angelangt, beim Glaubensartikel vom Abstieg in die Hölle. Dieser Satz besagt von hier aus, dass Christus das Tor unserer letzten Einsamkeit durchschritten hat, dass er in seinem Leiden eingetreten ist in diesen Abgrund unseres Verlassenseins. **Wo uns keine Stimme mehr erreichen kann, da ist Er. Damit ist die Hölle überwunden, oder genauer: der Tod, der vordem die Hölle war, ist es nicht mehr. Beides ist nicht mehr das Gleiche, weil mitten im Tod Leben ist, weil die Liebe mit-**

ten in ihm wohnt. Nur noch die absichtliche Selbstverschließung ist jetzt Hölle oder, wie die Bibel sagt: zweiter Tod (etwa Offb 20,14). Das Sterben aber ist kein Weg in die eisige Einsamkeit mehr, die Pforten der Hölle sind geöffnet. Ich glaube, dass man von hier aus die so mythologisch wirkenden Bilder vom Heraufholen der Toten, von der Öffnung der Pforten der Hölle verstehen kann, auch den scheinbar so mythischen Text des Matthäusevangeliums, der davon spricht, dass beim Tode Jesu die Gräber sich öffneten und die Leiber der Heiligen erstanden (Mt 27,52). Die Todestür steht offen, seit im Tode das Leben, die Liebe, wohnt …

VII. »AM DRITTEN TAGE AUFERSTANDEN VON DEN TOTEN« – STÄRKER ALS DER TOD IST DIE LIEBE

M. L.: Ist Auferstehung eine Wiederbelebungsmaßnahme des lieben Gottes, die das Herz des Jesus von Nazareth einfach wieder hat schlagen lassen oder ist sie bloß geistig zu verstehen, wie manche Theologen vorschlagen, für die das Grab gar nicht leer war. Weder noch, sagt Ratzinger und macht in starken Worten klar, was Auferstehung wirklich ist.

Das Bekenntnis zur Auferstehung Jesu Christi ist für den Christen der Ausdruck der Gewissheit, dass das Wort wahr ist, das nur ein schöner Traum zu sein scheint: »Stark wie der Tod ist die Liebe« (Hl 8,6). Im Alten Testament steht dieser Satz im Rahmen einer Lobpreisung der Macht des Eros. Aber das bedeutet keineswegs, dass wir ihn einfach als eine hymnische Übertreibung beiseite tun können. In dem grenzenlosen Anspruch des Eros, in seinen scheinbaren Übertreibungen und Maßlosigkeiten kommt in Wirklichkeit die innere Widersprüchlichkeit der Liebe zum Ausdruck: Liebe fordert Unendlichkeit, Unzerstörbarkeit, ja sie *ist* ein Schrei nach Unendlichkeit, der aber unerfüllbar ist. Sie verlangt Unendlichkeit, Ewigkeit, die sie aber nicht geben kann, weil sie in Wahrheit in die Todeswelt, in ihre Einsamkeit und in ihre Zerstörungsmacht einbezogen ist. Von hier aus erst kann man verstehen, was »Auferstehung« bedeutet. Sie *ist* das Stärkersein der Liebe gegenüber dem Tod.

1. ENTTÄUSCHUNGEN – SELBSTGEMACHTE UNSTERBLICHKEITEN

M. L.: Wie es nicht funktioniert …

Zugleich ist sie der Erweis dafür, was allein Unsterblichkeit zu schaffen vermag: Das Sein im anderen, der noch steht, wenn ich zerfallen bin. Der Mensch ist jenes Wesen, das selbst nicht ewig lebt, sondern notwendig dem Tod anheimgegeben ist. Weiterleben kann für ihn, da er in sich selbst nicht Bestand hat, rein menschlich gesprochen doch nur dadurch möglich werden, dass er in einem anderen fortbesteht. Die Aussagen der Schrift über den Zusammenhang von Sünde und Tod sind von hier aus zu begreifen. Denn nun wird klar, dass der Versuch des Menschen, »wie Gott zu sein«, sein Streben nach Autarkie, durch das er nur in sich selber stehen will, seinen Tod bedeutet, denn er selbst steht nun einmal nicht. Wenn der Mensch – was das eigentliche Wesen der Sünde ist – in Verkennung seiner Grenzen dennoch nur ganz aus sich, völlig »autark« sein will, liefert er sich gerade dadurch dem Tode aus.

Natürlich begreift der Mensch dann doch, dass sein Leben allein nicht standhält und dass er so anstreben muss, in anderen zu sein, um durch sie und in ihnen im Land der Lebendigen zu bleiben. Zwei Wege sind vor allem versucht worden. Zunächst das Fortleben in den eigenen Kindern: Von daher kommt es, dass Ehelosigkeit und Kinderlosigkeit bei Naturvölkern als der furchtbarste Fluch gilt, sie bedeuten hoffnungslosen Untergang, endgültigen Tod. Umgekehrt bietet die größtmögliche Kinderzahl zugleich die größtmögliche

Chance des Überlebens, Hoffnung auf Unsterblichkeit und so den eigentlichen Segen, den der Mensch erhoffen kann. Ein anderer Weg tut sich auf, wenn der Mensch entdeckt, dass er in seinen Kindern doch nur sehr uneigentlich fortbesteht, er wünscht, dass mehr von ihm selbst bleibe. So flieht er in die Idee des Ruhms, der wirklich ihn selbst unsterblich machen soll, wenn er im Gedächtnis der anderen alle Zeiten hindurch weiterlebt. Aber auch dieser zweite Versuch des Menschen, sich Unsterblichkeit durch das Sein-im-anderen selber zu verschaffen, scheitert nicht weniger als der erste: Was bleibt, ist nicht das Selbst, sondern nur sein Echo, ein Schatten. Und so ist die selbstgeschaffene Unsterblichkeit mehr Nichtsein als Sein. Das Ungenügen beider Wege gründet darin, dass der andere, der mein Sein nach meinem Tode festhält, gar nicht dieses Sein selbst, sondern eben nur seinen Nachhall zu tragen vermag. Es gründet noch mehr darin, dass auch der andere selbst, dem ich meinen Fortbestand anvertraut habe, nicht stehen wird – auch er zerfällt.

2. WAS IST EWIGES LEBEN? – DER GRUND CHRISTLICHER HOFFNUNG

> *M. L.: Warum der Glaube an den dreifaltigen Gott, der die Liebe ist, sich in der Auferstehung offenbart, die unser aller ewiges Leben bewirkt, wenn wir uns diesem Ereignis öffnen ...*

Wenn es aber so ist, dann könnte nur *einer* wahrhaft Halt geben: derjenige, der *»ist«*, der nicht wird und vergeht, sondern mitten im Werden und im Vorübergang bleibt: der Gott der Lebendigen, der nicht nur den Schatten und das Echo meines Seins hält, dessen Gedanken nicht bloße Nachbilder des Wirklichen sind. Ich selbst bin sein Gedanke, der ursprünglicher mich selber setzt, als ich in mir bin, sein Gedanke ist nicht der nachträgliche Schatten, sondern die Ursprungskraft meines Seins. In ihm kann ich nicht nur als Schatten stehen, sondern in ihm bin ich in Wahrheit näher bei mir, als wenn ich bloß bei mir zu sein versuche.

Versuchen wir das Gleiche nochmal von einer etwas anderen Seite her zu sehen: Nur wo für jemanden der Wert der Liebe über dem Wert des Lebens steht, das heißt, nur wo jemand bereit ist, das Leben zurückzustellen hinter der Liebe und um der Liebe willen, nur da kann sie auch stärker und mehr sein als der Tod. Damit sie mehr werden kann als der Tod, muss sie zuerst mehr sein als das bloße Leben, der Bios. Wo sie das aber dann nicht bloß dem Wollen, sondern der Wirklichkeit nach zu sein vermöchte, da würde das zugleich heißen, dass die Macht der Liebe sich über die bloße Macht des Biologischen erhoben und sie in ihren Dienst genommen hätte. In der Terminologie von Teilhard de Chardin gesprochen: Wo das stattfände, da wäre die entscheidende »Komplexität« geschehen. Wenn die Kraft der Liebe so stark wäre, dass sie nicht nur das Gedächtnis an den Menschen, den Schatten seines Ich, sondern ihn selbst lebendig zu halten vermöchte, dann wäre eine neue Stufe des Lebens erreicht, es würde jener Raum eröffnet, den die griechische Bibel »Zoë« nennt, das heißt endgültiges Leben, welches das Regiment des Todes hinter sich gelassen hat. Die letzte Stufe der Evolution, deren die Welt bedarf, um an ihr Ziel zu kommen, würde dann nicht mehr innerhalb des Biologischen geleistet, sondern vom Geist, von der Freiheit, von der Liebe. Sie wäre nicht mehr Evolution, sondern Entscheidung und Geschenk in einem.

Die Aussagen »Jesus ist auferstanden« und »Gott, der Vater, hat Jesus auferweckt« treffen sich in der Tatsache, dass die totale Liebe Jesu zu den Menschen, die ihn ans Kreuz führt, sich in der totalen Überschreitung auf den Vater hin vollendet und darin stärker wird als der Tod, weil sie darin zugleich totales Gehaltensein von ihm ist.

Liebe begründet immer irgendeine Art von Unsterblichkeit, selbst schon in ihren vormenschlichen Vorstufen weist sie als Erhaltung der Art in diese Richtung und das ist nichts Beiläufiges für sie, nicht etwas, das sie unter anderem auch tut, sondern es macht recht eigentlich ihr Wesen aus. Umgekehrt entspringt Unsterblichkeit *immer* aus Liebe, nie aus der Eigenmacht dessen, der sich selbst genügt. Wir dürfen sogar verwegen genug sein, zu behaupten, dass dieser Satz, recht verstanden, selbst noch in Bezug auf Gott zutrifft, wie ihn der christliche Glaube sieht. Auch Gott ist deshalb allem Vergehenden gegenüber bleibendes Bestehen, weil er Zuordnung der drei Personen aufeinander, ihr Aufgehen im Füreinander der Liebe ist. Genau darin fanden wir die Revolution des christlichen Welt- und Gottesbildes gegenüber der Antike. Wenn Unsterblichkeit allein aus Liebe kommt, bedeutet das für den christlichen Glauben, dass Jesus Christus, der für alle geliebt hat, für alle Unsterblichkeit gegründet hat. Das genau ist der Sinn der biblischen Aussage, dass *seine* Auferstehung *unser* Leben ist. Die für unser Empfinden zunächst so eigenartige Argumentation des heiligen Paulus in seinem ersten Korintherbrief wird von hier aus verständlich: Wenn er auferstanden ist, dann auch wir, denn dann ist die Liebe stärker als der Tod. Wenn er nicht auferstanden ist, dann auch wir nicht, denn dann bleibt es dabei, dass der Tod das letzte Wort hat, nichts sonst (vgl. 1 Kor 15,16 f). Entweder also ist Liebe stärker als der Tod, oder sie ist es nicht. Wenn sie es in ihm geworden ist, dann gerade als Liebe für die anderen. Das heißt dann freilich auch, dass unsere eigene, allein gelassene Liebe nicht ausreicht, den Tod zu überwinden, sondern für sich genommen ein unerfüllter Ruf bleiben müsste. Es bedeutet, dass allein seine mit Gottes eigener Lebens- und Liebesmacht ineinander fallende Liebe unsere Unsterblichkeit gründen kann. **Trotzdem bleibt dabei bestehen, dass die *Weise* unserer Unsterblichkeit von unserer Weise zu lieben abhängen wird.**

3. DER AUFERSTANDENE – ERFAHRUNGEN

M. L.: Hier kann man lernen, wie man besser christlichen Gottesdienst feiern kann …

Von dem bisher Bedachten her versteht sich von selber, dass das Leben des Auferstandenen nicht wieder »Bios«, die bio-logische Form unseres innergeschichtlichen Todeslebens ist, sondern »Zoë«, neues, anderes, endgültiges Leben. Die Auferstehungsberichte des Neuen Testaments lassen uns denn auch ganz deutlich erkennen, dass das Leben des Auferstandenen nicht innerhalb der Bios-Geschichte liegt, sondern außerhalb und oberhalb davon. Ebenso gilt freilich, dass sich dies neue Leben *in* der Geschichte bezeugt hat, weil es ja *für* sie da ist und christliche Verkündigung im Grunde nichts anderes ist als das Weitergeben dieses Zeugnisses, dass Liebe hier den Durchbruch durch den Tod erreicht und so unser aller Situation von Grund auf gewandelt hat. Von diesen Einsichten aus ist es nicht mehr schwer, Klarheit zu gewinnen, in welcher Richtung die biblischen Auferstehungstexte sinngerecht verstanden werden müssen.

Es ist zunächst völlig klar, dass Christus bei der Auferstehung nicht wieder in sein voriges irdisches Leben zurückgekehrt ist, wie solches etwa vom Jüngling zu Naim und von Lazarus gesagt wird. Er ist auferstanden ins endgültige Leben hinein, das nicht mehr den chemischen und biologischen Gesetzen eingefügt ist und deswegen außerhalb der Todesmöglichkeit steht, in jener Ewigkeit, welche die Liebe gibt. Darum sind die Begegnungen mit ihm »Erscheinungen«, darum wird der, mit dem man noch zwei Tage zuvor zu Tische gesessen war, von seinen besten Freunden nicht wiedererkannt und bleibt auch als Erkannter fremd: Nur wo *er* das Sehen gibt, *wird* er gesehen, nur wo er die Augen auftut und das Herz sich auftun lässt, kann mitten in unserer Todeswelt das Angesicht der todesüberwindenden ewigen Liebe erkennbar werden und in ihr die neue, die andere Welt: die Welt des Kommenden. Darum auch ist es für die Evangelien so schwierig, die Begegnungen mit dem Auferstandenen zu beschreiben, darum stammeln sie nur noch, wenn sie davon reden, und scheinen sich zu widersprechen, wenn sie sie darstellen. In Wirklichkeit sind sie überraschend einheitlich in der Gleichzeitigkeit von Berühren und Nichtberühren, von Erkennen und Nichterkennen, von völliger Identität zwischen Gekreuzigtem und Auferstandenem und völliger Verwandlung. Man erkennt den Herrn und erkennt ihn doch wieder nicht, man berührt ihn, und er ist doch der Unberührbare, er ist derselbe und doch ganz anders.

Sehen wir uns etwa die Geschichte von den Emmaus-Jüngern unter diesem Aspekt etwas näher an! Fürs Erste erweckt sie den Eindruck, als sei hier eine ganz irdische Auferstehungsvorstellung am Werk, als sei nichts übrig geblieben von dem Geheimnisvollen und Unbeschreiblichen, das wir in den Berichten der Paulus-Briefe finden. Es sieht so aus, als hätte die Tendenz zur Ausmalung völlig die Oberhand gewonnen und den auferstandenen Herrn wieder ganz in die irdische Geschichte zurückgeholt. Aber dem widerspricht zunächst schon sein geheimnisvolles Auftauchen und sein nicht minder geheimnisvolles Entschwinden. Noch mehr widerspricht ihm, dass er auch hier dem gewöhnlichen Auge unerkennbar bleibt. Man kann ihn nicht feststellen wie zur Zeit seines irdischen Lebens, durch die Schriftauslegung macht er den beiden Wanderern das Herz brennend, und durch das Brotbrechen öffnet er ihnen die Augen. Das ist ein Hinweis auf die beiden Grundelemente des frühchristlichen Gottesdienstes, der sich aus dem Wortgottesdienst und dem eucharistischen Brotbrechen zusammensetzt. Auf diese Weise lässt der Evangelist deutlich werden, dass die Begegnung mit dem Auferstandenen auf einer ganz neuen Ebene liegt. Dem Auferstandenen begegnet man im Wort und im Sakrament. Der Gottesdienst ist die Weise, wie er für uns berührbar und als der Lebendige erkennbar wird. Er gründet im Ostergeheimnis und ist zu verstehen als das Zutreten des Herrn auf uns, der darin zu unserem Weggefährten wird, uns das stumpfe Herz brennend macht und die gehaltenen Augen öffnet. Er geht noch immer mit uns, er trifft uns noch immer grübelnd und mutlos, er hat noch immer die Kraft, uns sehend zu machen.

Die Auferstehungsberichte machen das Gründungsgeschehen sichtbar, auf dem jeder christliche Gottesdienst beruht. Sie bezeugen etwas, das nicht aus dem Herzen der Jünger aufstieg, sondern von außen an sie herantrat und *gegen* ihren Zweifel sie übermächtigte und sie gewiss werden ließ: Der Herr ist wahrhaft auferstanden. Der im Grabe lag, ist nicht mehr dort, sondern er – wirklich er selber – lebt. Er, der in die andere Welt Gottes hineinverwandelt war, zeigte sich doch mächtig genug, um bis zur Handgreiflichkeit hin klarzumachen, dass er selbst ihnen wieder gegenüberstand, dass in ihm die Macht der Liebe wirklich sich stärker erwiesen hatte als die Macht des Todes.

Nur indem man dies ernst nimmt, bleibt man dem Zeugnis des Neuen Testaments treu. Nur so wird auch sein weltgeschichtlicher Ernst gewahrt. Dem, der glaubt, wird freilich darüber hinaus immer mehr sichtbar werden, wie voller Vernunft das Bekenntnis zu jener Liebe ist, die den Tod überwunden hat.

VIII. »AUFGEFAHREN IN DEN HIMMEL, ER SITZT ZUR RECHTEN GOTTES, DES ALLMÄCHTIGEN VATERS« – WAS IST DER HIMMEL?

M. L.: Dass der Himmel für Christen noch nie einfach »oben« und die Hölle »unten« war, erklärt noch nicht, was Himmel und Hölle wirklich sind. Genau das aber macht Ratzinger hier auf eindrucksvolle Weise klar …

Wir haben uns bereits früher klargemacht, dass die Höllenfahrt, der Höllenabstieg nicht eigentlich auf eine äußere Tiefe des Kosmos verweist. Diese ist vielmehr völlig entbehrlich für sie: In dem grundlegenden Text, dem Gebet des Gekreuzigten zu dem Gott, der ihn verlassen hat, fehlt jede kosmische Anspielung, er lenkt unseren Blick vielmehr hin auf die Tiefe der menschlichen Existenz, die in den Todesgrund, in die Zone der unberührbaren Einsamkeit und der verweigerten Liebe hinabreicht und damit die Dimension der Hölle umschließt. Hölle, Existieren in der endgültigen Verweigerung des »Seins-für«, ist nicht etwas Lokalisierbares, sondern der Abgrund der menschlichen Natur, in den sie hinunterreicht. Mehr denn je wissen wir heute, dass eines jeden Existenz diese Tiefe berührt. Da die Menschheit im Letzten »*ein* Mensch« ist, geht diese Tiefe freilich nicht nur den Einzelnen an, sondern betrifft den einen Körper des Menschengeschlechtes insgesamt. Von hier aus ist noch einmal zu verstehen, dass Christus, der »neue Adam«, diese Tiefe mitzutragen unternommen hat und nicht in erhabener Unberührtheit von ihr getrennt bleiben wollte.

1. DIE HIMMELFAHRT CHRISTI – BEGINN DER ZUKUNFT

M. L.: Warum es ohne die Himmelfahrt Christi für uns kein ewiges Leben gibt ...

Die Himmelfahrt Christi hinwiederum verweist auf das andere Ende der nach oben und unten unendlich über sich selbst ausgestreckten menschlichen Existenz. Als Gegenpol zur radikalen Vereinsamung, zur Unberührbarkeit der verweigerten Liebe, trägt diese Existenz die Möglichkeit der Berührung mit allen anderen Menschen in der Berührung mit der göttlichen Liebe in sich. Freilich sind die beiden Möglichkeiten des Menschen, die in den Worten Himmel und Hölle vor den Blick kommen, jeweils von völlig anderer Art. Die Tiefe, die wir Hölle nennen, kann nur der Mensch sich selber geben. Sie besteht förmlich darin, dass er nichts empfangen und gänzlich autark sein will. Sie ist der Ausdruck der Verschließung ins bloß Eigene. Das Wesen dieser Tiefe besteht demnach eben darin, dass der Mensch nicht empfangen will, dass er nichts nehmen, sondern nur gänzlich auf sich selbst stehen, sich selbst genügen möchte. Wenn diese Haltung letzte Radikalität gewinnt, dann ist er der Unberührbare, der Einsame, der Verweigerte geworden. **Hölle ist das Nur-selbst-sein-Wollen, das, was wird, wenn der Mensch sich ins Eigene versperrt.** Umgekehrt ist es das Wesen jenes Oben, das wir Himmel genannt haben, dass es nur empfangen werden kann, so wie man sich die Hölle nur selbst zu geben vermag. **Der »Himmel« ist vom Wesen her das nicht Selbstgemachte, er ist Gnade. Er kann als erfüllte Liebe dem Menschen immer nur geschenkt werden.** Seine Hölle aber ist die Einsamkeit dessen, der das nicht annehmen will, der den Bettlerstatus verweigert und sich auf sich selbst zurückzieht.

Von hier aus lässt sich erst zeigen, was christlich gesehen mit Himmel gemeint ist. Die Wirklichkeiten »Himmel« und »Himmelfahrt Christi« hängen untrennbar zusammen. Erst von diesem Zusammenhang her wird der Sinn der christlichen Botschaft vom Himmel deutlich. Die Wirklichkeit Himmel entsteht allererst durch das Sichberühren des Wesens Mensch mit dem Wesen Gott, das endgültig in Christus mit seinem Überschritt durch den Tod hindurch zum neuen Leben geschehen ist. Himmel ist demnach jene Zukunft des Menschen und der Menschheit, die diese sich nicht selbst geben kann, die ihr daher, solange sie nur auf sich selbst wartet, verschlossen ist und die erstmals eröffnet worden ist in dem Menschen, durch den Gott ins Wesen Mensch eingetreten ist, durch Jesus Christus.

Deshalb ist Himmel immer mehr als ein privates Einzelgeschick, er hängt mit dem »letzten Adam«, mit dem endgültigen Menschen, mit der Gesamtzukunft des Menschen zusammen. Mit der Überschreitung der Todesgrenze ist die Zukunftsdimension der Menschheit eröffnet, ihre Zukunft hat in der Tat schon begonnen. So wird aber auch sichtbar, wie die Unsterblichkeitshoffnung des Einzelnen und die Ewigkeitsmöglichkeit der Menschheit insgesamt ineinander greifen und beides sich in Christus trifft, der ebenso die »Mitte« wie, recht verstanden, das »Ende« der Geschichte heißen darf.

2. ZEIT UND EWIGKEIT – KANN GOTT GEBETE ERHÖREN?

M. L.: Hat Gott Zeit für uns?

Noch ein Gedanke muss im Zusammenhang des Glaubensartikels von der Himmelfahrt des Herrn erwogen werden: Die Aussage von der Himmelfahrt, die nach dem bisher Bedachten entscheidend ist für das Verständnis des Jenseits der menschlichen Existenz, ist nicht weniger entscheidend für das Verständnis seines Diesseits, genauer gesagt für die Frage, wie Diesseits und Jenseits zueinander kommen können. Dabei geht es vor allem um die Frage nach Möglichkeit und Sinn menschlicher Gottesbeziehung. Wir hatten bei der Betrachtung des ersten Glaubensartikels die Frage, ob denn der Unendliche den Endlichen, der Ewige den Zeitlichen hören könne, mit Ja beantwortet und darauf verwiesen, dass des wahren Gottes Größe gerade darin zu sehen ist, dass ihm das Kleinste nicht zu klein und das Größte nicht zu groß ist. Wir hatten zu begreifen versucht, dass er nicht nur die allsprechende, sondern auch die allvernehmende Vernunft ist, von der nichts ob seiner Kleinheit ausgeschlossen bleibt. Wir hatten auf das sorgende Fragen unserer Zeit geantwortet: Ja, Gott kann hören. Aber noch bleibt eine Frage offen. Denn wenn jemand sagen wird: Gut denn, er kann hören, bleibt ihm dann nicht immer noch zu fragen: Kann er aber auch er-hören? Oder ist das Bittgebet, der Ruf der Kreatur zu ihm hinauf nicht zu guter Letzt doch ein frommer Trick, um den Menschen psychisch zu erheben und zu trösten, weil er zu höheren Gebetsformen selten fähig ist? Dient das Ganze nicht doch lediglich dazu, den Menschen irgendwie auf Transzendenz in Bewegung zu setzen, obgleich in Wahrheit dabei nichts geschehen oder sich ändern kann, denn was ewig ist, ist ewig, und was zeitlich ist, ist zeitlich – vom einen zum anderen scheint kein Weg zu führen? **Ewigkeit aber ist nicht das Uralte, das vor der Zeit war, sondern sie ist das ganz Andere, das zu jeder vorüberge-**

henden Zeit sich als ihr Heute verhält. Ewigkeit steht nicht etwa beziehungslos neben der Zeit, sondern sie ist die schöpferisch tragende Macht aller Zeit, die die vorübergehende Zeit in ihrer einigen Gegenwart umspannt und ihr so das Seinkönnen gibt. Ewigkeit ist nicht Zeitlosigkeit, sondern Zeitmächtigkeit. Als das Heute, das allen Zeiten gleichzeitig ist, kann sie auch in jede Zeit hineinwirken.

Die Menschwerdung Gottes in Jesus Christus, kraft deren der ewige Gott und der in der Zeit existierende Mensch in einer einzigen Person ineinander treten, ist nichts anderes als die letzte Sichtbarkeit der Zeitmächtigkeit Gottes. Gott hat an diesem Punkt der menschlichen Existenz Jesu die Zeit ergriffen und in sich selbst hineingezogen. Seine Zeitmächtigkeit steht leibhaftig vor uns in ihm. Christus ist wirklich, wie es das Johannesevangelium sagt, die »Tür« zwischen Gott und Mensch (Jo 10,9), ihr »Mittler« (1 Tim 2,5), in dem der Ewige Zeit hat. In Jesus können wir Zeitliche den Zeitlichen anreden, unseren Zeit-genossen. In ihm berühren wir aber zugleich den Ewigen, weil er mit uns Zeit und mit Gott Ewigkeit ist.

Der Theologe Hans Urs von Balthasar hat die geistliche Bedeutung dieser Einsichten tiefsinnig erhellt. Er erinnert zunächst daran, dass Jesus in seinem Erdenleben nicht über Zeit und Raum stand, sondern mitten aus seiner Zeit und in seiner Zeit lebte: Die Menschlichkeit Jesu, die ihn mitten in jene Zeit hineinstellte, tritt uns aus jeder Zeile der Evangelien entgegen. Wir sehen sie heute in vieler Hinsicht lebhafter und deutlicher als früher. Dieses »Stehen in der Zeit« bestimmt sein Menschsein zutiefst. Jesus hat Zeit und nimmt nicht in sündiger Ungeduld den Willen des Vaters vorweg. »Darum ist der Sohn, der in der Welt für Gott Zeit hat, der originäre Ort, wo Gott für die Welt Zeit hat. Andere Zeit als im Sohn hat Gott für die Welt nicht, aber in ihm hat er alle Zeit«, schreibt Hans Urs von Balthasar. Gott ist nicht der Gefangene seiner Ewigkeit: in Jesus hat er Zeit – für uns, und Jesus ist so wirklich »der Gnadenstuhl«, zu dem wir jeder-zeit bittend und dankend »voll Vertrauen hinzutreten« können (Hebr 4,16).

IX. »VON DORT WIRD ER KOMMEN, ZU RICHTEN DIE LEBENDEN UND DIE TOTEN« – DAS LEBEN ALS ERNSTFALL

M. L.: Dass Christentum nicht bedeuten kann, sich nur für das eigene persönliche Heil zu interessieren, sondern von der Hoffnung lebt, zusammen mit der ganzen Welt am Ende von Gott angezogen zu werden, macht Ratzinger hier deutlich. Deswegen müssen sich Christen auch um das Heil der Schöpfung mühen.

Für die Bibel sind Kosmos und Mensch nicht zwei reinlich trennbare Größen, sodass der Kosmos etwa den zufälligen Schauplatz des Menschseins bilden würde. Welt und Menschsein gehören vielmehr beide zueinander, sodass weder ein weltloses Menschsein noch auch eine menschenlose Welt denkbar erscheint. Die biblische Botschaft vom Weltende und von der Wiederkunft des Herrn verweist immer schon auf diese Einheit als ihren Zielpunkt. Kosmos und Mensch, die je schon zueinander gehören, wenn sie auch so oft gegeneinander stehen, werden eins sein durch den in der Auferstehung Jesu geschehenen Durchbruch der umgreifenden Liebe.

1. AM ENDE: EIN GESICHT – WARUM DAS CHRISTENTUM KEINE IDEE IST

M. L.: Über den Sinn der Weltgeschichte ...

Der Kosmos ist keine Art Behälter, in dem allerlei Lebewesen vorkommen, die man an sich auch ebenso gut in einen anderen Behälter umfüllen könnte. Der Kosmos ist vielmehr Bewegung. Er bildet nicht bloß den Schauplatz der menschlichen Geschichte, sondern *ist* selbst vor ihr schon und mit ihr dann »Geschichte«. Letztlich gibt es nur eine einzige umfassende Welt-geschichte, die in allem Auf und Ab, in allem Vorwärts und Rückwärts, das sie aufweist, doch eine Gesamtrichtung hat und »vorwärts«geht. Gewiss, für denjenigen, der nur einen Ausschnitt sieht, erscheint dieses Stück, selbst wenn es verhältnismäßig groß sein mag, nur wie ein Kreisen im ständig Gleichen. Eine Richtung ist nicht zu erkennen. Erst wer anfängt, das Ganze zu sehen, bemerkt sie. In dieser kosmischen Bewegung aber ist der Geist nicht irgendein zufälliges Nebenprodukt der Entwicklung. Der Glaube an die Wiederkunft Jesu Christi und an die Vollendung der Welt in ihr ließe sich von da aus erklären als die Überzeugung, dass unsere Geschichte auf einen Punkt zuschreitet, in dem endgültig deutlich und unübersehbar sein wird, dass der tragende Wirklichkeitsboden nicht die bloße, ihrer selbst nicht bewusste Materie ist, sondern dass der eigentliche, feste Boden der Sinn ist: Er hält das Sein zusammen, er gibt ihm Wirklichkeit, ja, er *ist* die Wirklichkeit – nicht von unten, sondern von oben her empfängt das Sein seinen Bestand.

Der Glaube an die Wiederkunft Christi ist der Glaube an die endgültige Vereinigung des Wirklichen vom Geist her. Das bedeutet aber seine Vereinigung auf eine personale Mitte hin, denn der Geist ist nicht irgendein unbestimmtes Etwas, sondern besteht als Individualität, als Person, die einzig eigentliche Existenzweise des Geistes.

Die Welt bewegt sich also auf die Einheit in der Person zu. Das Ganze erhält seinen Sinn vom Einzelnen und nicht umgekehrt. Dies einzusehen rechtfertigt auch noch einmal jene für die Menschen aller Zeiten so skandalöse Überzeugung, die einen Einzelnen zur Mitte der Geschichte und des Ganzen macht. Wenn es nämlich wahr ist, dass am Ende der Triumph des Geistes steht – das heißt der Triumph der Wahrheit, Freiheit, Liebe – dann ist es nicht irgendeine Kraft, die am Schluss den Sieg davonträgt, dann ist es ein Antlitz, das am Ende steht, ein Du, eine Person, ein Einzelner. Dann ist die unendlich alles umfassende Vereinigung zugleich die endgültige Verneinung jedes Kollektivismus, die Verneinung jedes Fanatismus der bloßen Idee, auch einer sogenannten Idee des Christentums. **Immer hat der Mensch, die Person, den Vorrang vor der bloßen Idee.**

Wenn aber alles im Letzten auf Geist und Freiheit hinausläuft, dann ist dieser Prozess keinesfalls eine neutrale, kosmische Drift, dann schließt er Verantwortung mit ein. Er geschieht nicht wie ein physikalischer Prozess von selbst, sondern beruht auf Entscheidungen. Deshalb ist die Wiederkunft des Herrn nicht nur Heil, sondern auch Gericht. Das Endstadium der Welt ist nicht Ergebnis einer natürlichen Strömung, sondern Ergebnis von Verantwortung, die in Freiheit gründet. Von solchen Zusammenhängen her wird man auch verstehen müssen, warum das Neue Testament trotz seiner Gnadenbotschaft daran festgehalten hat, dass am Ende die Menschen »nach ihren Werken« gerichtet werden und dass niemand sich dieser Rechenschaft über seine Lebensführung entziehen kann. Es gibt eine Freiheit, die auch von der Gnade nicht aufgehoben wird: Das endgültige Geschick des Menschen wird ihm nicht an seiner Lebensentscheidung vorbei aufgedrängt. Diese Aussage ist im Übrigen gerade gegenüber einer falschen christlichen Selbstsicherheit notwendig.

2. DIE WIEDERKUNFT CHRISTI – ZWISCHEN ANGST UND HOFFNUNG

> *M. L.: Es sei eine Verirrung gewesen, in Gottes Gericht nur den Tag des Zorns zu sehen, betont Ratzinger hier. Dann werde das Christentum bloß auf Moral reduziert und verliere damit seine eigentlichste Lebensäußerung, nämlich Hoffnung und Freude, die er selber ganz unbefangen vorlebte: Stets strahlte er heitere Gelassenheit und zugleich hohes Verantwortungsbewusstsein aus, was ihn wohl am Ende in unbeschwertem Pflichtbewusstsein zum Rücktritt bewog …*

Es ist nicht unsere Aufgabe, im Einzelnen zu bedenken, wie diese Gerichtsankündigung mit dem vollen Gewicht der Lehre von der Gnade zusammen bestehen kann. Vielleicht wird man letztlich auch gar nicht über ein Paradox hinauskommen, dessen Logik sich vollends nur der Erfahrung eines Lebens aus dem Glauben erschließen wird. Wer sich ihm anvertraut, wird verstehen, dass es beides gibt: die Radikalität der Gnade, die den ohnmächtigen Menschen befreit, und nicht weniger den bleibenden Ernst der Verantwortung, die den Menschen Tag um Tag fordert. Beides zusammen heißt, dass es für den Christen einerseits die frei machende, gelöste Gelassenheit dessen gibt, der vom Überfluss der göttlichen Gerechtigkeit lebt, die Jesus Christus heißt. Es gibt eine Gelassenheit, die weiß: Ich kann letztlich gar nicht zerstören, was *Er* aufgebaut hat. An sich steht ja der Mensch unter dem furchtbaren Wissen, dass seine Macht, zu zerstören, unendlich größer ist als seine Macht, aufzubauen. Aber dieser gleiche Mensch weiß, dass in Christus die Macht des Aufbauens sich doch als unendlich stärker erwiesen hat. So geht von da eine tiefe Freiheit aus, ein Wissen um die reuelose Liebe Gottes, der, durch alle Verirrungen hindurchschauend, uns gut bleibt. Es wird möglich, furchtlos das eigene Werk zu tun, es hat seine Unheimlichkeit verloren, weil es seine Zerstörungsmacht verloren hat: Der

Ausgang der Welt hängt nicht von uns ab, er steht in Gottes Händen. Aber gleichzeitig weiß doch der Christ darum, dass sein Tun nicht Spielerei ist, die Gott ihm lässt, ohne sie ernst zu nehmen. Er weiß, dass er antworten muss, dass er als Verwalter von Anvertrautem Rechenschaft schuldig ist. Verantwortung gibt es nur da, wo einer ist, der fragt. Diese Frage an unser Lebens richtet der Gerichtsartikel unüberhörbar vor uns auf. Nichts und niemand ermächtigt uns, den ungeheuren Ernst zu verharmlosen, der über einem solchen Wissen liegt, es weist unser Leben als Ernstfall aus und gibt ihm gerade darin seine Würde.

»Zu richten die Lebenden und die Toten« – das heißt im Übrigen auch, dass niemand sonst als *Er* im Letzten zu richten hat. Damit ist gesagt, dass das Unrecht der Welt nicht das letzte Wort behält, auch nicht dadurch, dass es in einem allgemeinen Gnadenakt gleichgültig ausgelöscht wird. Da ist vielmehr eine letzte Appellationsinstanz, die das Recht wahrt, um so die Liebe vollziehen zu können. Eine Liebe, die das Recht zerstören würde, würde Unrecht schaffen, damit aber nur mehr eine Karikatur von Liebe sein. Wahre Liebe ist Überschuss an Recht, Überfluss über das Recht hinaus, aber nie Zerstörung des Rechts, das die Grundgestalt der Liebe sein und bleiben muss.

Freilich muss man sich auch vor dem gegenteiligen Extrem hüten. Man kann nicht bestreiten, dass die Lehre vom Gericht sich im christlichen Bewusstsein zeitweise zu einer Form entwickelt hat, in der sie praktisch zur Zerstörung des vollen Erlösungsglaubens und der Verheißung der Gnade führen musste. Das Urchristentum hat mit seinem Gebetsruf »Unser Herr, komm!« (Maran atha) die Wiederkunft Jesu als ein Ereignis voll Hoffnung und Freude ausgelegt, sich verlangend nach ihm als dem Augenblick der großen Erfüllung ausgestreckt. Für den Christen des Mittelalters hingegen erschien jener Augenblick als der Schrecken erregende »Tag des Zornes« (Dies irae), vor dem der Mensch in Weh und Schrecken vergehen möchte, dem er mit Angst und Grauen entgegenblickt. Die Wiederkunft Christi ist da nur noch Gericht, Tag der großen Abrechnung, die einen jeden bedroht. In einer solchen Sicht wird Entscheidendes vergessen, das Christentum erscheint praktisch auf Moral reduziert und wird so jenes Atems der Hoffnung und der Freude beraubt, der seine eigentlichste Lebensäußerung ist.

Wenn im Wortlaut unseres Glaubensbekenntnisses der Gedanke der Wiederkunft Christi ganz auf den Gerichtsgedanken reduziert zu sein scheint, so täuscht dieser Eindruck. Denn in den Kreisen, in denen dieser Text geistig beheimatet ist, war das urchristliche Erbe noch durchaus lebendig und man empfand das Wort vom Gericht daher noch in selbstverständlicher Einheit mit der Botschaft von der Gnade: Die Aussage, dass *Jesus* es ist, der richtet, tauchte von selbst das Gericht zugleich in den Aspekt der Hoffnung. Ich möchte nur auf eine Stelle aus dem sogenannten zweiten Clemensbrief (spätestens 2. Jahrhundert) verweisen, in der das ganz deutlich wird: »Brüder, so müssen wir über Jesus Christus denken wie über Gott, wie über den, der Lebendige und Tote richtet. Wir dürfen nicht klein denken von unserer Rettung, denn, indem wir von ihm klein denken, denken wir auch von unserer Hoffnung gering«. Hier wird der eigentliche Akzent unseres Textes sichtbar: Es ist nicht einfach – wie man erwarten müsste – Gott, der Unendliche, der Unbekannte, der Ewige, der da richtet. Er hat vielmehr einem das Gericht übergeben, der als Mensch unser Bruder ist. Nicht ein Fremder richtet uns, sondern der, den wir im Glauben kennen. Nicht als der ganz andere wird der Richter uns entgegentreten, sondern als einer der Unsrigen, der das Menschsein von innen kennt und erlitten hat.

So liegt aber von selbst über dem Gericht die Morgenröte der Hoffnung, es ist nicht nur Tag des Zornes, sondern Wiederkehr unseres Herrn. Man fühlt sich erinnert an die gewaltige Christusvision, mit der die Offenbarung des Johannes beginnt (1,9–19): Der Seher sinkt wie tot nieder vor diesem Wesen voll unheimlicher Macht. Aber der Herr legt seine Hand auf ihn und sagt ihm wie einst in den Tagen, da sie bei Wind und Wetter den See Genezareth überquerten: »Fürchte dich nicht, ich bin's« (1,17). Der Herr aller Gewalt ist jener Jesus, dessen Weggefährte der Seher einst im Glauben geworden war. Der Gerichtsartikel des Glaubensbekenntnisses überträgt eben diesen Gedanken auf unsere Begegnung mit dem Weltenrichter. Der Christ wird an jenem Tag der Angst mit seligem Erstaunen gewahren dürfen, dass der, »dem alle Gewalt gegeben ist im Himmel und auf Erden« (Mt 28,18), im Glauben der Weggefährte seiner irdischen Tage war, und es ist, als ob er ihm jetzt schon durch die Worte des Glaubensbekenntnisses die Hände auflegen und sagen würde: Sei ohne Furcht: ich bin's.

X. »ICH GLAUBE AN DEN HEILIGEN GEIST ... GEMEINSCHAFT DER HEILIGEN, VERGEBUNG DER SÜNDEN« – DAS PRINZIP EINER NEUEN GESCHICHTE UND EINER NEUEN WELT

M. L.: Dass der Heilige Geist den Anspruch der Institutionen, also auch der Kirche begründet, aber auch begrenzt, ist eine hochaktuelle Erkenntnis, die jeder kirchlichen Parteiung zu denken geben müsste ...

Die Kernaussage im dritten Teil des Glaubensbekenntnisses lautet nach dem griechischen Urtext einfach: »Ich glaube an Heiligen Geist«. Es fehlt also der bestimmte Artikel, wie wir ihn aus unserer Übersetzung gewohnt sind. Für die Deutung des ursprünglich Gemeinten ist das sehr wichtig. Denn der dritte Teil des Glaubensbekenntnisses verweist in erster Linie nicht auf den Heiligen Geist als dritte Person in der Gottheit, sondern auf Heiligen Geist als Gabe Gottes an die Geschichte in der Gemeinde derer, die an Christus glauben.

Freilich ist das auf den dreieinigen Gott bezogene Verständnis damit nicht ausgeschlossen. Wir hatten ja bei unseren Eingangsüberlegungen gesehen, dass das ganze Credo aus der dreifachen Tauffrage nach dem Glauben an Vater, Sohn und Geist hervorgewachsen ist, die ihrerseits auf der bei Matthäus bezeugten Taufformel beruht (Mt 28,19). Insofern stellt die älteste Gestalt unseres Bekenntnisses mit seiner Dreigliederung sogar eine der entscheidenden Wurzeln der Lehre von der göttlichen Dreifaltigkeit dar. Erst die allmähliche Ausweitung der Tauffragen zu einem ausgeführten Text hat diese Struktur etwas überdeckt. Nun wurde als Mittelstück die ganze Geschichte Jesu von der Empfängnis bis zur Wiederkunft eingebaut. Das führte dazu, dass man jetzt den ersten Teil gleichfalls mehr geschichtlich verstand, indem man ihn auf die Schöpfungsgeschichte und die vorchristliche Zeit bezog. Damit aber war ein geschichtliches Verständnis des ganzen Textes unausweichlich: Der dritte Teil musste so als Verlängerung der Christusgeschichte in der Gabe des Geistes verstanden werden, also als Hinweis auf die »Endzeit« zwischen Christi Ankunft und Wiederkehr. Unser Text spricht also nicht vom inneren Leben Gottes, sondern von »Gott nach außen«, vom Heiligen Geist als der Macht, durch die der erhöhte Herr inmitten der Weltgeschichte anwesend bleibt als Prinzip einer neuen Geschichte und einer neuen Welt. Das bewirkte, dass im Bewusstsein der Betenden Bekenntnis zum »Geist« und Bekenntnis zur Kirche zusammenklangen. Christus bleibt gegenwärtig durch den Heiligen Geist mit seiner Offenheit und Weite und Freiheit, die zwar die institutionelle Form keineswegs ausschließt, aber ihren Anspruch begrenzt und nicht gestattet, sich einfach den weltlichen Institutionen gleichförmig zu machen.

1. EINHEIT ALS GESCHENK – KIRCHLICHE TISCHGEMEINSCHAFT

> *M. L.: Dass die »Gemeinschaft der Heiligen« ursprünglich die heiligen Gaben der Heiligen Messe meinte und dann später erst auf heilige Menschen bezogen wurde, macht deutlich, dass die Heiligenverehrung kein Personenkult sein darf, sondern stets auf Gott hin offen sein muss …*

»Ich glaube an Heiligen Geist«, was das heißt, wird in zwei Richtungen entfaltet: Zunächst in dem Wort von der Gemeinschaft der Heiligen. Dann folgt das Wort von der Vergebung der Sünden. Beide Aussagen sind als Darstellungen dessen zu verstehen, wie dieser Geist in der Geschichte wirkt. Beide haben auch eine unmittelbar sakramentale Bedeutung, die uns heute kaum noch bewusst ist. Mit dem Wort von der Gemeinschaft der Heiligen ist nämlich zunächst auf die eucharistische Gemeinschaft verwiesen, welche die über das Erdenrund verstreuten Kirchen vom Leib des Herrn her zu *einer* Kirche verbindet. Das Wort »sanctorum« (»der Heiligen«) ist also ursprünglich nicht auf Personen bezogen, sondern meint die heiligen Gaben, *das* Heilige, das der Kirche in ihrer eucharistischen Feier von Gott als das eigentliche Band der Einheit geschenkt ist. Kirche wird also nicht von ihren Ämtern und von ihrer Organisation her definiert, sondern von ihrem Gottesdienst her: als Tischgemeinschaft um den Auferstandenen, der sie allerorten versammelt und eint. Sehr bald freilich begann man doch auch die Personen mitzudenken, die durch Gottes eine, heilige Gabe selbst untereinander geeint und geheiligt werden. Man fing an, Kirche nicht mehr bloß als Einheit des eucharistischen Tisches zu verstehen, sondern als Gemeinschaft derer, die von diesem Tisch aus auch untereinander eins sind. Von da aus tritt dann sehr bald eine kosmische Weite in den Kirchenbegriff ein: Die Gemeinschaft der Heiligen, von der hier die Rede ist, überschreitet die Todesgrenze. Sie verbindet alle jene miteinander, die den einen Geist, seine einige, lebenspendende Macht empfangen haben.

2. VERGEBUNG – DIE VERWANDELNDE WENDE

M. L.: Die Kirche als Ort von Vergebung, Bekehrung und Gemeinschaft ...

Das Wort von der Vergebung der Sünden zielt demgegenüber auf das andere kirchengründende Sakrament, die Taufe als das große Sakrament der Vergebung, als den Augenblick der verwandelnden Wende. Erst allmählich musste man sich durch eine leidvolle Erfahrung darüber belehren lassen, dass der Christ auch als Getaufter der Vergebung bedürftig ist, sodass immer mehr der erneuerte Sündennachlass des Bußsakraments in den Vordergrund trat, zumal seit die Taufe an den Anfang des Lebens rückte und so aufhörte, Ausdruck aktiver Bekehrung zu sein. Immerhin blieb auch jetzt bestehen, dass man Christ nicht durch Geburt, sondern nur durch Wiedergeburt werden kann. Christsein kommt immer nur dadurch zustande, dass der Mensch sein Dasein herumwendet, sich abwendet von der Selbstzufriedenheit des bloßen Dahinlebens und sich »bekehrt«. In diesem Sinn bleibt die Taufe als Anfang einer lebenslangen Bekehrung das grundlegende Vorzeichen der christlichen Existenz, an das uns das Wort vom »Nachlass der Sünden« erinnern will. Wenn aber Christsein nicht als eine zufällige Gruppenbildung angesehen wird, sondern als Wende ins eigentliche Menschsein hinein, dann besagt dieses Bekenntnis über den Kreis der Getauften hinaus, dass der Mensch nicht zu sich selbst kommt, wenn er sich einfach dem naturhaften Schwergewicht überlässt. Um wahrhaft Mensch zu werden, muss er diesem Schwergewicht entgegentreten, muss er sich wenden.

Die Kirche wird im Glaubensbekenntnis also vom Heiligen Geist her verstanden als seine Wirkstätte in der Welt. Im Vordergrund steht nicht die Gruppierung von Menschen, die sie ist, sondern die in Taufe und Eucharistie wirksame sakramentale Gabe Gottes, die den Menschen herumwendet auf ein neues Sein zu, das er sich nicht selbst geben kann, auf eine Gemeinschaft zu, die er nur als Geschenk zu empfangen vermag. Indem dieses Kirchenbild um Bekehrung und Vereinigung kreist und beides als innergeschichtlichen Prozess versteht, deckt es aber auch den menschlichen Sinnzusammenhang von Sakrament und Kirche auf. Die »sachliche« Betrachtungsweise von der Gabe Gottes her bringt so von selbst das personale Element ins Spiel: Das neue Sein der Vergebung führt ins Mitsein mit denen, die von der Vergebung leben. Vergebung stiftet Gemeinschaft, und die Gemeinschaft mit dem Herrn in der Eucharistie führt notwendig zur Gemeinschaft der Bekehrten, die alle ein und dasselbe Brot essen, um darin »ein Leib« (1 Kor 10,17), ja, »ein einziger neuer Mensch« zu werden (vgl. Eph 2,15).

Auch die abschließenden Worte des Glaubensbekenntnisses, das Bekenntnis zur »Auferstehung des Fleisches« und zum »ewigen Leben«, sind als Ausfaltung des Glaubens an den Heiligen Geist und seine verwandelnde Macht zu verstehen, deren letzte Auswirkung sie schildern. Denn der Ausblick auf die Auferstehung, in den hier das Ganze mündet, folgt notwendig aus dem Glauben an die Verwandlung der Geschichte, die mit der Auferstehung Jesu eröffnet ist. Mit diesem Geschehnis ist der Tod überschritten und ein neuer Zusammenhang eröffnet: Das Biologische ist übergriffen vom Geist, von der Liebe, die stärker ist als der Tod und so die Endgültigkeit der Person bewirkt. Damit ist die Todesgrenze grundsätzlich durchbrochen und eine endgültige Zukunft für Mensch und Welt eröffnet. Diese Überzeugung, in der Christusglaube und Bekenntnis zur Macht des Heiligen Geistes ineinander treffen, wird in den letzten Worten des Glaubensbekenntnisses ausdrücklich auf unser aller Zukunft angewandt. Das Kreuz als endgültiger Sieg der Liebe ist wirklich die Erlösung der Welt.

XI. »DIE HEILIGE KATHOLISCHE KIRCHE« – »EIN UNTIER VON FURCHTBARER UNGESTALT«

M. L.: Wie Joseph Ratzinger hier im Jahr 1968 die Kirche beschreibt, das wirkt heute in seiner Drastik geradezu prophetisch, schlimmer geht es wirklich nicht. Dennoch ist dieser junge Theologe damals an seiner Kirche nicht verzweifelt, sondern hat sich in ihren Dienst gestellt, mit Begeisterung als Professor, ohne Begeisterung dann als Bischof, mit Widerstreben schließlich als Papst …

Die Jahrhunderte der Kirchengeschichte sind so erfüllt von allem menschlichen Versagen, dass wir Dantes grauenvolle Vision verstehen können, der im Wagen der Kirche die Babylonische Hure sitzen sah, und dass uns die furchtbaren Worte des Pariser Bischofs Wilhelm von Auvergne (aus dem 13. Jahrhundert) begreiflich scheinen, der meinte, ob der Verwilderung der Kirche müsse jeder, der es sieht, vor Schrecken erstarren. »Braut ist das nicht mehr, sondern ein Untier von furchtbarer Ungestalt und Wildheit … «.

Wie die Heiligkeit, so scheint uns auch die Katholizität der Kirche fragwürdig. Der eine Rock des Herrn scheint zerrissen zwischen den streitenden Parteien, die eine Kirche auseinander geteilt in die vielen Kirchen, deren jede mehr oder minder intensiv in Anspruch nimmt, allein im Recht zu sein. Und so ist die Kirche für viele heute zum Haupthindernis des Glaubens geworden. Sie vermögen nur noch das menschliche Machtstreben, das kleinliche Theater derer in ihr zu sehen, die mit ihrer Behauptung, das amtliche Christentum zu verwalten, dem wahren Geist des Christentums am meisten im Wege zu stehen scheinen.

Es gibt keine Theorie, die solche Gedanken zwingend widerlegen könnte, so wie freilich auch umgekehrt diese Gedanken ihrerseits nicht bloß aus der Vernunft, sondern aus einer Bitterkeit des Herzens kommen, das vielleicht in einer hohen Erwartung enttäuscht worden ist und nun in einer gekränkten und verletzten Liebe nur noch die Zerstörung seiner Hoffnung empfindet. Wie sollen wir also antworten? Im Letzten kann man nur ein Bekenntnis ablegen, warum man dennoch diese Kirche im Glauben zu lieben vermag, warum man durch das entstellte Angesicht hindurch immer noch das Antlitz der heiligen Kirche zu erkennen wagt. Aber fangen wir trotzdem von den sachlichen Elementen her an.

1. ENTTÄUSCHUNGEN – EIN TRAUM VON HEILIGKEIT ZERPLATZT

> *M. L.: Hier wird Ratzinger ganz persönlich, gesteht, wie er mit den Ärgernissen in der Kirche umgeht und wirbt – höchst aktuell – dafür, sich in Erkenntnis der eigenen Unheiligkeit gegenseitig besser zu ertragen …*

Das Wort »heilig« ist, wie wir vorhin schon sahen, in allen diesen Aussagen zunächst nicht als Heiligkeit menschlicher Personen gemeint, sondern verweist auf die göttliche Gabe, die Heiligkeit schenkt inmitten der menschlichen Unheiligkeit. »Heilig« wird die Kirche im Glaubensbekenntnis nicht deshalb genannt, weil ihre Glieder samt und sonders heilige, sündenlose Menschen wären. Dieser Traum, der in allen Jahrhunderten von neuem auftaucht, hat in der wachen Welt unseres Textes keinen Platz, so bewegend er eine Sehnsucht des Menschen ausdrückt. Diese Sehnsucht kann ihn nicht verlassen, bis nicht wirklich ein neuer Himmel und eine neue Erde ihm schenken, was ihm diese Zeit niemals geben wird. Schon hier werden wir sagen können, dass die härtesten Kritiker der Kirche in unserer Zeit verborgenerweise ebenfalls von jenem Traum leben und, da sie ihn enttäuscht finden, die Türe des Hauses krachend ins Schloss schlagen und es als lügnerisch denunzieren.

Aber kehren wir zurück: Die Heiligkeit der Kirche besteht in jener Macht der Heiligung, die Gott in ihr trotz der menschlichen Sündigkeit ausübt. Wir stoßen hier auf das eigentliche Kennzeichen des »Neuen Bundes«: In Christus hat sich Gott selbst an die Menschen gebunden, sich binden lassen durch sie. Der Neue Bund beruht nicht mehr auf der gegenseitigen Einhaltung der Abmachung, sondern er ist von Gott geschenkt als Gnade, die auch gegen die Treulosigkeit des Menschen bestehen bleibt. Er ist der Ausdruck der Liebe Gottes, die sich durch die Unfähigkeit des Menschen nicht besiegen lässt, sondern ihm dennoch und immer von neuem gut ist, die ihn gerade als den sündigen immer wieder annimmt, sich ihm zuwendet, ihn heiligt und ihn liebt.

Aufgrund der nicht mehr zurückgenommenen Hingabe des Herrn ist die Kirche immerfort die von ihm geheiligte, in der die Heiligkeit des *Herrn* anwesend wird unter den Menschen. Aber es ist wahrhaft Heiligkeit des *Herrn*, die da anwesend wird und die sich zum Gefäß die schmutzigen Hände der Menschen wählt. Es ist Heiligkeit, die als Heiligkeit Christi aufstrahlt inmitten der Sünde in der Kirche. Das erregende Ineinander von Treue Gottes und Untreue der Menschen, welches die Struktur der Kirche kennzeichnet, ist die dramatische Gestalt der Gnade, durch die die Realität der Gnade als Begnadigung der an sich Unwürdigen fortwährend in der Geschichte anschaulich gegenwärtig wird. Man könnte von da aus geradezu sagen, eben in ihrer Struktur aus Heiligkeit und Unheiligkeit sei die Kirche die Gestalt der Gnade in dieser Welt.

Gehen wir noch einen Schritt weiter. Heiligkeit wird im menschlichen Traum von der heilen Welt als Unberührbarkeit von der Sünde und vom Bösen, unvermischt mit diesem vorgestellt. Immer bleibt dabei ein Schwarz-Weiß-Denken, das das Negative unerbittlich verwirft. In der heutigen Gesellschaftskritik und in den Aktionen, in denen sie sich entlädt, wird dieser unerbittliche Zug, der menschlichen Idealen immerzu anhaftet, wieder allzu deutlich. Das Anstößige an Christi Heiligkeit war deshalb schon für seine Zeitgenossen die Tatsache, dass ihr diese richtende Note durchaus fehlte – dass weder Feuer über die Unwürdigen fiel noch den Eiferern erlaubt wurde, das Unkraut auszureißen, das sie wuchern sahen. Im Gegenteil, diese Heiligkeit äußerte sich gerade als Vermischung mit den Sündern, die Jesus in seine Nähe zog, bis dahin, dass er selbst »zur Sünde« gemacht wurde, den Fluch des Gesetzes in der Hinrichtung trug – vollendete Schicksalsgemeinschaft mit den Verlorenen (vgl. 2 Kor 5,21; Gal 3,13). So hat er offenbart, was wahre »Heiligkeit« ist: nicht Absonderung, sondern Vereinigung, nicht Urteil, sondern erlösende Liebe. Ist nicht die Kirche einfach das Weitergehen dieses Weges des Sich-Einlassens Gottes in die menschliche Erbärmlichkeit, ist sie nicht einfach das Weitergehen der Tischgemeinschaft Jesu mit den Sündern, seiner Vermischung mit der Not der Sünde, sodass er geradezu in ihr unterzugehen scheint? Offenbart sich nicht in der unheiligen Heiligkeit der Kirche gegenüber der menschlichen Erwartung des Reinen die wahre Heiligkeit Gottes, die Liebe ist, Liebe, die sich nicht in der adeligen Distanz des unberührbar Reinen hält, sondern sich mit dem Schmutz der Welt vermischt, um ihn so zu überwinden? **Kann von da aus die Heiligkeit der Kirche etwas anderes sein als das Einander-Tragen, das freilich für alle davon kommt, dass alle von Christus getragen werden?**

Ich gestehe es: Für mich hat gerade die unheilige Heiligkeit der Kirche etwas unendlich Tröstendes an sich. Denn müsste man nicht verzagen vor einer Heiligkeit, die makellos wäre und die nur richtend und verbrennend auf uns wirken könnte? Und wer dürfte von sich behaupten, dass er nicht nötig hätte, von den anderen ertragen, ja getragen zu werden? Wie aber kann jemand, der vom Ertragenwerden seitens der anderen lebt, selbst das Ertragen aufkündigen? Ist es nicht die einzige Gegengabe, die er anbieten kann, der einzige Trost, der ihm bleibt, dass er erträgt, so wie auch er ertragen wird? Die Heiligkeit in der Kirche fängt mit dem Ertragen an und führt zum Tragen hin. Wo es aber das Ertragen nicht mehr gibt, hört auch das Tragen auf, und die haltlos gewordene Existenz kann nur ins Leere absinken. Man mag ruhig sagen, in solchen Worten drücke sich eine schwächliche Existenz aus – zum Christsein gehört es, die eigene Schwachheit anzunehmen. Im Grunde ist immer ein versteckter Stolz wirksam, wo die Kritik an der Kirche jene gallige Bitterkeit annimmt, die heute schon anfängt, zum Jargon zu werden. Leider gesellt sich nur allzu oft eine spirituelle Leere dazu, in der das Eigentliche der Kirche überhaupt nicht mehr gesehen wird, in der sie nur noch wie ein politisches Zweckgebilde betrachtet wird, dessen Organisation man als kläglich oder als brutal empfindet, als ob das Eigentliche der Kirche nicht jenseits der Organisation läge, im Trost des Wortes und der Sakramente, den sie gewährt in guten und in bösen Tagen. **Die wirklich Glaubenden messen dem Kampf um die Reorganisation kirchlicher Formen kein allzu großes Gewicht bei. Sie leben von dem, was die Kirche immer ist. Und wenn man wissen will, was Kirche eigentlich sei, muss man zu ihnen gehen. Denn die Kirche ist am meisten nicht dort, wo organisiert, reformiert, regiert wird, sondern in denen, die einfach glauben und in ihr das Geschenk des Glaubens empfangen, das ihnen zum Leben wird. Nur wer erfahren hat, wie über den Wechsel**

ihrer Diener und ihrer Formen hinweg Kirche die Menschen aufrichtet, ihnen Heimat und Hoffnung gibt, Weg zum ewigen Leben – nur wer dies erfahren hat, weiß, was Kirche ist, damals und heute.

Das will nicht sagen, dass man immer alles beim Alten lassen und es so ertragen muss, wie es nun einmal ist. Das Ertragen kann auch ein höchst aktiver Vorgang sein, ein Ringen darum, dass die Kirche immer mehr selbst die tragende und ertragende werde. Die Kirche lebt ja nicht anders als in uns, sie lebt vom Kampf der Unheiligen um die Heiligkeit, so wie freilich dieser Kampf von der Gabe Gottes lebt, ohne die er nicht sein könnte. Aber aufbauend wird solches Ringen nur, wenn es vom Geist des Ertragens beseelt ist, von der wirklichen Liebe. Und hier sind wir zugleich bei dem Kriterium angelangt, an dem sich jenes kritische Ringen um die bessere Heiligkeit jederzeit messen lassen muss. Dieser Maßstab ist das Aufbauen. Eine Bitterkeit, die nur destruiert, richtet sich selbst. Eine zugeschlagene Tür kann zwar zum Zeichen werden, das die aufrüttelt, die drinnen sind. Aber die Illusion, als ob man in der Isolierung mehr aufbauen könnte als im Miteinander, ist eben eine Illusion genau wie die Vorstellung einer Kirche der »Heiligen« anstatt einer »heiligen Kirche«, die heilig ist, weil der Herr in ihr die Gabe der Heiligkeit schenkt ohne Verdienst.

2. BISCHÖFE – NUR MITTEL ZUM ZWECK

M. L.: »Katholisch« mit entschiedenem Blick nach vorn ...

Damit aber sind wir schon bei dem anderen Wort angelangt, mit dem das Glaubensbekenntnis die Kirche bezeichnet: Es nennt sie »katholisch«. Mit diesem Wort wird in doppeltem Sinn auf die Einheit der Kirche verwiesen, einmal auf die Einheit am Ort – nur die mit dem Bischof einige Gemeinde ist »katholische Kirche«, nicht die Teilgruppen, die sich davon abgesondert haben. Zum andern ist die Einheit der vielen Ortskirchen untereinander damit angesprochen, die sich nicht in sich selbst verkapseln dürfen, sondern nur dadurch Kirche bleiben können, dass sie offen sind aufeinander hin, dass sie im gemeinsamen Zeugnis des Wortes und in der Gemeinsamkeit des eucharistischen Tisches, der allen allerorten offen steht, die eine Kirche bilden. Die »katholische« Kirche wird in den alten Erklärungen des Glaubensbekenntnisses jenen »Kirchen« gegenübergestellt, die nur »jeweils in ihren Provinzen« bestehen und damit dem wahren Wesen der Kirche widerstreiten.

So ist in dem Wort »katholisch« die bischöfliche Struktur der Kirche und die Notwendigkeit der Einheit aller Bischöfe untereinander ausgedrückt. Eine Anspielung auf die Kristallisierung dieser Einheit im Bischofssitz zu Rom enthält das Glaubensbekenntnis nicht. Es wäre zweifellos verfehlt, daraus zu schließen, dass ein solcher Orientierungspunkt der Einheit nur eine sekundäre Entwicklung sei. In Rom, wo unser Glaubensbekenntnis entstanden ist, ist dieser Gedanke alsbald schon als Selbstverständlichkeit mitgedacht worden. Richtig ist aber, dass diese Aussage nicht zu den primären Elementen des Kirchenbegriffs zu zählen ist, schon gar nicht als sein eigentlicher Konstruktionspunkt gelten kann. Als die Grundelemente der Kirche erscheinen vielmehr Vergebung, Bekehrung, Buße, eucharistische Gemeinschaft und von ihr her Pluralität und Einheit: Pluralität der Ortskirchen, die aber doch nur Kirche bleiben durch die Einfügung in den Organismus der einen Kirche. Als Inhalt der Einheit haben zunächst Wort und Sakrament zu gelten – die Kirche ist eins durch das eine Wort und das eine Brot. Die bischöfliche Verfassung scheint im Hintergrund als ein Mittel *dieser* Einheit auf. Sie ist nicht um ihrer selbst willen da, sondern gehört der Ordnung der Mittel zu, ihre Stellung ist durch das Wörtchen »um-zu« zu umschreiben:

Sie dient der Verwirklichung der Einheit der Ortskirchen in sich und unter sich. Noch einmal ein nächstes Stadium in der Ordnung der Mittel beschriebe dann der Dienst des Bischofs von Rom.

Eines ist klar: Die Kirche ist nicht von ihrer Organisation her zu denken, sondern die Organisation von der Kirche her zu verstehen. Aber zugleich ist deutlich, dass für die sichtbare Kirche die sichtbare Einheit mehr ist als »Organisation«. Die Einheit des gemeinsamen, im Wort sich bezeugenden Glaubens und des gemeinsamen Tisches Jesu Christi gehört zu dem Zeichen, welches die Kirche aufrichten soll in der Welt. Nur als »katholische«, das heißt in der Vielheit dennoch sichtbar eine, entspricht sie der Forderung des Bekenntnisses. Sie soll in der zerrissenen Welt Zeichen und Mittel der Einheit sein, Nationen, Rassen und Klassen überschreiten und vereinen. **Wie sehr sie auch darin immer wieder versagt hat, wissen wir. Schon im Altertum fiel es ihr unendlich schwer, Kirche der Barbaren und der Römer in einem zu sein. In der Neuzeit vermochte sie den Streit der christlichen Nationen nicht zu hindern und heute gelingt es ihr noch immer nicht, Reiche und Arme so zu verbinden, dass der Überfluss der einen zur Sättigung der anderen wird – das Zeichen der Tischgemeinschaft bleibt weithin unerfüllt.** Und trotzdem sollten wir, statt mit der Vergangenheit abzurechnen, uns dem Ruf der Gegenwart stellen und in ihr versuchen, Katholizität nicht nur im Credo zu bekennen, sondern im Leben unserer zerrissenen Welt zu verwirklichen.

XII. »AUFERSTEHUNG DER TOTEN UND DAS EWIGE LEBEN« – ÜBER DIE LETZTEN DINGE

M. L.: Ist die »Auferstehung des Leibes« nicht für heutige Menschen etwas ganz Absurdes?

Wir haben die Unteilbarkeit des Menschen neu entdeckt und leben mit einer neuen Intensität unsere Leibhaftigkeit. Von da aus können wir die biblische Botschaft neu verstehen, die nicht einer abgetrennten Seele Unsterblichkeit verheißt, sondern dem ganzen Menschen. Einheit des Menschen, schön, aber wer vermag sich schon von unserem heutigen Weltbild her eine Auferstehung des Leibes vorzustellen? Diese Auferstehung schlösse ja einen neuen Himmel und eine neue Erde mit ein, sie verlangte unsterbliche, nahrungslose Körper, einen völlig veränderten Zustand der Materie. Aber ist dies nicht alles völlig absurd, unserem Verständnis der Materie und ihrer Verhaltensweisen durchaus entgegen und somit heillos mythologisch?

1. DER JÜNGSTE TAG – WAS BEDEUTET AUFERSTEHUNG DES FLEISCHES WIRKLICH?

M. L.: Christen glauben nicht bloß an die »Unsterblichkeit der Seele«, sondern an die Unsterblichkeit des Menschen. Dass das ein wichtiger Unterschied ist, kann man hier verstehen ...

Nun, ich denke, dass man zu einer Antwort tatsächlich nur kommen kann, wenn man sorgfältig nach den eigentlichen Intentionen der biblischen Aussage fragt. Die Hoffnung auf die Auferweckung der Toten stellt zunächst einfach die Grundform der biblischen Unsterblichkeitshoffnung dar, sie erscheint im Neuen Testament als die wesentliche Grundaussage über das Geschick des Menschen. Die Auferweckung der Toten, nicht der Körper!, von der die Schrift redet, handelt demgemäß vom Heil des *einen*, ungeteilten Menschen, nicht nur vom Schicksal einer Hälfte des Menschen. Damit ist nun auch schon klar, dass der eigentliche Kern des Auferstehungsglaubens gar nicht in der Idee der Rückgabe der Körper besteht, auf die wir ihn aber in unserem Denken reduziert haben. Die Unsterblichkeitsidee, welche die Bibel mit dem Wort von der Auferstehung ansagt, meint eine Unsterblichkeit der »Person«, des *einen* Gebildes Mensch. Während im Griechischen das typische Wesen Mensch ein Zerfallsprodukt ist, das als solches nicht weiterlebt, sondern seiner Zusammensetzung aus Leib und Seele gemäß zwei verschiedene Wege geht, ist es nach biblischem Glauben gerade dies Wesen Mensch das als solches, wenn auch verwandelt, fortbesteht.

Es handelt sich dabei um eine »dialogische« Unsterblichkeit (= Auf*erweckung*!), das heißt, Unsterblichkeit ergibt sich aus der rettenden Tat des Liebenden, der die Macht dazu hat: Der Mensch kann deshalb nicht mehr total untergehen, weil er von Gott geliebt ist. Wenn alle Liebe Ewigkeit will – Gottes Liebe will sie nicht nur, sondern wirkt sie. Tatsächlich ist der biblische Auferweckungsgedanke unmittelbar aus diesem dialogischen Motiv erwachsen: Der Beter weiß im Glauben, dass Gott das Recht herstellen wird (Job 19,25 ff; Ps 73,23 ff), er ist überzeugt, dass diejenigen, die um der Sache Gottes willen gelitten haben, auch an der Einlösung der Verheißung Anteil erhalten werden (2 Makk 7,9 ff). Weil biblisch vorgestellte Unsterblichkeit aus dem Einbezogensein in den Dialog mit dem Schöpfer hervorgeht, *darum* muss sie Auferweckung heißen. Weil der Schöpfer nicht bloß die Seele, sondern den inmitten der Leibhaftigkeit der Geschichte sich verwirklichenden Menschen meint und *ihm* Unsterblichkeit gibt, muss von Auferweckung der Menschen die Rede sein. Hier ist anzumerken, dass bei der Formulierung »Auferstehung des Fleisches« das Wort »Fleisch« soviel wie »Menschenwelt« bedeutet im Sinn biblischer Ausdrucksweise, wie etwa: »Alles *Fleisch* wird schauen Gottes Heil«. Auch hier ist das Wort nicht im Sinn einer von der Seele isolierten Körperlichkeit gemeint.

Dass die Auferweckung am »Jüngsten Tage«, am Ende der Geschichte, und in der Gemeinschaft aller Menschen erwartet wird, zeigt den mitmenschlichen Charakter der menschlichen Unsterblichkeit an, die in Beziehung steht zur gesamten Menschheit, mit der der Einzelne gelebt hat und daher selig oder unselig wird. Im Grunde ergibt sich dieser Zusammenhang aus dem gesamtmenschlichen Charakter der biblischen Unsterblichkeitsidee von selbst. Der griechisch gedachten Seele dagegen ist der Leib und so auch die Geschichte durchaus äußerlich, sie existiert davon losgelöst weiter und bedarf dazu keines anderen Wesens. Für den als Einheit verstandenen Menschen ist demgegenüber auch im Weiterleben die Mitmenschlichkeit grundlegend. So erscheint vom biblischen Grundansatz her die Frage, ob es nach dem Tod eine Gemeinschaft der Menschen untereinander geben kann, als gelöst, denn wo die »Gemeinschaft der Heiligen« geglaubt wird, ist die Idee einer »losgetrennten Seele« überholt.

Im vollen Umfang wurden alle diese Gedanken erst möglich in der neutestamentlichen Konkretisierung der biblischen Hoffnung – das Alte Testament allein lässt die Frage nach der Zukunft des Menschen letztlich doch in der Schwebe. Erst mit Christus, dem Menschen, der »mit dem Vater eins ist«, und durch den das Wesen Mensch eingetreten ist in Gottes Ewigkeit, zeigt sich definitiv die Zukunft des Menschen offen. Erst in ihm, dem »Zweiten Adam«, rundet sich die Frage, die der Mensch selber ist, zur Antwort. Christus ist Mensch, ganz und gar, insofern ist in ihm die Frage anwesend, die wir Menschen sind. Aber er ist zugleich Anrede Gottes an uns, »Wort Gottes«. Das Gespräch zwischen Gott und Mensch, das seit Anfang der Geschichte hin und her geht, ist in ihm in ein neues Stadium getreten: In ihm ist das Wort Gottes »Fleisch« geworden, real eingelassen in unsere Existenz. Wenn wahr ist, dass der Dialogpartner Gottes durch den, der ewig lebt, selbst Leben hat, dann bedeutet dies, dass Christus als Gottes Wort an uns selber »die Auferstehung und das Leben« ist (Jo 11,25). Das bedeutet dann weiterhin, dass das Eintreten in Christus, das heißt der Glaube, ein Eintreten in jenes Geliebtsein von Gott her wird, welches Unsterblichkeit ist: »Wer an den Sohn glaubt, *hat* ewiges Leben« (Jo 3,15 f; 3,36; 5,24). Nur von da aus ist die Gedankenwelt des vierten Evangelisten zu verstehen, der in seiner Darstellung der Lazarus-Geschichte dem Leser begreiflich machen will, dass Auferstehen nicht bloß ein fernes Geschehen am Ende der Tage ist, sondern durch den Glauben jetzt geschieht. Wer glaubt, steht in dem Gespräch mit Gott, das Leben ist und den Tod überdauert. Damit fallen nun auch die »dialogische«, unmittelbar auf Gott bezogene, und die mitmenschliche Linie des biblischen Unsterblichkeitsgedankens ineinander. Denn in Christus treffen wir Gott, aber auch auf die Gemeinschaft der anderen, deren Weg zu Gott durch ihn und so zueinander läuft. Die Orientierung auf Gott ist in ihm zugleich die Orientierung in die Gemeinschaft der Menschheit hinein, und nur die Annahme dieser Gemeinschaft ist Zugehen auf Gott, den es nicht abseits Christi und so auch nicht abseits des Zusammenhangs der ganzen menschlichen Geschichte und ihres mitmenschlichen Auftrags gibt.

2. AUFERWECKUNG – WARUM DER TOD NICHT »SCHLAFES BRUDER« IST

> *M. L.: »Komm, oh Tod, du Schlafes Bruder« ist einer der ergreifendsten Choräle von Johann Sebastian Bach und dieser Choral ist so wahr wie das Christentum. Er nimmt den Sterbenden liebevoll bei der Hand und führt ihn ruhig und in frommer Zuversicht hinüber zu Jesus. Freilich lehnt Ratzinger theologisch die Idee eines »Todesschlafs« bis zum Jüngsten Tag ab, wo dann erst endlich die Körper wieder zu ihren Seelen kämen. Mit dem irdischen Tod bricht der Dialog mit Gott nicht ab: »Die Liebe hört niemals auf« ...*

Damit klärt sich auch die in der Väterzeit und wieder seit Luther viel bedachte Frage des »Zwischenzustandes« zwischen Tod und Auferstehung: Entgegen der Idee eines »Todesschlafs« ist das im Glauben eröffnete Mit-Christus-Sein bereits begonnenes Auferstehungsleben und daher den Tod überdauernd (Phil 1,23; 2 Kor 5,8; 1 Thess 5,10). Der Dialog des Glaubens ist jetzt schon Leben, das durch den Tod nicht mehr zerbrochen werden kann.

Der wesentliche Gehalt ist also nicht die Vorstellung von einer Rückgabe der Körper an die Seelen nach einer langen Zwischenzeit, sondern ihr Sinn ist, **den Menschen zu sagen, dass sie, sie selbst, weiterleben, nicht aus eigener Macht, sondern weil sie in einer Weise von Gott geliebt sind, dass sie nicht mehr untergehen können**. Das Wesentliche des Menschen, die Person, bleibt. Das, was in dieser irdischen Existenz leibhaftiger Geistigkeit und beseelter Leiblichkeit gereift ist, das besteht auf eine andere Weise fort. Es besteht fort, weil es in Gottes Gedächtnis lebt. Und weil es der Mensch selbst ist, der leben wird, nicht eine isolierte Seele, darum gehört das mitmenschliche Element mit in die Zukunft hinein, darum wird die Zukunft des einzelnen Menschen erst dann voll sein, wenn die Zukunft der Menschheit erfüllt ist.

Die Unsterblichkeit, die wir eben ihres dialogischen Charakters wegen »Auferweckung« genannt haben, kommt dem Menschen als Menschen, also *jedem* Menschen, zu und ist nichts sekundär hinzugefügtes »Übernatürliches«. Das Unterscheidende des Menschen aber ist, dass er Dialogpartner Gottes ist, das von Gott gerufene Wesen. Von unten gesehen bedeutet das, dass der Mensch jenes Wesen ist, das Gott denken kann, das auf Transzendenz geöffnet ist. Nicht ob er Gott wirklich denkt, sich wirklich auf ihn hin öffnet, ist hier die Frage, sondern dass er grundsätzlich jenes Wesen ist, das dazu an sich befähigt ist, auch wenn es faktisch, aus welchen Gründen auch immer, diese Fähigkeit vielleicht nie zu verwirklichen vermag.

»Seele haben« werden wir daher in einer mehr geschichtlichen Sprache »Dialogpartner Gottes sein« nennen. Damit ist nicht gesagt, dass die Redeweise von der Seele falsch sei, sie ist in gewisser Hinsicht sogar notwendig, um das Ganze dessen zu sagen, worum es hier geht. Wenn wir also sagen, dass des Menschen Unsterblichkeit in seiner dialogischen Verwiesenheit auf Gott hin gründet, dessen Liebe allein Ewigkeit gibt, so ist darin nicht ein Sondergeschick der Frommen angesprochen, sondern die wesentliche Unsterblichkeit aller Menschen herausgestellt. Der Grunddialog, der den Menschen allererst als Menschen auszeichnet, geht dann aber bruchlos über in den Gnadendialog, der Jesus Christus heißt. Wie könnte es auch anders sein, wenn Christus wirklich der »Zweite Adam«, die eigentliche Erfüllung jener unendlichen Sehnsucht ist, die aus dem ersten Adam – aus dem Menschen überhaupt – aufsteigt?

3. FINALE – DIE ERLÖSUNG DER WELT

M. L.: Wenn der Christ »an die Zukunft der Welt, nicht bloß an seine Zukunft« glaubt, dann kann er sich nicht vor den Herausforderungen der Klimakrise, von den die Welt erschütternden Skandalen und Ungerechtigkeiten in eine private fromme Idylle zurückziehen. Vielmehr muss er sich mit den Möglichkeiten, die ihm gegeben sind, für die Mitmenschen und die Welt, deren Teil er ist, engagieren. Das tun auch andere, aber der Christ kann es ohne die Verzweiflung tun, die viele lähmt, mit der Zuversicht, dass nicht er, sondern Gott die Welt erlöst ...

Bleibt die Frage: Gibt es eigentlich einen Auferstehungsleib? Es ist kein neues Problem. Schon Paulus wurde von den Korinthern mit Fragen dieser Art bestürmt, wie uns das 15. Kapitel des ersten Korintherbriefes zeigt, in dem der Apostel versucht, darauf zu antworten. Viele der Bilder, die Paulus dabei verwendet, sind uns fremd geworden. Seine Antwort als Ganze ist aber noch immer das Großzügigste, Kühnste und Überzeugendste, das zu dieser Sache gesagt worden ist. Gehen wir aus von dem Vers 50: »Das aber sage ich, Brüder, dass Fleisch und Blut das Reich Gottes nicht erben können und dass Vergängliches nicht zu Unvergänglichkeit kommt«. Mir scheint, dass dieser Satz ungefähr die gleiche Stelle einnimmt, die in dem eucharistischen Kapitel sechs des Johannesevangeliums dem Vers 63 zukommt. Dort, bei Johannes, heißt es, nachdem eben in aller Schärfe die reale Anwesenheit von Fleisch und Blut Jesu in der Eucharistie betont worden war: »Der Geist ist's, der lebendig macht, das Fleisch nützt nichts«. In beiden Texten geht es darum, den christlichen Realismus des »Fleisches« zu entwickeln. Bei Johannes wird der Realismus der Sakramente, das heißt der Realismus der Auferstehung Jesu und seines uns von daher zukommenden »Fleisches«, herausgestellt, bei Paulus geht es um den Realismus der Auferstehung des »Fleisches«, der Auferstehung der Christen und des darin für uns verwirklichten Heils. Aber in beiden Kapiteln wird auch ein scharfer Kontrapunkt gesetzt, der gegenüber einem bloß innerweltlichen, quasi-physikalischen Realismus den christlichen Realismus als Realismus jenseits der Physik, als Realismus des Heiligen Geistes herausstellt. Sowohl Johannes (6,63) wie Paulus (1 Kor 15,50) machen mit allem Nachdruck deutlich, dass die »Auferstehung des Fleisches«, die »Auferstehung der *Leiber*« nicht etwa eine »Auferstehung der *Körper*« ist. Paulus lehrt nicht die Auferstehung der Körper, sondern der Personen, und dies gerade nicht in der Wiederkehr der biologischen Gebilde, die er ausdrücklich als unmöglich bezeichnet – »das Vergängliche kann nicht unvergänglich werden« –, sondern in der Andersartigkeit des Lebens der Auferstehung, wie es im auferstandenen Herrn vorgebildet ist.

Wenn schließlich der Kosmos Geschichte ist und wenn die Materie ein Moment an der Geschichte des Geistes darstellt, dann gibt es nicht ein ewiges neutrales Nebeneinander von Materie und Geist, sondern einen letzten Zusammenhang zwischen Materie und Geist, in dem sich das Geschick des Menschen und der Welt vollendet, auch wenn wir heute unmöglich die Art dieses Zusammenhanges definieren können. Dann gibt es einen »Jüngsten Tag«, in dem das Geschick der Einzelmenschen voll wird, weil das Geschick der Menschheit erfüllt ist. **Das Ziel des Christen ist nicht eine private Seligkeit, sondern das Ganze. Er glaubt an Christus, und er glaubt darum an die Zukunft der Welt, nicht bloß an seine Zukunft.** Er weiß, dass diese Zukunft mehr ist, als er selbst erschaffen kann. Er weiß, dass es einen Sinn gibt, den er gar nicht zu zerstören vermag. Aber soll er darum die Hände in den Schoß legen? Im Gegenteil – weil er weiß, dass es Sinn gibt, darum kann er und muss er freudig und unverzagt das Werk der Geschichte tun, auch wenn er von seinem kleinen Ausschnitt her das Gefühl haben wird, es bleibe eine Sisyphusarbeit und der Stein des menschlichen Geschicks werde nur immer neu, Generation um Generation, nach oben gerollt, um ebenso neu immer wieder zu entgleiten und alle Bemühungen von vorher zuschanden zu machen.

Wer glaubt, weiß, dass es »vorwärts« geht, nicht im Kreis. Wer glaubt, weiß, dass die Geschichte nicht dem Teppich der Penelope gleicht, der immer von neuem gewoben wird, um immer von neuem aufgetrennt zu werden. Vielleicht werden auch den Christen die Albträume der Furcht vor der Vergeblichkeit überfallen, aus denen heraus die vorchristliche Welt solche bewegenden Bilder der Angst vor der Fruchtlosigkeit menschlichen Tuns geschaffen hat. Aber in seinen Albtraum dringt rettend und verwandelnd die Stimme der Wirklichkeit: »Habt Mut, ich habe die Welt überwunden« (Jo 16,33). Die neue Welt, mit deren Darstellung im Bild des endgültigen Jerusalem die Bibel schließt, ist keine Utopie, sondern Gewissheit, der wir im Glauben entgegengehen. Es gibt eine Erlösung der Welt – das ist die Zuversicht, die den Christen trägt und die es ihm auch heute noch lohnend macht, ein Christ zu sein.

DIE AUTOREN

Joseph Ratzinger, 1927–2022, war einer der jüngsten theologischen Berater auf dem Zweiten Vatikanischen Konzil, an dessen Texten er mitarbeitete. Er war Theologie-Professor in Freising, Bonn, Münster, Tübingen und Regensburg. 1977 wurde er von Papst Paul VI. zum Erzbischof von München und Freising ernannt und 1981 von Papst Johannes Paul II. zum Präfekten der römischen Glaubenskongregation. 2005 wurde er zum Oberhaupt der katholischen Kirche gewählt und gab sich als Papst den Namen Benedikt XVI., 2013 trat er in einem spektakulären Schritt von diesem Amt zurück und lebte fortan zurückgezogen im Kloster Mater Ecclesiae in den Vatikanischen Gärten. Im Alter von 95 Jahren verstarb Joseph Ratzinger, Papst Benedikt XVI. in Rom am 31.12.2022.

Dr. med. Dipl. theol. Manfred Lütz, geboren 1954, ist Facharzt für Psychiatrie und Psychotherapie und Theologe. Er studierte Humanmedizin, Philosophie und katholische Theologie in Bonn und Rom, wo er Kardinal Ratzinger kennenlernte. Im Jahre 2003 organisierte er zusammen mit ihm im Vatikan einen Kongress zum Thema »Missbrauch von Kindern und Jugendlichen durch katholische Priester und Ordensleute«. Bekannt wurde er durch verschiedene Bestseller, darunter »Der blockierte Riese – Psycho-Analyse der katholischen Kirche« (1999), sowie »Gott – Eine kleine Geschichte des Größten« (2007), wofür er den internationalen Corine-Buchpreis 2008 erhielt und »Der Skandal der Skandale. Die geheime Geschichte des Christentums« (2018).